17,80

James BraveWolf
Von nun an bin ich Kriegerin

Stimmen zu diesem Buch

»Die schlichte, beschreibende Sprache, mit der der Autor Lozen in Ich-Form erzählen läßt, vermittelt ... viel von der Spiritualität der Chihinne, von ihrer Liebe zum Frieden und der außerordentlich hohen Achtung vor der Natur.« *(Liselotte Wendl, in: Evangelische Information)*

»Eine eindringliche Geschichte, überzeugend erzählt. In einer Sprache, die gewöhnungsbedürftig ist, denn es ist die Sprache der Indianer selbst.« *(Dietmar Kuegler, in: Zeitschrift für Amerikanistik)*

»Die Erzählung enthält Spannung nicht zuletzt aus einer ganzen Bandbreite von Befindlichkeiten und Emotionen: Indianische Mythologie und grausamer Realismus stehen nebeneinander, Gedankentiefe, Poesie und heftige Bewegung. – Eine eindrucksvolle Erzählung über diese düstere Epoche der indianisch-amerikanischen Geschichte ...« *(Richard Gatzer, in: das neue buch)*

»Das Buch ist sehr eindringlich geschrieben. Es gibt einen guten Einblick in Kultur und Lebensweise der Indianer und die Problematik, die mit dem Eindringen der Weißen aufkam. Dabei vermeidet der Autor permanente Anklagen, ohne die Verbrechen zu verharmlosen, die an den Indianern begangen worden sind.« *(U. Humberg, Arbeitsgemeinschaft Jugendliteratur und Medien der GEW, Nordrhein-Westfalen)*

James BraveWolf

Von nun an bin ich Kriegerin

Eine indianische Erzählung

Aus dem amerikanischen Englisch
von Klaus Sticker

Lamuv Taschenbuch 120

Bitte fordern Sie unser kostenloses Gesamtverzeichnis an:
Lamuv Verlag, Postfach 26 05, D-37016 Göttingen

Gedruckt auf Öko 2001 Papier zur ökologischen Buchherstellung
(80 Prozent Altpapier, 20 Prozent Durchforstungsholz aus
nachhaltiger Forstwirtschaft, ohne Färbung ohne optische Aufheller)

1. Auflage November 1992
3. Auflage September 1998

Umschlaggestaltung: Gerhard Steidl
unter Verwendung eines Fotos von Edward S. Curtis
Gesamtherstellung: Steidl, Göttingen
Printed in Germany
ISBN 3-88977-306-0

An Lozen, die sein wird.
Wer immer du bist, wo immer du sein magst,
ob Kind der bedrängten Yanomami, ob gefangen in den Schluchten aus Glas, Stahl und Beton, oder versinkend im Elend der Reservation, es ist einerlei.
Wo immer du sein magst, wo immer du herumirrst auf der Suche nach einem Haus, einem Freund, einem Beistand, wisse, wisse tief im Herzen, daß du nicht allein bist.
Allein bist du nicht.
Lozen, ich lausche auf dich in der Nacht.
Ich suche dich im Irrgarten der Zeit. Sei meiner Liebe gewiß.
Dein Volk wartet. Halte aus. Glaube.
Träume deinen Traum von einer anderen Erde,
träume von dem, was unser Leben, was unsere Wahrheit einst war und wieder sein wird, eines Tages. Eines Tages sind wir mit dir. Strahl, der ins Dunkel dringt. Halte aus.

Ich weiß noch, wie die Soldaten zum erstenmal erschienen.
Ich war sehr jung.
Meine Brüder und Schwestern meinten, die Soldaten seien aus Löchern hervorgekommen. Von dort, wo Osten war oder Westen.
Niemand war sich sicher.
Bevor ich die Soldaten mit eigenen Augen sah, waren sie Bilder in meinem Inneren. Und ich sah etwas Fremdartiges.
Ich sah fliegende, riesenhafte, behaarte Wesen.
Ich sah, wie sie nachts, in der Zeit der Schlangen, über das Land fegten.
Ich sah, wie sie Jagd auf Kinder machten. Chihinne-Kinder.
Ich sah, wie sie Chihinne-Kinder in ihre Horste schleppten.
Und sie fraßen.
Dann sah ich sie wirklich.
Dicht vor mir sah ich die Soldaten.
Sie gingen auf zwei Beinen, wie wir.
Sie hatten zwei Arme und zwei Hände, wie wir.
Sie trugen einen Kopf auf den Schultern.
Wie wir.

Doch sie waren nicht wie wir.
Ich spürte es. Ich sah es deutlich. Als Kind schon kannte ich die Wahrheit.

Sie waren bleich wie der weiße Sand der Wüste. Meine Mutter sagte: Wir sind wie die Erde.
Als die Erde wie roter Stein war.

Soldaten brachen über unsere Welt herein.
Von Osten, von Westen kamen sie auf riesigen Pferden.

Herandonnernde Pferde, die Staubwolken hoch in den Himmel wirbelten.
Soldaten brachen über uns herein.
Sie kamen, um mein Volk zu töten.
Um meine Familie zu töten.
Um mich zu töten.

Als wir den Soldaten zum erstenmal begegneten, wollten wir ihre Freunde sein. Die Soldaten gaben vor, auch unsere Freunde zu sein. Wir hielten sie für aufrichtig. Wir waren froh, neue Freunde gefunden zu haben. Denn Freundschaft ist etwas Gutes, Wertvolles. Aber ihre Worte waren nichts als Lügen. Im Innersten wollten sie nicht unsere Freunde sein.

Sie wollten uns von der Erde tilgen.
Für alle Zeiten von der Erde tilgen.
Sie wollten uns nie mehr wiederkehren sehen.
Nie mehr.

Wir nannten uns Chihinne.
Wir waren Kinder der Roten Erde.
Wir waren in den Schwarzen Bergen geboren.
Wir liebten unsere Berge.
Sie waren alles für uns.
Sie waren unsere Heimat.

I

Die Erde ist roter Stein

1

Als ich zwölf Ernten zählte, floh meine Familie mit den anderen Angehörigen unseres Stammes in die Schwarzen Berge, um sich vor den Soldaten zu verstecken, die gekommen waren, uns zu töten.

Die Krieger der Chihinne ersannen eine List.

Sie wollten die Soldaten glauben machen, daß alle Chihinne gestorben und zu Gespenstern geworden seien. Zu Gespenstern, die umgingen und Verderben über die Soldaten brächten, wenn sie in unserer Welt blieben. Die Krieger glaubten, daß die Soldaten dann verschwänden. Rasch verschwänden. Denn alle Chihinne fürchteten Gespenster. Wir wußten, sie kamen des Nachts, in der Zeit der Schlangen, und brachten jedem Unglück, der sie sah. Weil die Chihinne Gespenster fürchteten, glaubten ihre Krieger, daß auch die Soldaten, von Angst ergriffen, uns in Ruhe lassen würden. Daß sie uns für immer unseren Frieden lassen würden. Wenn sie uns wirklich für Gespenster hielten. Erst schien die List aufzugehen.

Denn wir waren wirklich zu Gespenstern geworden.

Wir flohen hoch hinauf in unsere Berge und hinterließen keine Spuren. Nirgends. Es prasselte kein Feuer, kein Rauch stieg auf. Die Chihinne, ihre Pferde, ihre Hunde hinterließen keine Fährten. Wir knickten nicht einen Zweig, brachen nicht einen Stengel. Wir waren Gespenster. Körperlos. Weder Erde noch Wolken berührend. Schwebend wie Gespenster.

Als wir in den Bergen verschwunden waren, errichteten wir ein Dorf unter den Wolken. Und die Luft wurde klar und weich. Bald ergriff uns ein Glücksgefühl. Es wehte durch das Dorf wie ein lauer Wind, und ich konnte es spüren, wenn ich meine Brüder und Schwestern beobachtete, wie sie sich inmitten der Tipis bewegten. Als die Tage vergingen, ohne daß Soldaten angriffen, fühlten wir uns sicher, und das Glücksgefühl wuchs und wuchs, bis uns helles Lachen schüttelte: Wir waren wieder frei. Die Soldaten hielten uns wirklich für Gespenster. Voller Angst waren sie verschwunden, um nie mehr zurückzukehren.

Aber mein Bruder Beduiat, damals noch ein junger Krieger, blieb bedrückt. Er lachte nicht. Mit zwei anderen Kriegern, denen die Sorge das Lachen erstickt hatte, stieg er des Nachts ins Tal. Dort erfuhren sie die Wahrheit. Beduiat kam zurück und berichtete meinem Vater, unserem Häuptling. Dann sprach er vor dem Kriegsrat. Es war die Zeit der Schlangen, die Krieger saßen im Kreis. Ich mischte mich unter die anderen Brüder und Schwestern um sie herum und lauschte.

»Wir konnten die Soldaten nicht täuschen«, sagte mein Bruder. »In unserem Felsennest sehen sie uns nicht, aber sie wissen, daß wir Menschen aus Fleisch und Blut und keine Gespenster sind. In der Ferne sah ich noch mehr Soldaten, die sich uns näherten. Ja, sie kamen, sie flohen nicht. Ich wurde Zeuge, kurz bevor die Sonne wiederkehrte, wie sie die Tiere abschlachteten. Was ihnen begegnete, töteten sie. Die Gabelböcke, die Hirsche, sie töteten alle, auch die kleinen Tiere, so viel sie konnten. Nicht um sie zu essen. Sie nahmen die Tiere nicht mit in ihr Lager, sie versteckten sie nicht in den Bäumen, um sie später zu holen. Sie überließen sie den Geiern und Kojoten.«

Darauf hörte ich meinen Vater sprechen. Sehen konnte ich ihn nicht, denn der Mond war hinter Wolken verborgen, und die Krieger hatten kein Feuer angezündet. »Sie wollen uns aushungern. Sie zögern, hierher zu kommen, denn sie wissen, daß es schwer ist, einen Chihinne-Krieger zu töten.« Mein Vater brachte diese Worte ruhig und langsam hervor. Ich spürte, daß das Glücksgefühl in ihm, das innere Lächeln verschwunden war. »So haben jetzt sie eine List ersonnen, um uns zu vernichten«, fuhr er fort. »Bald werden wir kein Fleisch mehr haben und dann ...«

Auch ohne weitere Worte wußte sogar ich, was er meinte.

Beduiat berichtete weiter. »Sie töteten Hirsche und Kaninchen. Sie schossen auf alles, was sich bewegte. Sie scherten sich nicht darum, wieviele Kugeln sie verschwendeten, es kümmerte sie nicht. Mit eigenen Augen sah ich das Land vor mir – ein Grab.«

»Sie wollen uns zwingen, unser Versteck in den Bergen aufzugeben«, hörte ich die feste, kehlige Stimme meines Vaters. »Uns zwingen, unsere Heimat zu verlassen und woanders zu jagen. Im Flachen Land. Dort können sie es wagen, uns alle zu töten. Alle, die noch nicht verhungert sind.«

2

Wir blieben. Und blieben am Leben. Wir kannten sie, die Berge, unseren Schutz, unser Land, kannten jeden Baum und Strauch, jeden Bach, jede Schlucht. Mein Bruder hatte Wahres berichtet. Bären, Hirsche, Gabelböcke, sogar die Kaninchen waren fort. Aber wir fanden Ersatz und lebten von Beeren und Honig und den Nüssen der Pinyon-Kiefer. Und überlebten. Hoch in den Bergen lebten wir wie der Große Vater, Ussen, unser Gott, uns geheißen hatte. Lebten geborgen im Schoße des Stammes.

Ich hörte kein Lachen mehr nach dem Kriegsrat. Doch das leise, sanfte Glück wollte ich festhalten. Als die Zeit der großen Blätter kam, wollte ich, daß dieses zarte Gefühl zur Freude werde, zur Freude ohne Furcht. Ohne die Furcht, die hinter jeder Regung lauerte. Furcht, die ich fürchtete, denn sie konnte meine Freude verschlingen.

Die Freude gedieh, wenn ich ging, die Sterne zu betrachten. Es wurde schließlich zu einer täglichen Zeremonie. Abends, bevor sich die Dunkelheit herabsenkte, versorgte ich erst unsere Ponys mit reichlich Gras und band sie hinter unseren Tipis fest. Ich half meiner Mutter beim Zubereiten des Essens für meinen Vater und Beduiat. Dann nahm ich mein Abendessen und lief los.

Ich stieg hinauf, unser Tipi weit unter mir lassend, zu einem abgeschiedenen, von Felsbrocken umstellten Flecken. Ich sank ins Gras und verlor mich im Anblick des Himmels. Und während ich die Verwandlung des Himmels betrachtete – von blau zu rot zu schwarz –, verwandelte auch ich mich. Sorge und Furcht fielen von mir ab. Ich ängstigte mich nicht vor dem Rufen und Flüstern in der Zeit der Schlangen. Nicht vor dem Knacken herabfallender Zweige. Nicht vor dem Wispern des Windes noch dem hohlen Rufen einer Eule. Meine Eltern hatten mich gelehrt, vor diesen Stimmen keine Furcht zu haben. Sie hatten mich gelehrt, im Atem des Windes den fremden, süßlichen Geruch der weißen Soldaten zu wittern. Sie hatten mich gelehrt, die Vögel zu verstehen, die alle Chihinne, die zu lauschen verstanden, vor anrückenden Soldaten warnten.

Wenn sich der Himmel schwarz färbte, wenn ich fühlte, wie mich das Gras weich umschloß, empfand ich keine Furcht. Behütet von den Felsen, meinen Freunden, sah ich den ersten Stern aufblinken. Andere folgten, ich wurde ruhig und heiter. Es war mir, als hätte ich nur meine Arme heben und meine Hände öffnen brauchen – und ich hätte die Sterne greifen können. So nah schwebten sie über mir im klaren Nachthimmel, groß und hell und glänzend. Eine Weile lag ich da und sah zu, wie sie strahlten und glitzerten. Bis Fragen in mir aufstiegen. Unter dem Funkeln und Leuchten fragte ich mich, was die Sterne wohl seien. Wie waren sie dorthingelangt? Waren sie etwas anderes als bloß helle Lichter, nicht nur aus der Ferne zu uns leuchtendes Feuer? Ich fragte mich, ob sie fest und steinern, ob sie warm und weich waren, wie meine Berge und ihre Moospolster. Und, wenn sie wirklich fest und steinern, warm und weich waren: Ob jemand auf ihnen lebte? Ein Stamm wie mein Stamm? Wie wir Chihinne? Wenn auf diesen Himmelslichtern Menschen lebten, waren sie meinem Stamm vielleicht verwandt. Und wenn Verwandte der Chihinne dort wohnten, lebte unter ihnen vielleicht ein Mädchen, das wie ich in einem Versteck auf der Bergspitze Ausschau hielt? Herunterblickte auf meinen Berg, so wie ich zu ihr hinaufschaute? Ob sie mich erkennen konnte, mich und alles ringsumher? Wenn dies so war und wenn sie mir freundlich gesonnen war, konnte sie ihrer Sippe, den Kriegern ihres Stammes berichten, was mit uns geschah? Wenn sie den Sternenkriegern von unserer Qual berichtete – konnten sie heruntersteigen und uns zu Hilfe kommen? Konnte meine Sternenfreundin sehen, daß mehr und mehr Chihinne dahinstarben, verdorrten wie Mesquitegestrüpp in der Trockenzeit? Konnte sie sehen, daß wir weggeweht wurden wie entwurzeltes Strauchwerk und vertrockneten?

Die Fragen blieben ohne Antwort. Vor den Antworten kam der Schlaf, eine dunkle Lücke. Morgens, wenn sich die Sonne über die Bergkette hob, wachte ich im Tipi auf. Beduiat, mein Bruder, wußte von meinem Versteck. Und jede Nacht, wenn er vom Spähen zurückkehrte und in meine Felsen kam, fand er mich schlafend und trug mich in unser Tipi.

Vielleicht brauchte ich keine Antworten. Das Funkeln und Glitzern am Nachthimmel genügte mir. Tief im Inneren spürte ich, wenn wirklich ein Mädchen wie ich dort oben auf den Lichtwelten lebte und seinen Kriegern vom Los der Chihinne berichtete, wären die Antworten nicht mehr wichtig. Die Krieger würden gewiß rechtzeitig herabsteigen und uns helfen, die Soldaten zu vertreiben. In diesen Nächten genügte es mir, mit den Sternen zu lächeln. Dann fand ich Ruhe und Schlaf. Und verlor meine Angst. Eine Zeitlang. Der Sternenglanz machte mich blind für die Wahrheit. Und die Wahrheit war: Eines Nachts, wenn meine Brüder und Schwestern zu erschöpft waren, um auf den Wind und die Rufe der Vögel zu lauschen, würden die Soldaten kommen und uns die Haut vom Kopf schneiden, damit sie sie eintauschen konnten gegen den Stein, an dem ihr Herz hing, gegen Gold. Noch waren die Sterne meine Beschützer. Unter ihrem Glitzern fühlte ich mich geborgen und warm, wie bei meinem Bruder Beduiat. Ich mochte die Sterne.

Und ich mochte meinen Bruder.

Eines Morgens, ich trat gerade vor das Tipi, rief mein Bruder mich zu sich. Er hockte neben seinem Pony. Beduiat hatte zweiundzwanzig Ernten erlebt und würde erst in vielen Jahren unseren Stamm anführen können. Aber für mich war er damals bereits ein Häuptling. Ein besonderer Häuptling, warmherzig und stark. Ich ließ mich an seiner Seite nieder, und er sagte: »Du bist wie die alten Chihinne, Lozen.«

»Was meinst du damit?«

»Wie die Alten, die vor langer Zeit lebten, unsere Ahnen.«

»Sie waren wie ich?«

»Wie du haben sie die Sterne betrachtet, ihre Lieblinge. Was sie sahen, behielten sie in Erinnerung und malten es.«

»Sie malten es?«

»Sie malten die Sterne auf die Felswände. Eines Tages, wenn die Soldaten fort sind, wenn wir frei sind, werde ich dich hinführen. Und sie malten die Sterne auf die Schalen und Näpfe, die sie aus der Roten Erde fertigten. Ich habe die Gefäße gesehen. Eines Tages werde ich dich an einen geheimen Ort bringen und sie dir dort zeigen.«

»Ich komme gerne mit. Du wirst daran denken, daß du mir gerade etwas versprochen hast?«

»Ich vergesse es nicht. Du wirst es nicht zulassen.« Beinahe lachte er.

»Und die Soldaten werden dich nicht töten, bevor du mich hinführst?«

»Nein, bis wir dagewesen sind, werde ich mir Zeit lassen mit dem Getötetwerden.« Und wieder lachte er fast.

»Das meinte ich nicht, und du weißt es.« Tief in meinem Bauch gluckste ein Lachen. Es verstummte beim Gedanken an die Soldaten, und auf Zunge und Gaumen schmeckte ich ihr Schießpulver. Warum die Soldaten kamen, wollte ich wissen.

Sein Blick glitt langsam zu mir herunter, ein fester und ernster Blick. Das Schwarze im Auge schimmerte feucht. Traurig, doch ohne Tränen, antwortete er: »Weil die weißen Menschen, die wir Goldgräber nennen und die Löcher in unsere Erde brechen, sie riefen.«

»Und sie haben auf die Goldgräber gehört?«

»Sie gehören zum selben Volk. Die Weißen gieren nach Gold, sie begehren unsere Erde, um das Gold herauszubrechen. Sie wollen unseren Tod. Aber ihnen fehlt der Mut zum Kampf. Deshalb riefen sie die Soldaten. Und die Soldaten folgten. Die Soldaten kamen, um uns zu töten.«

Ich dachte eine Weile nach und sagte dann: »Vielleicht leben auf den Sternen Chihinne. Vielleicht kommen sie uns zu Hilfe. Vielleicht wohnt dort ein Mädchen, das wie ich die Sterne betrachtet. Vielleicht sieht es, was mit uns geschieht, und sagt es ihrem Bruder. Und er wird uns mit seinen Kriegern beistehen, den Kriegern, die mit dem Mädchen und seinem Bruder auf den Sternen leben.«

Mein Bruder versuchte zu lächeln. »Vielleicht gibt es dort oben ein Mädchen wie dich. Und vielleicht werden seine Krieger uns beistehen. Aber wir sollten an unserem Glauben festhalten, daß Ussen, unser Gott, uns Beistand schickt. Ussen wird uns schützen. Ussen wird die Soldaten vertreiben. Ussen hat uns erschaffen. Ussen liebt uns. Ussen wird uns nicht sterben lassen.«

Natürlich hatte mein Bruder recht. Ussen, der Große Vater, würde uns vor den weißen Soldaten schützen. Aber vielleicht, vielleicht, so dachte ich immer noch, würde Ussen zu meiner Sternenfreundin sprechen, und vielleicht würden ihre Krieger kommen, damit wir überleben konnten.

Die Bäume warfen ihre Blätter ab, und mit dem ersten Schnee kam die Zeit des weißen Spuks. Der eisige Wind verwandelte alles. Der Schnee hatte uns die Nüsse und Beeren und den Honig genommen. Es gab kein Wild mehr, das wir jagen konnten. Und auf viele unserer ganz Jungen und ganz Alten wartete der Tod. Sie legten sich abends zum Schlafen nieder und wachten nicht mehr auf. Unsere Krieger taten alles, um dem Hungern und Sterben Einhalt zu gebieten. Ein paar wagten sich zur Jagd hinunter in das Flache Land. Sie kehrten nicht wieder. Mein Bruder und drei andere junge Krieger suchten nach ihnen und fanden ihre Skelette und Mokassins in der Nähe des Soldatenlagers. Im Schnee, inmitten der Knochen und Geierfedern, blinkten Gewehrkugeln.

Es wandelten sich auch alle, die nicht mit dem Tod rangen. Sie wurden hager und müde und sprachen nicht mehr. Und dann bemerkte ich, daß sich sogar die Sterne verändert hatten. Oder ich.

Ich sah die Sterne mit anderen Augen in jenen Nächten, wo ich der Kälte trotzte, um mein Versteck in den Felsen aufzusuchen. Ich erkannte, was aus den Sternen geworden war, denn ich begann sie mit hungrigen Augen zu sehen. Und wie ich meinen Blick auf die Lichter richtete, die im kalten Schwarz des Nachthimmels aufstrahlten, dachte ich nicht mehr an das Mädchen. Ich dachte an etwas anderes. Ich dachte an meine Brüder und Schwestern, die sich darauf vorbereiteten, das Dorf zu verlassen, um hinunter ins Flache Land zu fliehen, um zu jagen und gegen die Soldaten zu kämpfen. Ich hatte meinen Bruder vor Augen, wie er sein Gewehr putzte und seinen Körper mit Farbe aus unserer Roten Erde bemalte, bevor er allein fortging, um sein tägliches Gebet an Ussen zu richten. Über diese Gedanken verwandelten sich die Sterne.

Vor dem Großen Hunger waren die Sterne wie meine Brüder und Schwestern gewesen. Sie hatten meine Gedanken und jeden geheimen Wunsch gekannt. Bei ihnen war ich geborgen gewesen, ihnen hatte ich mich anvertrauen können. Und ich hatte gespürt, daß sie mich mochten. Jetzt war es anders.

Sie wandelten sich völlig. In einer jener eisklirrenden Nächte stiegen alle Chihinne auf die Pferde, um einen Fluchtweg, Fleisch, einen nährenden Boden zu suchen. Diese Nacht belehrte mich, daß die Sterne nicht mehr meine Freunde waren. Keine Brüder und Schwestern. Den hungrigen Blick auf die Sterne gerichtet, sah ich deutlich, daß ich ihnen gleichgültig war, immer gleichgültig gewesen war. In jener eisklirrenden Nacht, auf Rettung hoffend, erkannte ich, daß die Sterne mich und meinen Stamm betrogen hatten.

Die Sterne waren nun Brüder und Schwestern der Soldaten. Mit ihnen hatten sie sich verbündet und waren unsere Feinde geworden. Jetzt, da wir dem Tod zu entrinnen suchten, strahlten sie kalt am schwarzen Himmel und warfen ihr gleißendes Licht auf den Schnee.

Und die Soldaten sahen uns in kaltes Licht getaucht. Sie dankten den Sternen für den Verrat. Auf ihren Riesenpferden wirbelten sie durch den Schnee heran und metzelten uns nieder.

Mein Vater, unser Häuptling, hieß uns umkehren und führte die Fliehenden in die Berge zurück. In die Kälte, in Schnee und Eis. Zurück ins Land ohne Leben. Dort warteten wir auf das Ende des weißen Spuks, erwarteten Tag für Tag den Tod.

Bis es taute und wir Nahrung fanden.

3

In der Zeit der Kleinen Blätter, die nun kam, suchten wir nach Beeren und Honig, nach Nüssen und Wurzeln. Meine Mutter und mein Vater beteiligten sich daran. Damit der Stamm überleben konnte, das wußten sie, brauchten sie jedoch mehr als nur Beeren und Honig und Nüsse und Wurzeln. Obwohl ein Mehr davon wunderbar gewesen wäre. Nein, meine Mutter und mein Vater wußten, daß wir Chihinne zum Überleben etwas Größeres als ein Gebirge an Fleisch brauchten. Ihr Herz schlug für alle Chihinne. Ihr Herz gab ihnen ein, wie sie die Kinder der Chihinne, unsere Zukunft, dem Verderben entreißen konnten. Was ihr Herz ihnen sagte, gaben sie an uns weiter. Sie lehrten die Kinder, sich mit List und Mut gegen die Soldaten und Goldgräber zu wappnen.

Jeden Tag riefen meine Mutter und mein Vater alle Kinder des Dorfes zusammen. Und sie lehrten uns ein Ritual, das bald jedem in Fleisch und Blut übergegangen war. Es war ein Spiel. Das Spiel der Gejagten. Es hieß »Kriechen und Kauern«. Es lehrte uns zu überleben, wenn die Soldaten aus dem Nichts hervorbrachen und ihre Gewehre Feuer spien.

Bei diesem Spiel stand meine Mutter mit verbundenen Augen auf einem Hügel, während wir Kinder unten warteten. Wir lauschten auf ein Wort von ihr. Manchmal sprach sie es laut, so daß es leicht zu hören war. Dann wieder flüsterte sie, und wir mußten angestrengt lauschen, um sie zu hören. So lernten wir, uns still zu verhalten, bis sie sprach. Es war schwer für uns Kinder, aber wir standen schweigend und reglos, bis sie sagte: »Kriechen. Kriechen.«

Das Spiel begann. Auf allen vieren krochen wir die Anhöhe hinauf. Mein Vater, immer in unserer Nähe, flüsterte dann: »Stellt euch vor, die Soldaten sind da, sie sind wirklich da.« Wir schoben uns langsam, auf Händen und Knien, den Hang hinauf, so tief wie möglich an die Erde geduckt. »Unten bleiben, sonst entdecken die Soldaten euch«, raunte mein Vater uns zu. Wir gaben uns die größte Mühe, hatten den Bauch nur wenig über dem Boden schweben, schwänzelten wie lahmende, blutende Wolfsjunge, die nach ihrem Bau witterten. So schlichen wir, lautlos, dicht am Boden. Wie meine Mutter und mein Vater es uns gelehrt hatten.

In die Stille sprach meine Mutter: »Kauern. Kauern.« Und wir wurden starr wie das Eis auf den Bergspitzen. Wir hielten den Atem an, den Bauch auf den Boden gepreßt. Sogar die Kleinsten unter uns, die nur wenige Male beim Spiel der Gejagten dabeigewesen waren, rührten kein Glied und erstarrten. Ohne etwas zu sehen, lauschte meine Mutter, ob sie einen Atemzug oder ein Scharren oder Schleifen auf dem Boden vernähme. Genauso aufmerksam wie die Soldaten, denn aus dem Spiel würde einmal ein Spiel mit dem Tod.

Horchend, mit zur Seite geneigtem Kopf, versuchte meine Mutter auszumachen, wo wir anhielten. Hörte sie eines der Kinder, verließ sie ihren Platz auf dem Hügel, ging mit verbundenen Augen auf es zu, streckte die Hand aus und berührte es. Das hieß: Du bist tot. Noch war es ein Spiel. Sonst hätte ein Geräusch den Tod bedeutet. Hörte sie uns nicht, nahm sie das Stirnband von den Augen – und wir hatten gewonnen. Mein Vater sagte dann: »So soll es sein, wenn die Soldaten euch suchen. Dann werden sie euch nicht finden. Dann werdet ihr leben.«

Das Ritual wiederholte sich Tag für Tag, und wieder und wieder ermahnte uns mein Vater: »Denkt daran, denkt stets daran und vergeßt niemals: Wenn nur einer von euch nicht so lautlos ist wie das lahmende Wolfsjunge, werden wir alle von den Soldaten gefangen. Finden die Soldaten nur einen, dann finden sie alle. Und alle werden sterben.«

Am Ende des Spiels rief uns meine Mutter zu sich, und wir scharten uns um sie. Dann mahnte sie uns mit immer denselben Worten: »Denkt daran, noch ist es nur ein Spiel. Ich bin kein Soldat. Aber wenn die Soldaten kommen, wird daraus tödlicher Ernst. Achtet auf die Worte der Alten. So wie ich werden sie euch sagen: Kriechen und Kauern. Folgt den Alten wie ihr mir folgt. Sie wissen, was zu tun ist. Und schleicht lautlos, kriecht dicht an unserer Roten Erde. Lauscht, lauscht auf das geflüsterte ›Kauern‹. Die Alten müssen sich hüten, laut zu reden, denn die Soldaten werden uns Chihinne jagen. Wenn ihr das Flüstern hört, werdet ihr unsichtbar. Bleibt dicht an den Boden gekauert, bleibt reglos. Dann werden euch die Soldaten für einen Strauch halten, an euch vorbeireiten, euch nicht erschießen. Dann lauscht ihr wieder, lauscht, damit ihr es flüstern hört: ›Kriechen‹. Wir werden kriechen und kauern, bis wir sicher sind vor Soldaten und Goldgräbern.«

Tag für Tag hieß mich mein Vater vor den anderen Kindern erklären, wann es Zeit für Kriechen und Kauern sei. Und ich antwortete jedesmal: »Wir kriechen und kauern, wenn Soldaten oder Goldgräber unser Dorf angreifen. Oder wenn wir durch das Flache Land ziehen und die Soldaten uns in einen Hinterhalt locken. Werden wir im Dorf angegriffen, und es ist zu spät, um auf die Ponys zu springen, laufen wir zwischen die Felsen, die den Soldaten und ihren großen Pferden den Weg versperren. Wir klettern die Felsenhänge höher hinauf und warten auf die Älteren, die uns sagen, was zu tun ist. Werden die Soldaten uns aber im Schlaf überraschen, erwarten wir im Tipi das ›Kriechen und Kauern‹.«

»Ihr werdet alles tun, um zu überleben«, sagte mein Vater. »Jeden Tag werden wir euch Neues lehren. Jeden Tag wird Lozen wiederholen, wie wir den Soldaten entkommen. Wir müssen alles tun, um zu überleben. Sonst stirbt auch Ussen, der Große Geist.« Und mein Vater fragte jeden Tag: »Warum, Lozen, wird Ussen sterben, wenn wir sterben?«

Und jedesmal antwortete ich: »Wenn wir sterben, wird es niemanden geben, der sich an Ussen erinnert. Ussen wird niemanden haben, dem er seine Liebe schenkt, und niemanden, der ihn liebt. Ussen wird an Einsamkeit sterben wie wir, wenn alle Brüder und Schwestern uns verlassen. Ussen wird ohne uns allein sein, denn die Soldaten glauben nicht an Ussen. Die Soldaten und Goldgräber, sie lieben Ussen nicht. Sie lieben die Erde nicht, die Ussen erschaffen hat. Sie sind gekommen, um die Erde zu zerstören, nicht um sie zu lieben.«

4

Zur Zeit der Adler, als sich der Himmel klar über den Bergen wölbte und die Wassermelonen, die wir gezogen hatten, dick und reif wurden, rief man eines Abends den Rat zusammen. Es war kein gewöhnlicher Rat. Er war anders als die, denen ich seit frühen Kindertagen beigewohnt hatte. Es war üblich, die Versammlungen in der Mitte des Dorfes abzuhalten, und obwohl sie den Kriegern und dem Häuptling vorbehalten waren, saßen die übrigen Angehörigen des Stammes im Kreise um sie herum und lauschten. Aber jener Rat in der Zeit der Adler war eine geheime Versammlung. Die Krieger und mein Vater, unser Häuptling, verließen das Dorf, um geheime Worte zu sprechen. Ich mußte zurückbleiben. Aber ich war begierig zu wissen, worüber gesprochen wurde. Ich wußte, es würden Worte sein, die über Glück und Unglück unseres Volkes entscheiden sollten. Die Krieger würden einen Plan ersinnen, einen Plan, der unser Land von Soldaten und Goldgräbern befreien sollte. Ich wollte diesen Plan kennen und dazu beitragen, daß er gelang. Ich hatte genug vom Kriechen und Kauern. Ich wollte nicht, daß die Soldaten mit Feuer und Gewehr kamen. Ich wollte nicht sterben und mir die Kopfhaut abziehen lassen, damit sie gegen Gold eingetauscht würde. Ich wollte, daß die Goldgräber und Soldaten verschwänden und nie mehr wiederkehrten.

Nachdem die Krieger und unser Häuptling sich zurückgezogen hatten, um geheimen Rat zu halten, wartete ich eine Weile, bevor ich ihnen in die Nacht folgte. Einer Wildkatze gleich schlich ich, und immer auf der Hut vor den Schlangen, die des Nachts hervorkamen und nicht zögern würden, mich mit ihrem Giftbiß zu töten. Sorgsam darauf achtend, wohin ich meinen Fuß setzte, näherte ich mich einer Lichtung, und bald hörte ich in gedämpftem Ton gesprochene Worte. Es war die Sprache der Chihinne. Ich duckte mich hinter einen Felsbrocken und lugte vorsichtig hervor, um die Krieger im Blick zu haben. Der Nachthimmel war mit Wolken überzogen. Hin und wieder riß die Wolkendecke auf, und der Mond warf silbergraues Licht auf die Gesichter. Ich sah meinen Vater und meinen Bruder. Und hörte die Worte, die mein Bruder sprach: »Niemals werden wir alle Soldaten und Goldgräber töten können. Schneller als die Kaninchen bringen sie ihre Kinder auf die Welt. Dagegen sind wir machtlos.«

Ein älterer Krieger, Träger Fuß genannt, antwortete. Er war bereits zu alt, um einmal Häuptling werden zu können (wenn wir jemals einen neuen Häuptling brauchten). Doch war er jung genug, um als Krieger kämpfen zu können. »Ussen wird bald von seinem Gipfel heruntersteigen und uns beistehen«, erklärte er, »ich spüre es. Bis es soweit ist, müssen wir standhalten, kämpfen, uns verstecken. Tun wir das nicht, wird es keine Chihinne mehr geben, die Ussen retten könnte.«

Die Zeit verstrich, wie einer nach dem anderen das Wort ergriff. Ich spürte, wie der Schlaf in meine Glieder kroch. Ich wollte nicht im Freien bleiben, denn die Schlangen lauerten auf Chihinne, die ohne schützende Decke waren. Also schlich ich ins Dorf zurück und schlüpfte ins Tipi. Ich legte mich nieder, zog mir die Decke über den Kopf und schloß die Augen. Die Gedanken schwirrten in meinem Kopf. Gedanken an das, was ich vom nächtlichen Kriegsrat aufgefangen hatte. Ich glaubte den Worten von Träger Fuß. Ich hing sehr an ihm. Der Klang seiner Stimme war sanft wie seine Hand, wenn er einem Kind des Dorfes die Wange tätschelte. Ich spürte, wenn er mir die Hand auf den Kopf legte, daß er für mich da war, spürte seine Wärme. Und danach war mir leichter, ich fühlte mich geborgen. Wären Soldaten und Goldgräber nicht gewesen, hätte mir Träger Fuß wieder ein Lächeln ins Gesicht gemalt und mich mit Freude erfüllt. Denn die Sprache seiner Hand sagte mir, daß ich nicht allein war. Niemals allein sein würde, solange er eine Hand und ich einen Kopf besaß.

Den Worten von Träger Fuß schenkte ich Glauben. Ussen würde kommen. Aber wann? Ich sorgte mich, daß Ussen ein anderes Werk begonnen haben und zu spät kommen könnte. Dann würden bald keine Chihinne mehr die Rote Erde bewohnen. Die Augen geschlossen, grübelte ich darüber, wie das Wild wieder anzulocken sei, um den Todgeweihten meines Stammes neues Leben zu geben. Ich grübelte darüber, wie wir Soldaten und Goldgräber vertreiben konnten. Ich grübelte über einen Weg zurück in unser früheres Leben. Einen Weg zurück in die Zeit, von der Vater und Bruder erzählten, eine Zeit, in der die Chihinne Sterne in den Fels zeichneten und ohne Furcht, ohne böse Träume schliefen. Ich grübelte und fand keinen Schlaf. Der Morgen dämmerte, die Sonne kehrte wieder. Und ich wußte, was ich zu tun hatte. Für ein Leben ohne Furcht.

Für ein Leben, das uns wieder liebte.

5

Ussen hatte die Welt erschaffen. Und Ussen hatte den Chihinne ihren Platz in dieser Welt gegeben. Und da Ussen die Chihinne liebte, gab Er ihnen alles, was sie zu einem guten und glücklichen Leben brauchten. Ussen gab uns den Wind der Berge. Ussen gab uns die Flüsse und den Schnee, damit uns nie dürste. Ussen gab den Chihinne die Sonne, damit alles Leben wachse. Ussen hatte gesehen, daß wir einsam waren, und so gab er uns die Tiere zu Brüdern und Schwestern. Unsere Tage waren angefüllt mit dem Betrachten des gefiederten und des vierbeinigen Wildes. Unsere Kraft wuchs, denn die Tiere gaben ihr Leben, damit wir leben konnten. Und wir nahmen nur dann das Leben eines Tieres, wenn wir es brauchten, für Speisen, Kleider, Tipis. Wir nahmen nur die Alten und Kranken aus der Mitte unserer Tier-Brüder und Tier-Schwestern. So mehrten sich Glück und Kraft der Chihinne und der Tiere. Es herrschte Eintracht auf der Erde. Ussen liebte uns. Ussen hatte das Kind der Wasser erschaffen, das erste Kind der Chihinne. Und aus dem Kind der Wasser wurde unser Stamm.

Als ich an diesem Morgen zwischen den Tipis des Dorfes umherging, kam mir der Gedanke, daß Ussen schlief. Vielleicht schon sehr lange schlief. Seit Soldaten und Goldgräber in die

Schwarzen Berge eingefallen waren. Vielleicht war Ussen weit fort und erschuf noch mehr Schwarze Berge, noch mehr Chihinne-Stämme. Und wenn Ussen in tiefen Schlaf gesunken war oder in der Ferne Berge und Chihinne erschuf, dann wußte Er vielleicht nicht, was mit meinem Stamm geschah. Und mit mir. Wieder grübelte ich. Und schließlich erkannte ich, daß Ussen alles wußte – wenn Er wachte. So schloß ich, daß Ussen, auch wenn Er in der Ferne neue Länder erschuf, stets wußte von unserem Los. Denn Ussen war allmächtig. Er herrschte über die Kräfte des Lebens.

Wenn Ussen aber nicht fort war, dann konnte Er nur in einen langen Schlaf gesunken sein. In tiefen Schlummer, an einem Ort ohne jeden Laut, auf dem Gipfel des Heiligen Berges. Dort lag Er, die Ohren bedeckt von einem kräftigen Tuch, in einem Tipi, das jeden Laut von Ihm fernhielt. Und nicht wissend, daß wir starben, ausgelöscht wurden.

Dann wußte ich, was ich zu tun hatte. Ich mußte zu Ussen hinaufsteigen und zu Ihm sprechen. Ich mußte zu Ihm gehen und Seinen Schlaf beenden. Ein Gebet an Ussen zu richten, würde nicht ausreichen. Meine Stimme war zu schwach, um an Sein Ohr zu dringen und Ihn aufzuwecken. Ich mußte zu Ussen hinaufsteigen, Ihn rütteln und Ihm verkünden, was sich zutrug. Ich würde mit fester Stimme sprechen, um Ihm zu zeigen, daß ich stark war und mein Volk liebte. Aufrecht würde ich dastehen und sagen, daß ich den Tod der Chihinne nicht wollte. Er möge kommen, damit die Erde sich auftue und alle Soldaten und Goldgräber verschlinge, damit sie im klaffenden Schlund zermalmt würden wie ein Knochen zwischen den Zähnen eines Hundes. Bis auf den letzten Splitter, bis auf die winzigsten Fasern der Muskeln, des Fleisches der Soldaten und Goldgräber.

Mein Herz schlug schneller bei diesen Gedanken. Ich war stolz, einen solchen Plan ersonnen zu haben. Der Stolz wich jedoch bohrendem Zweifel. Wieder wanderte ich im Dorf umher. Ich fragte mich, wie ich Ussen finden konnte. Und wie konnte ich, Ussen suchend, das Dorf verlassen, ohne daß Mutter und Vater mir folgen und mich zurückbringen würden?

Von Beduiat wußte ich, daß Ussen auf der Salinas-Spitze wohnte. Die Salinas-Spitze war der Gipfel des Heiligen Berges im Land der Chihinne. Zum Heiligen Berg gingen alle, die Krieger werden wollten. Dort fasteten und beteten sie vier Tage lang, damit Ussen ihnen eine Kraft verleihe, für sich selbst und um ihrem Stamm zu dienen. Mein Vater war als Junge dort hinaufgestiegen, auch mein Bruder. Ussen hatte eine Botschaft für meinen Bruder: Beduiat würde eines Tages ein großer und geachteter Häuptling der Chihinne sein. Wenngleich viele auf den Heiligen Berg gestiegen waren, hatte doch noch niemand die Salinas-Spitze erklommen.

Solange die Sonne an diesem Tag am Himmel stand, feilte ich an meinem Plan. Ich mußte mich aus dem Dorf schleichen und den Gipfel des Heiligen Berges erklettern, was bedeutete, daß ich die Schwarzen Berge hinter mir lassen, mich an den unten lauernden Soldaten vorbeistehlen und einen mehrtägigen scharfen Ritt antreten mußte. Der Ritt würde mich durch das Grasmeer des Flachen Landes und schließlich durch die Wüste Weißer Sand führen. Die Wege durch das Flache Land und die Wüste wurden von Soldaten und Goldgräbern belagert. Beduiat sagte, daß die Weißen überall auf der Lauer lagen. Sie bewachten die Wasserlöcher Tag und Nacht, weil sie hofften, Chihinne, die ihren Durst stillen wollten, ergreifen zu können. Und Wasser würde ich brauchen. Es war die Heiße Zeit, und niemand konnte den Weißen Sand ohne Wasser lebend durchqueren. Das wußten auch die kleinsten Chihinne. Und Ussens Sitz ragte erst jenseits der Wüste auf.

Der Frage, wie ich an Wasser kommen sollte, wich ich aus. Ich ging zu Träger Fuß, der sein Gewehr putzte, und ließ mich an seiner Seite nieder. Wir saßen schweigend. Er legte nur die Hand auf meinen Kopf, strich mir über das Haar und fuhr dann mit dem Putzen fort. Ich fühlte mich warm und geborgen. Und mir kam ein neuer Gedanke.

Es würde keinen Verdacht erregen, wenn ich kurz vor Einbruch der Dunkelheit verkündete, daß ich die Sterne betrachten und deshalb in die Felsen steigen wollte. Und meine Mutter würde mir erlauben, das Dorf zu verlassen. Aber ich würde auf einem Umweg zu meinem Pony schleichen und es außer Sichtweite der Chihinne bringen. Dann würde ich auf die Zeit der Schlangen warten, und fort wäre ich. Den Berg hinunter. So konnte ich verhindern, daß mein Vater und Beduiat mich zurückholten. Sie würden mich oben in den Klüften suchen, nachdem sie vergeblich auf meine Rückkehr gewartet hatten. Gewiß dachten sie, ich sei beim Betrachten der Sterne eingeschlafen. Bis sie begriffen haben würden, daß ich fort war, wäre es für eine Verfolgung bereits zu spät. Ich wäre längst am Fuße des Berges angelangt.

In der Nacht verbarg ich meine Decke, mein Messer und das Gewehr, das ich vom Vater bekommen hatte, sowie einige zusätzliche Schuß Munition unter den Kiefern in der Nähe des Dorfes. Sie standen hier dicht zusammen, breitästig und mit krausen Kronen. Sie schützten mein Pony vor neugierigen Blikken und würden auch mir ein gutes Versteck bieten, wenn es soweit war.

Zurück im Tipi, beschloß ich, mein Vorhaben in der nächsten Nacht in die Tat umzusetzen: fortzugehen, um Ussen aufzuwecken. Um Rettung für meinen Stamm zu erbitten.

6

In einem Winkel meines Herzens saß ein kleiner Gedanke. Obwohl leise und kaum vernehmbar, wußte ich, daß er dort lebte. Und ich kannte seine Botschaft. Obwohl leise und kaum vernehmbar, besaß er eine besondere Kraft. So sehr ich mich auch bemühte, ihn zum Schweigen zu bringen, er harrte geduldig in seiner Höhle aus. Trotzig und leise wiederholte er immer wieder: Deine Mutter und dein Vater, dein Bruder und all die anderen deines Stammes werden krank, wenn du sie verläßt. Sie werden dich tot glauben, wähnen dich gefangen und getötet von Goldgräbern und Soldaten. Dann werden Träger Fuß und Beduiat und dein Vater dich suchen. Entweder finden sie deine Leiche inmitten der Felsen des Flachen Landes, wo die Soldaten leben. Dann werden sie sich sehr elend fühlen. Ihr einziger Trost wird die Gewißheit sein, daß du nach deinem Tode nicht mehr das Leben der Gejagten führen mußt. Nicht mehr Schmerz und Hunger ertragen mußt. Nicht mehr Angst und Furcht. Weil du in das Tal des Glücks gelangt bist. In Sicherheit bist. Oder sie durchkämmen das Land vergeblich nach deinem leblosen Körper. Dann werden sie sich noch elender fühlen, denn sie glauben, du seist nicht tot, sondern gefangen und an die Menschen des Südens verkauft worden, an die Mexicanos. Du wärest zur Hure gemacht worden, weil sie an das Gold kommen wollten, das ihnen den Geist verwirrt. Wehrtest du dich, würden die Mexicanos dich quälen, aber am Leben halten, in der Hoffnung, daß du dich bald in dein Schicksal fügtest. Dieses Unglück werden Träger Fuß und dein Bruder und dein Vater vor Augen haben. Denn du gehst und verschweigst ihnen Weg und Ziel. Wenn du sie liebst, Lozen, dann sage ihnen, was du vorhast, damit sie nicht krank werden. Sage es ihnen, Lozen.

Wenngleich ein leise flüsternder Gedanke, quälte er mich den ganzen Tag. Aber ich gab ihm nicht nach. Ich konnte es nicht. Denn Vater und Bruder und Mutter würden mir verbieten zu gehen. Und Ussen würde nicht vom Sterben unter uns erfahren. Die Soldaten würden uns auslöschen. Ich konnte dem leisen, trotzigen Gedanken nicht nachgeben. Vater und Mutter und Bruder würden sterben, wenn ich Ussen nicht aufrüttelte. Also war es wohl besser für sie, wenn sie sich eine Weile elend fühlten, bis ich mein Vorhaben ausgeführt hatte.

Und so handelte ich. Als die Zeit der Schlangen nahte, bereitete ich mich zum Schein auf den Ausflug zu meinem Sternenfelsen vor. Meine Mutter mahnte mich, vorsichtig zu sein; dann verließ ich das Dorf. Als ich außer Sichtweite war, schlich ich zu meinem Pony, das reglos inmitten der Kiefern wartete. Plötzlich, ich trat gerade zwischen die Stämme, hörte ich das Knacken eines Zweiges. Ich ließ mich zu Boden fallen und erstarrte. Kriechen und kauern, dachte ich. Kriechen und kauern. Ich lauschte auf ein Rascheln, ein Brechen und Treten, auf irgend etwas, was mir hätte verraten können, ob sich ein Soldat näherte. Ich sog schnuppernd die Luft ein und prüfte sie auf den süßlichen Geruch ihres Schweißes, auf den Geruch nach verbranntem Schießpulver. Ich horchte, hörte Schritte. Schritte, die bemüht waren, ungehört zu bleiben. Sie kamen näher. Ich trug weder Messer noch Gewehr bei mir. Beides lag, eingewickelt in meine Decke, neben dem Pony. Die Schritte kamen näher.

Ich mußte handeln. »Er sieht dich ohnehin«, sagte ich mir, »also auf und los!« Ich sprang auf. Ich wollte es ihm so schwer wie möglich machen, mich zu töten, ihm nur einen springenden, dahinschießenden Schatten bieten. Vielleicht verfehlte seine Kugel ihr Ziel oder traf mich nur ins Bein, in die Schulter, ohne zu töten. Dann konnte ich noch entkommen. Beim ersten Satz, den ich machte, durchschnitt ein »Kauern!« die Stille. Ein Chihinne-Wort, von einer Stimme gesprochen, die zu jung klang, um einem Soldaten zu gehören. Ich erstarrte. Langsam, langsam drehte ich mich um. Vor mir stand ein kleiner Chihinne. Es war Nadazai. Er war gekleidet wie ein Krieger. Ein weißes Stirnband, fest um das Haar geschlungen. Ein grellroter Streifen, von der Stirn über Nase, Lippen und Kinn gezogen. Eine rote Schärpe, von der linken Schulter quer über die Brust und unter dem rechten Arm hindurch über den Rücken geschlungen, auf der Schulter in einem Knoten endend. Die Füße in perlenbesetzten Mokassins, die zu den Knien hinaufreichten. »Ich weiß, wohin du gehst«, sagte er.

Ich antwortete nicht. Nach Luft ringend, mit hämmerndem Herz und Reißen im Bauch versuchte ich zu begreifen, daß es keine Soldaten waren.

»Ich kenne deine Gedanken, bevor du sie gedacht hast«, sagte er. »Das ist Nadazais große Kraft.«

Ich wollte ihm ins Gesicht lachen und brachte es nicht zuwege. Ich sah auf ihn hinab. Ohne die Stimme zu erheben, fauchte ich: »Fort mit dir, du Schmeißfliege!«

Sich in die Brust werfend, wiederholte er: »Ich kenne deine Gedanken, bevor du sie gedacht hast.«

»Du weißt nicht einmal, was du selbst denkst«, entgegnete ich.

»Du willst Ussen suchen.«

Ich stand wie versteinert. Wie konnte er das wissen? Ich hatte alles verschwiegen, niemand war eingeweiht. Alles hatte ich für mich behalten.

»Siehst du, selbst jetzt weiß ich, was du denkst. Du denkst, wie kann Nadazai das alles wissen.«

»Mach dich nur über mich lustig«, fuhr ich auf, faßte sein Stirnband und zwirbelte es fester um seinen Kopf.

»Es ist gut«, stieß er hervor, und ich ließ von ihm ab, den Knoten des Stirnbands aber fest gepackt, um gewappnet zu sein, wenn er nicht die Wahrheit sagte. »Es ist gut«, wiederholte er, »es ist gut, sage ich dir. Ich war Zeuge, wie du den Rat belauscht hast. Ich habe selbst gelauscht, nur wenige Schritt von dir.«

»Und?«

»Ich habe dasselbe gehört wie du. Ich sah dein Gesicht im Mondlicht, als sie von Ussen sprachen.« Seine Stimme klang ernst. »Und ich wußte, daß du handeln mußtest. Also folgte ich dir seit dieser Nacht überall hin und sah, wie du das Pony und deine Decke mit Messer, Gewehr und Kugeln hierherbrachtest. Und ich wußte, du wolltest Ussen suchen. Um uns zu retten.«

Nadazai senkte den Kopf und schwieg. Ich sah zu ihm hinab. Wir waren gleichaltrig, und ich war nicht sehr groß, aber Nadazai erinnerte immer noch an ein Hundejunges, das zu wenig Milch bekommen hatte. Er wirkte zerbrechlich, und jedermann im Dorf wußte, daß er eine große Furcht hegte, nicht mehr zu wachsen, nicht größer und kräftiger zu werden. Jedermann wußte von seiner Furcht, zu klein zu sein und nie ein echter Krieger werden zu können.

Nadazais Furcht war nicht unbegründet. Um ein Krieger zu werden, mußte ein Kind der Chihinne zunächst Helfer eines erwachsenen Kriegers werden. Er half dem Krieger, sein Pferd zu pflegen, sein Gewehr zu putzen, seine Mokassins zu fertigen und seinen Speer zu schärfen. Noch niemand hatte Nadazai ausgewählt. Nicht, weil er so klein war. Über den wirklichen Grund ließen sie ihn im unklaren, aber ich kannte ihre Beweggründe: Sie hatten Angst um ihn. Die Krieger fürchteten, daß sich sein Schädel, wenn sie Nadazai mit auf den Kriegspfad nahmen, einmal öffnen könnte, sein Blut, sein Gehirn und Fleisch sich mit dem Staub der Erde mischen könnten. Sie fürchteten, daß Nadazai auf diese Weise sterben könnte. Und ohne Hirn, ohne Augen, wäre er verloren. Für immer verloren. Er könnte niemals den Pfad durch die Finsternis des Todes ins Jenseits finden.

Wie der Leichnam zum Zeitpunkt des Todes – das war unser Glaube –, so würde auch das Leben im Jenseits sein. Und die Krieger wollten, daß Nadazais Schädel und Augen unversehrt waren, wenn er die Reise in das Totenland antrat. Der Grund ihrer Besorgnis war, daß in Nadazais Schädeldecke ein Stück fehlte. Sah man ihn von Angesicht zu Angesicht, war es nicht einmal festzustellen. Sein schwarzes, dichtes Haar verdeckte die Stelle, die sich nur verriet, wenn man es zur Seite schob. Darunter klaffte eine Lücke, dort, wo einst Knochen und Fleisch waren. Man konnte die Finger in die Lücke legen und an ihrem Grund, wo die Knochen vor dem Verlust des Schädelstücks einmal miteinander verbunden waren, eine langgezogene, wulstige Narbe ertasten.

Als Nadazai ein Säugling war, war ein Puma durch sein Tipi gebrochen, hatte seinen winzigen Kopf mit den Raubtierzähnen gepackt und wollte ihn fortzerren. Nadazais Mutter stach mit ihrem Messer zu und tötete den Puma, aber er riß ein Stück aus Nadazais Schädel heraus, bevor er starb. Jahrelang hieß es, man könne durch das Loch ins Innere des Kopfes sehen. Mein Vater schärfte Nadazais Eltern ein, ihn nicht umherlaufen zu lassen, um das Schädelinnere und damit Nadazais Leben im Jenseits nicht zu gefährden. Sie taten wie geheißen und zügelten Nadazais Drang nach Bewegung, während die anderen Chihinne-Kinder sich in den Felsen austobten und größer und kräftiger wurden.

Nadazai wollte ein Krieger werden, mehr als alles andere im Leben. Er wollte kämpfen und die Soldaten zurückschlagen. Und weil er dies wünschte, so wußte ich, würde er jetzt nicht aufgeben, würde mich nicht allein auf die Suche nach Ussen gehen lassen. Ich wußte, Nadazai wollte mitkommen, denn hinter ihm wartete sein Pony, eine kleinwüchsige, langsame und sanftmütige Stute, der seine Eltern vertrauten.

So fragte ich Nadazai: »Willst du mitkommen?«

»Deshalb bin ich hier.«

»Aber ich bin es, die mit Ussen sprechen wird. Ich werde zu ihm gehen und seinen Schlaf beenden.«

»Es ist mir recht. Ich werde dich beschützen, bis wir Ussen gefunden haben. Die Krieger werden schließlich davon hören und mich aufnehmen müssen.«

»Hast du eine Decke bei dir?«

»Sie hängt am Sattel.«

»Hast du etwas zu essen dabei?«

»Beeren, Nüsse und Wurzeln«, antwortete er, »und eine Blase mit Wasser. Hast du deine Blase mitgenommen?«

Die Chihinne bewahrten ihre Wasservorräte in Elch- oder Hirschblasen auf. Die Blasen wurden getrocknet und auf einen

Rahmen gespannt. Sie eigneten sich dann hervorragend als Wasserbehälter. Und meine Hirschblase hatte ich vergessen.

»Ich wußte, daß du nicht daran denkst, also habe ich dir eine mitgebracht«, sagte Nadazai stolz.

In ernstem Ton forschte ich weiter. »Hast du ein Messer oder ein Gewehr mitgenommen?«

Mit ebenso ernster Stimme gab er zurück: »Beides. Und ich zögere nicht, sie zu gebrauchen. Ich habe das Gewehr meines Vaters und eine Anzahl Kugeln mitgenommen. Er besitzt zwei Gewehre, er wird es nicht vermissen.«

»Natürlich wird er es vermissen. Aber dann sind wir längst verschwunden.«

Ich wandte mich ab von dem kleinen Chihinne und ging zu meinem Pony. Gemeinsam suchten Nadazai und ich unseren Weg durch die Dunkelheit, den Berg hinunter. Einen Fuß vor den anderen setzend, tasteten wir uns behutsam vor, um keine Steine loszutreten oder Schlangen aufzuschrecken. Um uns nicht den Soldaten zu verraten. Keiner von uns wußte, was uns im Land jenseits der Schwarzen Berge erwartete.

7

Es gab noch einen anderen Grund für unsere Vorsicht. Entlang des Weges war mit Spähern zu rechnen, die hinter Felsen und Büschen versteckt lagen. Zu ihnen zählte auch mein Bruder. Späher wurden nur die besten Chihinne-Krieger. Ihren Augen entging nichts. Sie, die von allen Kriegern die schwerste Aufgabe hatten, wurden von unserem Häuptling bestimmt. Jede Nacht bezog eine Handvoll Späher Posten, um das Flache Land im Auge zu behalten und zu melden, wenn sich Soldaten oder Goldgräber näherten. Die Späher verstanden es, sich unsichtbar zu machen. Mit Zweigen und Blättern hinter dem Stirnband, das Gesicht schwarz angemalt, lagen manche sogar halb eingegraben in der Erde, darüber nur Kopf und Arme mit dem Gewehr. Andere schmiegten sich hinter einen Felsen, wie ein Strauch, der Schutz vor der Sonne sucht. So getarnt gaben sie acht auf jede Bewegung, jedes Geräusch, jeden Geruch.

So wurden die Späher eins mit Erde und Luft. Sie bemerkten jede Veränderung ringsum, in der Einheit der Schöpfung Ussens. Und wie Nadazai und ich ins Flache Land hinabstiegen, fragte ich mich, ob wir diese Einheit zerstörten, indem wir uns des Nachts heimlich fortschlichen. Bald verwandelte sich der Zweifel in Furcht. Eine Furcht, die mir sagte, daß die Späher am Winde, der über unsere Haut strich, spüren, riechen, schmecken mußten, daß wir Ussens Schöpfung verletzten. Bemerken mußten, daß wir das Dorf ohne Erlaubnis verlassen hatten. Und wenn sie uns entdeckten, brächten sie uns zurück, und Ussen schliefe weiter.

Meine Furcht war wortlos, ich sprach nicht darüber. Und wie wir unsere Ponys am Zügel zwischen den Mesquitegehölzen, die hier nur lose in der Erde wurzelten, hindurchführten, vermied ich jedes Rascheln und Knacken. Ich versuchte, mich so zu verhalten, wie mein Bruder und mein Vater es mich gelehrt hatten. Von ihnen hatte ich die Künste und Listen der Krieger gelernt. Ich hatte gelernt, geräuschlos durch die Nase zu atmen, denn wenn ich durch den Mund atmete, würde sich Speichel sammeln, und ich müßte schlucken. Beim Schlucken entstünde ein Geräusch, und obwohl kaum hörbar, würde es mich in der lauernden Stille verraten.

Ich erinnerte mich auch an das, was Träger Fuß mich gelehrt hatte. Einmal, über sein Gewehr gebeugt, hatte er erklärt: »Lozen, wenn du wirklich willst, daß du nicht gesehen wirst, dann sieht dich niemand.«

Ich verstand nicht.

»Alles, was du tun mußt, wenn du nicht gesehen werden willst, ist, daran zu glauben. Du mußt dir vorstellen, unsichtbar zu sein, dir sagen: Ich bin wie Luft. Die Luft, die unsere Erde umhüllt, die es wirklich gibt, diese Luft kann man nicht sehen. Sage dir, du bist wie Luft, und du fühlst, wie du leichter und leichter wirst. Und obwohl deine Füße noch den Boden berühren, bist du leicht und schnell und unsichtbar wie ein Lufthauch. Dein Leib wird deinen Gedanken folgen. Du bewegst dich lautlos wie die Luft, die dich gerade umgibt, die wir aber nicht sehen können, weil sie still und leicht und unsichtbar ist. Aber sie ist da, denn wir atmen sie und leben.«

Ich glaubte den Worten von Träger Fuß. Er war weise, mutig und angesehen und dennoch kein Häuptling. Er hätte Häuptling sein können, als er noch jünger war. Aber da wurde er in einem Kampf mit Soldaten verletzt. In einem Kampf mit den Soldaten aus dem Land des Südens, das man Mexiko nannte, wie mir mein Bruder sagte. Träger Fuß wurde von ihren Kugeln getroffen. Die eine Kugel drang durch die Schulter, durch Muskeln und Knochen, und trat wieder aus. Nicht so die Kugel im Fuß. Sie blieb stecken, in einer Wunde, die tagelang blutete und seinem Leib die Hitze brachte. Er überlebte, sein Leib kühlte ab. Langsam erholte sich Träger Fuß. Aber er war nicht mehr der Chihinne, den alle kannten. Sein Fuß hielt die Kugel fest und fiel in einen tiefen Schlaf. So konnte er nicht mehr wie zuvor gebraucht werden. Träger Fuß begann zu hinken. Wenn Regen oder Schnee fiel, schwoll der immer noch schlafende Fuß an und bereitete ihm heftige Schmerzen.

Lange Zeit mußte Träger Fuß im Dorf zurückbleiben, wenn die Krieger zur Jagd nach Süden zogen. Sie, die ausgezogen waren, um Fleisch zu bringen, trafen auf Soldaten und Rindermenschen im Lande Mexiko. Zahlreiche Kämpfe wurden geführt. Die Krieger vollbrachten mutige Taten und gewannen bei ihrem Volk hohes Ansehen. Sie brachten Fleisch, Gewehre und Kugeln mit. Träger Fuß hatte früher einmal, als sein Fuß noch nicht schlief, Schwarzer Wolf geheißen und war oft nach Fleisch und Gewehren ausgezogen. Und hatte dabei seinen Mut unter Beweis gestellt. Aber dann, verwundet, hinkend, mußte er im Dorf zurückbleiben, und man begann, ihn Träger

Fuß zu nennen. Sie riefen ihn so, nicht weil sie kein Herz hatten. Nicht, um sein Unglück auch noch zu verhöhnen. Sie nannten ihn Träger Fuß, weil sie traurig waren und mit ihm fühlten. Und damit die Kinder, die fragten, warum er nicht mit auf die Jagd ginge wie die anderen Krieger, die Antwort schon kannten, wenn sie seinen Namen hörten. Wäre Träger Fuß nicht verletzt worden, sagte Beduiat, hätten sie ihn zu unserem Häuptling gemacht. Und ich wußte warum: Er war klug und liebte sein Volk. Nur das macht einen großen Häuptling aus, hatte ich immer geglaubt; doch mein Bruder belehrte mich, daß ein Häuptling auch auf die Züge nach Süden gehen muß. Aber es dauerte viele Ernten, bis Träger Fuß wieder auf ein Pferd steigen konnte. Und da war er bereits zu alt, um Häuptling zu werden.

Ich hatte Träger Fuß beim Gewehrputzen einmal gefragt, warum er kein Häuptling sei. Ich war noch klein und wußte noch nicht, wann ich reden durfte und wann ich zu schweigen hatte. Meine Frage war frech und unverhüllt neugierig, aber Träger Fuß wies mich nicht ab. »Ich werde niemals ein Häuptling sein«, erklärte er. »Und das ist gut so. Denn bald wird dein Bruder Häuptling werden, der größte Häuptling, den die Chihinne jemals hatten.«

Damals, als ich so oft beim Gewehrputzen an seiner Seite kauerte, lauschte ich aufmerksam und wißbegierig auf seine Worte. Darauf, wie man sich unsichtbar macht, darauf, wie man ein mutiger und starker Krieger wird. Und ich konnte glauben, was er mir sagte. Denn ich spürte, wenn seine Hand über mein Haar strich, daß er mich aufrichtig liebte. Und als Nadazai und ich hinunter ins Flache Land stiegen, hörte ich die Stimme des Alten: »Wenn du wirklich willst, daß du unsichtbar wirst, Lozen, dann glaube daran. Glaube daran, und es wird wahr.«

Wie ich mein Pony am Zügel führte, sagte ich mir: Ich bin Luft, ich bin die Luft selbst. Ich sagte mir: Ich bin so leicht und so dünn, so still und so sanft, so unsichtbar wie ein Lufthauch. Leicht, weich, unsichtbar. Und von einem Herzschlag auf den anderen glaubte es mein Körper. Ich wurde wie Luft. Leicht und unsichtbar. Und man sah uns nicht. Man hörte uns nicht. Durch die Worte von Träger Fuß, durch das, was er mir mitgegeben hatte, durch seine Zuneigung, gelangten wir unbehelligt hinunter zum Fuße des Berges, in das Flache Land. Ins Land der Ferne, ins Unbekannte.

8

Von Träger Fuß wußte ich, daß der Heilige Berg, auf dem Ussen lebte, vier Tagesritte von unserem Dorf entfernt lag. Nadazai und ich wollten uns auf den Weg machen, sobald die Sonne wiederkehrte. Und ich begann, mich vor der Rückkehr der Sonne zu fürchten. Wir würden im grellen Sonnenlicht reiten müssen, ein Ritt in der Nacht verbot sich, denn die Nacht gehörte den Schlangen, und die Chihinne pflegten die Zeit der Schlangen nicht zu stören. Ein Ritt in der Nacht brachte Gefahren. Eine Klapperschlange konnte eines der Ponys beißen, es würde bocken, hochsteigen und seinen Reiter abwerfen. Er konnte sich dabei zu Tode stürzen oder von der Schlange gebissen werden. Einmal gebissen, würde sich das Gift unaufhaltsam in seinem Körper ausbreiten, und er würde sterben. Wir mußten also unser Lager bei Einbruch der Dunkelheit aufschlagen.

Ich fürchtete mich vor der Sonne. Wir würden den ganzen Tag auf unseren Ponys sitzen. Aber tagsüber erwarteten uns die Soldaten und Goldgräber. Zu Pferde, auf der Suche nach Chihinne. Auf der Suche nach uns. Ich wußte, daß sie nicht zögern würden, Nadazai und mich niederzuschießen.

Inmitten einiger verstreut liegender Felsbrocken, dort, wo das Flache Land begann, schlugen wir unser Lager auf. Und erwarteten das Ende der Schlangenzeit. Nadazai hatte sich zum Schlafen niedergelegt, ich hielt an seiner Seite Wache, die Knie an die Brust gezogen, meine Decke um den Leib geschlungen, das Gewehr schußbereit. In meinen Händen fühlte es sich warm an.

So saß ich wartend, den Blick in die Dunkelheit gerichtet. Nicht lange, und ich spürte, wie ich wieder fest wurde, nicht mehr unsichtbar war. Ich fühlte, wie ich zu einem Klumpen aus Blut und Fleisch wurde, zu einem unübersehbaren Ziel für die Kugeln der Soldaten. Und auch die Furcht packte mich wieder, übermächtig. Sie höhnte, daß ich die längste Zeit leicht und unsichtbar gewesen sei. Ich fühlte mich schwach. Und auf meiner Brust lastete das Gewicht eines Felsens. Nicht von außen drückte der Fels auf meine Brust. Es schien, als säße er unter meiner Haut, zwischen Haut und Herz, und zerquetschte mich.

Ich schloß die Augen und hoffte, daß es bald vorbei wäre.

Und wie ich versuchte, der Furcht Herr zu werden, erschien im Dunkel hinter meinen Augenlidern Träger Fuß. Ich sah ihn, wie er sein Gewehr putzte, und ich sah mich selbst, wie ich neben ihm saß. Er sprach mit mir. Aus dem Dunkel hinter meinen Augenlidern erklang seine Stimme. »Denke daran, Lozen«, sagte er, »schließe niemals die Augen, wenn du Wache hältst. Solange du die Augen geschlossen hast, und sei es noch so kurz, kann ein Soldat dich töten. Und auch die Menschen, die auf dich vertrauen, werden sterben. Im Schlaf, weil deine Augen geschlossen waren. So kommt jede Warnung für deinen Stamm zu spät. Ob du nun in einen Schlummer fällst oder ob du dich fürchtest und vor der Furcht deine Augen verschließt, es ändert nichts. Schließe niemals die Augen, wenn du Wache hältst.«

Ich hob die schweren Lider und starrte in das Dunkel, ob sich irgendwo Gestalten bewegten. Ich sah nichts. Wieder hörte ich die Stimme von Träger Fuß: »Spähe auch mit den Ohren, spähe und lausche. Lege ein Ohr an die Erde: Wenn die Soldaten kommen, wirst du spüren, wie der Boden zittert. Soldaten und Goldgräber treten hart auf, sie sind grausam zur Erde. Weil sie die Erde nicht lieben. Wenn sie gehen oder reiten, wird die Erde krank, und sie zittert. Du siehst mit dem Ohr, wie sie zittert.«

Ich folgte dem Rat von Träger Fuß. Ich legte ein Ohr an die Erde und lauschte auf das Zittern, das mir eine nahende Gefahr melden sollte. Ich lauschte auf das Zittern, und in Gedanken sah ich Soldaten und Goldgräber herangaloppieren. Sie waren so anders als die Chihinne, dachte ich.

Den Soldaten und ihrem Volk schien die Erde fremd zu sein. Es schien, als wären sie keine Söhne der Erde, und als fehlte ihnen deshalb die Liebe zur Erde. Eine Liebe, wie wir sie empfanden. Und so machten sie die Erde krank, indem sie dröhnend einherstampften und -ritten, tiefe Löcher in die Erde brachen und machten, daß sie mit lautem Donnern aufbrüllte.

Die Weißen scherten sich nicht darum, was unter ihren Füßen, unter den Hufen der Pferde brach und splitterte, sie scherten sich nicht darum, welche Wunden sie schlugen, wenn sie die Erde aufrissen, wenn sie uns jagten und niederschossen.

Beim Gewehrputzen hatte Träger Fuß davon gesprochen, daß die Soldatenmenschen die Erde zerstörten. Die Tiere vernichteten. Die Berge. Das Wasser. Und schließlich die Chihinne. Sie würden einmal die ganze Erde unterdrücken.

Ich erhob mich, als ein heller Schimmer die aufgehende Sonne ankündigte. Nadazai schlief noch fest. Mich langsam auf der Stelle drehend, sah ich zu, wie der Himmel, erst rot glühend, wieder blau aufstrahlte. Erneut sah ich Träger Fuß beim Gewehrputzen. Und mich selbst, ihm zuhörend. Er sagte: »Kleine Lozen, die Soldatenmenschen sind nicht wie wir Chihinne. Sie leben nicht mit der Erde. Nicht mit den Tieren, nicht mit den Flüssen, nicht mit den Bergen. Sie mögen keine Tiere, keine Flüsse, keine Berge. Deshalb erheben sie sich über die Erde, als ob sie fliegen könnten wie Gänse. Von oben herab sehen sie auf die Erde und glauben, sie seien den Tieren, den Flüssen, den Bergen und den Chihinne überlegen. Und dann kommt die Zeit, da sie die Erde brauchen, um darauf zu gehen oder ihre großen Pferde zu reiten. Das stimmt sie mißmutig. Denn sie hassen Flüsse und Berge, Tiere und Chihinne. Deshalb donnern sie auf die Erde nieder, als regnete es Geröll. Sie setzen nicht auf wie Gänse. Gänse setzen weich und sanft auf und hinterlassen keine Spuren.«

Ich erinnerte mich an meine Antwort: »Aber die Soldaten hinterlassen Spuren in uns.«

»Ja, Lozen. Sie hinterlassen ihre Spuren in uns. Aber sie sehen nicht, was sie anrichten. Nur ein fühlendes Herz sieht die Qual der anderen. Das kalte Herz ist blind. Das kalte Herz sieht nicht und will nicht sehen, wie die Soldaten unsere Knochen zertrümmern, unser Fleisch zerfetzen, unsere Erde zertreten. Und sie kommen so schnell, so schnell. Sie hasten und hasten, und die Erde, die unter ihnen stirbt, wird zum Nebel. Die Erde, die Tiere, die Chihinne, sie alle verschwimmen vor ihnen, weil die weißen Menschen nichts fühlen. Und, Lozen, wer nicht fühlt, der liebt nicht. Ohne Liebe herrscht Krieg, ohne Liebe herrschen die Soldatenmenschen.«

Ich drehte mich langsam auf der Stelle, während die Sonne über den Horizont kletterte. Nadazai atmete lauter, er war kurz vor dem Aufwachen, und meine Lippen formten lautlos die Worte: »So werdet ihr uns töten, wenn ich Ussens Schlaf nicht beende und Er der Erde nicht das Gute wiedergibt. Liebe wiedergibt.«

9

Am Morgen brachen wir auf und machten uns auf den Weg zum Großen blauen Strom. Im Land der Chihinne gab es viele Bäche und Flüsse. Manche waren so schnell wie mein Bruder, der ein guter Läufer war. Andere waren langsam wie Träger Fuß. Manche Wasser, kalt und tief, waren still wie die Frauen der Chihinne, denen die Beine versagten, die ihr Tipi nicht verlassen konnten, weil ihr Mann oder ihr Sohn von der Jagd nicht zurückgekehrt war. Beduiat hatte mich davor gewarnt, mich kalten, tiefen und stillen Flüssen zu nähern. Er hatte mir geraten, mich von den kühlen und stillen Frauen fernzuhalten, bis sie ihren Schmerz überwunden hatten. Bis sie wieder aufrecht stehen und vor ihr Tipi treten und Wärme und Liebe in ihren Körper strömen lassen konnten. »Dann«, erklärte Beduiat, »dann werden sie zu sanften, glitzernden Rinnsalen. Nicht mehr kalt, abgründig und still. Sie sind wie verwandelt. Und wieder Teil ihres Volkes. Aber, kleine Lozen, es gibt einen Fluß und einen Menschenschlag, der wird sich niemals ändern. Der Fluß ist der Große blaue Strom. Die Menschen, die ich meine, sind die Soldatenmenschen.«

»Und vor den Soldatenmenschen muß ich mich hüten«, nickte ich.

»Ja. Und vor dem Großen blauen Strom. Überquere ihn niemals allein. Nähere dich ihm nie, wenn weder ich noch Vater oder Mutter bei dir sind. Er wird dich verschlingen und in die Tiefe ziehen. Hinunter ins Dunkel, in ein trügerisches Dunkel, verborgen unter dem Blau, das dich mit seiner Schönheit trügt. Der Fluß ist wie die Soldatenmenschen. Die Soldaten tragen blaue Kleider, darin sind sie warm und trocken, sie werden fett darin. Vielleicht gefallen ihre Kleider manchen Chihinne. Aber sie verbergen die Wahrheit. Unter dem Blau des Großen blauen Stromes, unter den warmen blauen Soldatenkleidern verbirgt sich eine Kraft, die dich verschlingen, hinunterziehen und fortreißen wird. Und du bist so klein, Lozen, leicht wie eine Adlerfeder, zu klein, um dich retten zu können. Die Luft wird dir ausgehen. Und du wirst sterben. Unter dem Blau des Wassers, unter dem Blau der Soldatenkleider.«

Doch Beduiat sagte noch mehr, als wir über den Großen blauen Strom sprachen. Über den Fluß, den Nadazai und ich überqueren mußten, um Ussen zu finden. Beduiat hatte erklärt: »Du scheinst mir ein Wolfsjunges zu sein, kleine Lozen, das sich irgendwann auf eigene Faust aus dem Bau stiehlt, um in fremden Wäldern seine Lieblingsbeute aufzustöbern. Vielleicht gehst du eines Tages allein auf die Suche nach etwas, wonach du dich sehnst. Vielleicht kommst du zum Großen blauen Strom und mußt hinüber. Wird wahr, was ich sehe, dann erinnere dich an meine Worte. Ussen hat den Chihinne einen Weg gezeigt, um das gefährliche Wasser sicher zu durchqueren.«

»Was für ein Weg ist das?« wollte ich wissen.

»Vor allem mußt du, solange du lebst, den blauen Stein bei dir tragen. Den blauen Stein, den wir Chihinne an den Flußufern finden. Kommst du zum Großen blauen Strom, wirfst du ihn ins Wasser. Bete zu Ussen, sage ihm, daß du den Fluß durchqueren willst und wünschst, daß der Große Vater das Wasser besänftigen möge. Ussen sieht, daß du die Steine der Kraft dem Wasser übergibst, Er hört dein Gebet. Er macht das Wasser träge und seicht. Und du kannst ans andere Ufer schwimmen oder auf deinem Pony den Großen blauen Strom durchqueren. Du wirst nicht untergehen, du wirst nicht ertrinken. Vergiß nicht, was ich dir gesagt habe, kleine Lozen. Wer den Rat beherzigt, wird überleben. Und den Tag erleben, an dem die Soldaten für immer verschwinden.«

Nadazai und ich hielten unsere Ponys an. Vor uns wand sich langsam der Große Blaue Strom durch das Tal. Ich erinnerte mich an jedes Wort meines Bruders.

10

Wir ritten in gerader Linie auf den Großen blauen Strom zu, der geduldig wartend vor uns lag. Ich wußte: Wir hatten keine andere Wahl als ihn zu überqueren. Um Ussens Schlaf zu beenden, mußten wir ans andere Ufer, es war nicht zu ändern. Ich dachte nach, zweifelnd. Wenn Ussen schlief und das Unglück seines Volkes nicht sah, wie konnte Er sehen, daß ich den blauen Stein ins Wasser warf, und wie konnte Er mein Gebet hören, Er möge das Wasser besänftigen? Ich fand keine Antwort und verbannte die Gedanken aus meinem Kopf. Denn es war heiß, und wir ritten, ohne Halt zu machen. Ich versuchte zu vergessen. Mehr konnte ich nicht tun, um mich auf dem Pony zu halten. Für Gedanken voll Sorge und Furcht fehlte mir die Kraft.

Die Hitze lag auf dem Land wie flüssiges Blei. Kein Lufthauch kühlte unsere Haut. Es war anders als in den Bergen, wo wir den ganzen Tag umherlaufen konnten, ohne vor Hitze zu schwitzen oder zu ermüden. Stets wehte ein kühler Wind, auch dann, wenn die Sonne am höchsten stand.

Den ganzen Tag über war Nadazai vor mir hergeritten. Bisweilen wandte er den Kopf und sah mich an. Es schien, als wollte er sich vergewissern, ob ich mit ihm Schritt halten könne. Wie prahlerisch. Als die Sonne senkrecht über uns stand und mir der Schweiß in kleinen Bächen über die Stirn lief, schloß ich zu ihm auf und sagte: »Den ganzen Tag sehe ich deinen Kopf herumfahren.«

»Ich will nicht, daß du dich verirrst.«

»Wer ein Chihinne-Krieger werden will, dem ist es verboten, den Kopf so rasch zu wenden. Sähen es die Krieger, wenn du dich auf den Kriegerstand vorbereitest, dürftest du sie nie wieder begleiten. Du könntest niemals ein Krieger werden.«

Ohne den Kopf zu wenden, sagte er: »Ich brauche keine Vorbereitungen, keine tagelangen Belehrungen, kein Urteil anderer Krieger. Ich bin bereits ein Häuptling. Ich tue, was ich will.«

»Wer hat dich zum Häuptling gemacht?«

»Ich selbst habe mich zum Häuptling gemacht.«

»Und wo ist der Stamm, den du führst?«

»Du bist der Stamm, den ich führe.«

»Dann stimmt es, was ich immer von dir gedacht habe.«

»Was hast du gedacht?«

»Daß du kein Hirn im Schädel hast.«

Er sah mich an. »Ich werde dir zeigen, daß ich Hirn habe. Ich werde dir zeigen, daß ich nichts vergesse. Los, frage mich. Frage mich irgend etwas. Los, frag schon ...«

Und ich begann: »Wer Krieger werden will, muß Künste und Listen lernen. Wie spricht man auf dem Kriegspfad?«

»Ich darf die Worte nicht gebrauchen, die wir im Dorf sprechen. Die Worte, die ich auf dem Kriegspfad gebrauche, sind andere Worte.«

»Und warum ist das so?«

»Die Worte, die wir zu Hause gebrauchen, müssen auf dem Kriegspfad ungesagt bleiben. Denn auf dem Kriegspfad geschehen schreckliche Dinge. Sprechen wir auf dem Kriegspfad die Worte unserer Tipis, verbinden sie sich mit diesen schrecklichen Dingen, und jedesmal, wenn wir reden, würden wir an diese schrecklichen Dinge denken. Also gebrauchen wir andere Worte.«

»Was noch?«

»Wenn ich mich auf den Kriegerstand vorbereite, habe ich besondere Aufgaben. Dem Krieger, der mich die Kriegskunst lehrt, gehe ich in allem zur Hand. Ich tränke sein Pferd. Ich bereite sein Essen. Ich bringe ihm, was immer er gerade braucht, und rede nicht eher, bis ich gefragt werde.«

»Das wirst du wohl niemals können.«

Er hob seine Stimme. »Ich gehe ihm zur Hand, wenn er sein Gewehr putzt, und ich sorge dafür, daß sein Speer stets scharf ist. Vor Soldaten und Goldgräbern laufe ich nie davon, selbst wenn ich keine Pfeile und Kugeln mehr habe. Und wenn ich ins Dorf zurückkehre, das ich vor den Soldaten gerettet habe, werden meine Brüder und Schwestern sagen, daß ich sehr mutig bin, mutiger als Lozen jemals sein wird. Mit dem Krieger, der mich die Kriegskunst lehrt, gehe ich viermal auf den Kriegspfad. Nach dem vierten Mal beraten die Krieger darüber, ob ich Krieger werden kann. Ihr Beschluß wird ›ja‹ lauten, und ich bin ein echter Krieger.«

Nadazai sah mich an. Vor meinen Augen hatten sich seine Züge verändert. Es war nicht mehr das Gesicht des kleinen Jungen. Die fest geschlossenen Lippen waren schmal, die Haut wirkte im grellen Sonnenschein straff und gespannt. Es war das Gesicht eines Chihinne. Dann senkte er den Kopf und fuhr leise fort: »Lozen, wenn du eines Tages töten mußt – wirst du Angst haben? Angst zu töten?«

Ich antwortete mit einer Frage. »Und du?«

»Manchmal sehe ich im Traum tote Chihinne. Es stimmt mich traurig. Ich weiß, daß wir die Soldaten töten müssen, aber was werde ich träumen, wenn ich sie wirklich töte? Sehe ich im Traum tote Chihinne, bin ich morgens sehr müde. Ich fühle mich, als hätte ich überhaupt nicht geschlafen. Und ich will nicht hinaus in die Sonne. Ich fühle mich wie jemand, der zu müde ist, um weiterzuleben, dem Tod nahe. Und manchmal glaube ich: Wenn ich die Weißen töte und nachts von ihnen träume, werde ich noch müder sein. Wenn ich aufwache, wird mich alle Kraft verlassen haben, und ich sterbe.«

»Dein Vater, mein Vater, Beduiat, Träger Fuß – sie alle haben Soldaten und Goldgräber getötet und sind nicht gestorben.«

Er schaute mich an, als sähe er durch mich hindurch. Ich wußte, es war ein vergeblicher Versuch, ihm Mut zu machen. So ist die Angst. Die Angst der Gejagten. Gleichgültig, was man tut, um die Angst abzuschütteln: Sie sitzt in allen Gliedern. Sie lähmt, und nur die Zeit erweist, ob die Angst begründet war, ob sie uns Gutes oder Schlechtes lehrte. So würde es auch Nadazai ergehen. Er würde erwachsen werden und töten müssen, um zu überleben. Und schlafen, und träumen. Und am Morgen entweder vor Angst sterben oder vor das Tipi in die Sonne treten und ein Krieger sein. Damals, auf diesem Ritt, wußte ich schon, obwohl ich noch so jung war, daß Nadazai sich allein seiner Angst stellen mußte. Und leben oder sterben würde. Damals, obwohl noch so jung, wußte ich, daß es für uns nur Leben oder Tod gab. Denn wir waren Gejagte. Wir waren Chihinne.

Als die Sonne sich gegen den Horizont neigte, standen wir am Ufer des Großen blauen Stromes. Wie eine riesige Schlange lag er vor uns, blau und lauernd. Ich wußte, er war tief und gefräßig und würde uns ohne Zögern verschlingen. Ich ging langsam hinunter an den Ufersaum und ließ mein Pony trinken. Nadazai folgte mir, stieg ab und trat an meine Seite.

»Wir begehen eine Zeremonie«, begann ich. Ich war unsicher.

»Wir besitzen keine Kraft, Lozen.«

»Ich dachte, du seist ein Häuptling. Ein Häuptling besitzt besondere Kräfte, die ihm Ussen gab. Kräfte, die seinem Volk helfen.«

»Bei mir ist es anders. Ussen hat vergessen, mir eine Kraft zu geben.«

»Mir aber hat Beduiat gesagt, was zu tun ist«, erklärte ich.

»Müssen wir wirklich hindurch, Lozen? Es muß einen anderen Weg geben, der uns zu Ussen führt.«

»Es gibt keinen anderen Weg. Wir werden auf dem Rücken unserer Ponys sitzen. Sie schaffen es. Wir halten sie immer geradeaus. Ich weiß, wie wir das Wasser besänftigen. Dann tragen uns die Ponys geradewegs ans andere Ufer.« Ich nahm ihn fest in den Blick und fuhr fort: »Denke daran, Nadazai, immer geradeaus. Laß dich vom Pony nicht flußabwärts tragen. Laß dich nicht von der Strömung abtreiben. Sonst stirbst du.«

Wir stiegen auf die Ponys. Ich entnahm dem Lederbeutel, den ich umgehängt hatte, die blauen Steine und warf sie ins Wasser. Ich schloß die Augen und betete. Nadazai konnte die Worte hören. Und, so hoffte ich, auch Ussen.

Ussen, wir kommen.
Dich zu sehen, kommen wir.
Denn wir lieben Dich,
glauben an Dich.
Ussen, der Du diesen Fluß erschaffen,

Ussen, der Du ihn dem Land der Chihinne gegeben,
dem Land, das Du geschaffen:
Wir wünschen diesen Fluß zu überqueren.
Sieh, wir mühen uns.
Sieh, wir kommen, Dich zu sehen.
Denn wir lieben unser Volk.
Besänftige das Wasser.
Erwache, sieh, wir kommen,
unser Volk zu retten.

Nadazai folgte mir, als ich mein Pony in den Fluß führte. Es wollte nicht gehorchen, denn es scheute vor dem Wasser. Die Strömung war stark wie zuvor, das Wasser war nicht seichter geworden, seit ich die Steine hineingeworfen und mein Gebet an Ussen gerichtet hatte, es zog und schob. Bald hatten wir uns der Mitte des Großen blauen Stromes genähert. Mein Bruder hatte recht, der blaue Schimmer trog. Der Fluß war schwarz und dunkel und kalt.

»Glaube an die Kraft der Steine«, rief ich zu Nadazai hinüber. »Glaube an mein Gebet.«

Unsere Tiere arbeiteten hart. Aber da umspülte uns das Wasser plötzlich sanft und floß nur noch träge dahin. Die Ponys schaukelten. Nadazai schloß zu mir auf, und nebeneinander ging es auf das andere Ufer zu. Dort erwartete uns fester Boden, dort wären wir in Sicherheit.

»Ussen hat dein Gebet erhört, Lozen. Es gelingt. Der Fluß liebt uns.«

»Ussen liebt uns«, entgegnete ich.

Ja, es schien, als hätte Ussen uns bemerkt. Als hätte Er uns im Traum gesehen. Als hätte Er geträumt, daß das Wasser falle und träger fließe. Das andere Ufer rückte näher, bald hatten wir es erreicht.

Dann geschah es. Ussen träumte nicht, Er schlief traumlos, Sein Geist war in Dunkelheit versunken. Über uns trieben Wolken. Schwere, schwarze Regenwolken. Es wurde Nacht ringsum. Die Raben, die bisher am Himmel über uns hin- und hergeflogen waren, krähten laut und zogen ab. Drei, vier Gabelböcke, die am Ufer tranken, fuhren auf und sprangen davon. Um uns herum war plötzlich alles in Schwärze getaucht. Auf dem aufgewühlten Wasser tanzten Schaumkronen, die Wellen klatschten gegen unsere Leiber. Die Ponys sanken tiefer und tiefer, ihre Köpfr verschwanden immer öfter im Wasser. Sie konnten kaum noch Luft holen. Ich spürte, wie das Pony unter mir erlahmte. Ich wandte mich zu Nadazai und sah, wie die Furcht im Gesicht des kleinen Chihinne einem lähmenden Schrecken wich.

»Weiter«, schrie ich, »gleich haben wir's. Halte aufs Ufer zu.«

»Du hättest mehr Steine hineinwerfen sollen, sie haben nicht lange vorgehalten.« Er war bemüht, mutig zu erscheinen. Aber seine Stimme zitterte vor Angst. Und er weinte. Dann rauschte und heulte es. Ein Sturm, an unseren Leibern zerrend, fegte über das Wasser und nahm Nadazais Pony die letzten Kräfte. Er stieß das erschöpfte Tier vom Ufer fort, das wir fast erreicht hatten, und trieb es flußabwärts. Das aufgewühlte Wasser, schwarz und gefräßig, riß Nadazai fort. Ich mußte mit ansehen, wie er abgetrieben wurde, wehrlos, die Wellen klatschten immer wieder über ihm zusammen. Ich war hilflos. »Lozen!« schrie er, »tu etwas, hilf mir!«

Ich spürte, den Blick auf Nadazai geheftet, wie mein Pony plötzlich Tritt faßte. Einmal auf festen Boden gelangt, sprang ich ab und rannte, ohne zu überlegen, über das zerwühlte Ufer hin. Als ich Nadazai hinter mir wußte, warf ich mich in das schäumende Wasser. Der Fluß hatte wohl nur nach meinem Freund und seinem Tier gehungert, denn mich schien er nicht zu beachten. Weder zog er mich in die Tiefe, noch riß er mich fort. Ich schwamm auf Reiter und Tier zu, packte die Zügel und riß den Kopf des Ponys herum, um es zum Ufer zu lenken. Doch alles Zerren half nichts, denn die kleine Stute war starr vor Schreck und zu erschöpft, um sich zu bewegen.

»Ins Wasser, Nadazai, vielleicht schafft die Kleine es ohne dich.« Nadazai rutschte neben mir ins Wasser, bekam die Mähne des Ponys zu fassen und versuchte, den Kopf herumzuwenden. Gemeinsam ziehend und zerrend, ich an den Zügeln, Nadazai an der Mähne, kämpften wir uns an das Ufer heran, bis wir Kiesel und Sand unter den Sohlen spürten.

Nadazais Pony hielt sich gerade noch auf den Beinen. Einen Reiter tragen konnte es nicht mehr, alle Kraft hatte es verlassen. So stieg Nadazai hinter mir auf das Pony und schlang seine Arme um meinen Leib. Wir ritten los, triefend, den Großen blauen Strom hinter uns lassend. Der Sturm ebbte ab. Das reiterlose Pony folgte uns bis zur Dämmerung. Dann kehrte es sich zur Seite und verschwand. Um allein zu überleben oder zu sterben, wir wußten es nicht. In der Nacht schlugen wir unser Lager unter einer alten, hochschäftigen Kiefer auf, die eine flache Anhöhe beherrschte. Ich hörte, wie Nadazai ein Gebet zu Ussen sprach, bevor er einschlief.

Pony ist allein.
Pony gehört in die Berge.
Pony ist dort zu Hause.
Ussen, hilf ihm, nach Hause zu finden.
Es gehört zu den Chihinne.
Es half uns, Dich zu suchen.
Damit Du die Chihinne rettest.

Am Morgen verließen wir unser Lager auf dem Hügel und setzten unseren Ritt fort. Bald stießen wir auf Nadazais Pony. Es war tot. In der Nacht war es zum Fraß der Geier und Kojoten geworden. Außer den Knochen und Hufen und der hellbraunen Mähne hatten sie nichts übriggelassen, der Mähne, die verriet, daß es ein Chihinne-Pony war. Etwas abseits lagen die Augen. Große, feuchte Augäpfel, die aus dem Staub heraufglänzten. Große, feuchte Augen, die zu weinen schienen.

11

An diesem Tag kamen wir nur schleppend voran. Wir mußten Rücksicht auf mein kleines Pony nehmen, das nun zwei Chihinne auf einmal tragen mußte. So zu trotten war allerdings für Nadazai und mich gefährlich. Je länger es dauerte, bis wir das Flache Land durchquert hatten, um so leichter konnten uns die Soldaten entdecken und Jagd auf uns machen. Der Gedanke machte mich müde, und als die Sonne vom Scheitel des Himmels glühte, beschloß ich, anzuhalten und Rast zu machen. Ich fand, es sei das beste, ein wenig zu schlafen und danach weiterzureiten. Zu Nadazai umgewandt, sagte ich: »Suchen wir ein schattiges Versteck, wo wir etwas schlafen können und die Sonne uns nicht stört.«

Bald hatten wir gefunden, was wir suchten. Ich entdeckte mächtige Felsbrocken, die sich über einem ausgetrockneten Flußbett auftürmten. In dem Überhang, den sie bildeten, verbarg sich ein Felsspalt wie eine kleine Höhle. Als Unterschlupf bot er sich geradezu an und gewährte den denkbar besten Schutz vor der Sonne. Dort würde es kühl genug sein, um schlafen zu können, und so führte ich das Pony mit Nadazai hinauf.

Wir hatten ein sicheres Versteck gefunden, davon war ich überzeugt. Ich war matt und hungrig, voller Angst und bekümmert, ob unser Vorhaben gelingen würde. In Gedanken versunken, argwöhnte ich nichts Schlechtes. Die Sorge, ob Ussen noch an uns dachte, trübte meinen Verstand, als wir die Zügel um einen Ast schlangen und, leicht vornübergebeugt, in die Höhle traten. Zweifel quälten mich, die Törichten Gedanken. Vielleicht war Ussen fort. Für immer. Und kehrte nie wieder. Vielleicht liebte Er die Chihinne nicht mehr. Vielleicht hatte Er sie schon nicht geliebt, als Er sie erschuf. Vielleicht liebt Ussen die Soldaten und Goldgräber und wollte, daß sie uns vernichteten. Solche Gedanken des Zweifels quälten mich, als Nadazai und ich uns im Halbdunkel des Felspaltes niederlegten, so daß ich nicht hörte, was ich hätte hören sollen, nicht an das dachte, woran ich hätte denken sollen. Ich hätte die Stimme von Träger Fuß hören sollen. Ich hätte ihn vor mir sehen sollen, beim Putzen des Gewehres, ich an seiner Seite: »Lozen, wenn du unten im Flachen Land bist, und die Sonne brennt, und du suchst ein Versteck, um auszuruhen - sei wachsam. Nicht jeder Unterschlupf eignet sich dazu. Schlafende Chihinne sind leichte Beute - für Soldaten, Goldgräber, Pumas. Wenn du dein Versteck nicht sorgfältig wählst, finden sie dich und töten dich.«

»Wo kann ich mich verstecken?« wollte ich wissen.

»Erst mußt du wissen, wo du dich nicht versteckst. Vermeide tiefen Schatten. Vermeide große Felsen und Bäume. Vermeide Wasserlöcher mit großen Felsen und Bäumen. Überall dort werden dir Soldaten auflauern. Sie fürchten uns, wenn wir wach sind. Deshalb versuchen sie, uns im Schlaf zu überraschen. Dann können sie uns leicht töten. Und sie suchen uns immer dort, wo tiefer Schatten herrscht. Sie glauben, sie finden uns dort. Und so müssen wir tiefen Schatten meiden.«

»Und wo soll ich mich verbergen?«

»Im niedrigen Gebüsch, wie das Mesquitegestrüpp, das nur spärlichen Schatten spendet. Krieche hinein, versuche, passende Zweige und Äste zu finden. Dann legst du dich hin und deckst dich mit dem Gezweig zu. Und niemand wird dich sehen. Denn kein Weißer sucht dort. Sie glauben nicht, daß man dort Schatten und Ruhe findet. Wir Chihinne wissen es besser. Im Gestrüpp, zugedeckt mit Dürrholz, kannst du schlafen. Wenn dich andere Chihinne-Kinder begleiten, Lozen, sollen sie im nächsten Dickicht wenige Schritt weiter dasselbe tun.«

Als Nadazai und ich uns auf den steinigen Boden unserer Höhle zusammenrollten, hätte ich an den Rat von Träger Fuß denken sollen. »Niemals, kleine Lozen, Kind der Chihinne, niemals in deinem Leben sollst du dich in den Höhlen und Felsspalten an den Flußufern des Flachen Landes verstecken. Niemals. Gerade dort werden die Soldaten suchen. Sie werden dich finden und dir die Kopfhaut vom Schädel abziehen.«

Seine Stimme wurde von den Törichten Zweifeln verschluckt. Sie waren mächtig wie ein Fluß, der über die Ufer getreten ist, nichts konnte ihnen widerstehen, sie spülten alles fort. Hatte Ussen den Heiligen Berg verlassen? War er fortgegangen, so weit, daß ich niemals hoffen konnte, ihn zu finden? Hatte er uns nie richtig geliebt? War es ihm gleichgültig, ob wir lebten oder starben?

Für einen Augenblick vergaß ich, auf die Worte von Träger Fuß zu lauschen. Und Vergessen kann Sterben heißen.

Nadazai und ich waren bald eingeschlafen. Und Träger Fuß sollte recht damit behalten, daß die Soldaten zuerst Höhlen und Felsspalten untersuchten, die in der Hitze des Tages kühlen Schatten spendeten. Es dauerte nicht lange, da fiel das Pony, das vor der Höhle angebunden war, den Soldaten auf. Und die Soldaten fanden uns.

12

Ich sah den Soldaten, wie er in unsere Höhle drang. Ich sah ihn, bevor er mich sah. Mein Schlaf war, anders als bei Nadazai, nur unruhig gewesen. Und er wurde jäh beendet, als ich draußen Schritte und Flüstern hörte. Selbst im Schlaf trogen meine Ohren nicht. Die Soldaten hatten mein Pony entdeckt.

Der Soldat trug dunkelblaue Kleider und hielt ein Gewehr in der Hand. Er war hochgewachsen und kräftig und mußte sich weit herunterbeugen, als er sich in den Spalt schob. Vielleicht hatte er nicht mit uns gerechnet, denn sein Gesicht war von Furcht gezeichnet, als er mich entdeckte. Vor Schreck wie gelähmt, hob er nicht einmal das Gewehr. Er erinnerte mich an ein erfrorenes Bärenjunges, auf das ich eines Winters oben im Land der Chihinne getreten hatte. Das Kleine war der Mutter im dichten Schneegestöber verlorengegangen. Tagelang hatte es geschneit, und als die letzten Flocken ausgetanzt hatten, war ich losgegangen. Plötzlich stieß mein Fuß gegen etwas seltsam Festes. Ohne hinzusehen wußte ich, daß es keine Erde wahr. Ich kniete nieder und schob, wo sich meine Mokassins abzeichneten, den Schnee beiseite. Darunter kam ein Bärenjunges zum Vorschein. Ich berührte es jedoch nicht, denn Träger Fuß hatte mich vor der Bärenkrankheit gewarnt. Aber es war deutlich zu erkennen. Und es lag reglos.

Der Soldat stand wie erfroren und war keiner Bewegung fähig. Vier Handbreit vor seinem Gesicht lauerte der Lauf meines Gewehres, um dessen Abzug sich mein Finger krümmte.

Ich zog nicht ab. Ich erhob mich, Nadazai war aufgeschreckt. Wir packten unsere Decken und wichen langsam zur Rückseite des Felsspaltes aus. Den Soldaten fest im Blick, legte ich den Zeigefinger auf die Lippen. Er verstand, was ich wollte. Der Felsspalt endete an der Rückseite in einer kleinen Öffnung, gerade groß genug für den Leib eines Kindes. Wir überlegten nicht lange und schlüpften hinaus, wandten uns um und rannten los. Unser Pony hatten die Soldaten genommen. Mich umsehend, konnte ich fünf von ihnen zählen.

Unser Atem flog, als wir auf die noch weit vor uns liegende dürre Sandblöße zujagten. Und ich dachte an das Mesquitegestrüpp, von dem Träger Fuß gesprochen hatte, an das Gezweig und Geäst, das uns verstecken würde. Als wir eine spärlich mit Dürrholz bewachsene Anhöhe zwischen uns und die Soldaten gebracht hatten, hieß ich Nadazai Zweige und vertrocknete Büsche sammeln. Dann gruben wir uns in unser Versteck ein. Und warteten.

Die Soldaten folgten uns zu Pferde. Aber sie fanden uns nicht. Hätten sie uns ergreifen wollen, bevor unser Versteck hergerichtet war, es wäre ihnen gelungen. Und unter dem losen Gestrüpp aufatmend spürte ich, daß Ussen nicht weit war. Daß Ussen noch schlief, uns in seinen Träumen aber fliehen sah. Und daß Er die Beine der Soldatenpferde erlahmen ließ. Deshalb fingen die Soldaten uns nicht, wo es doch so einfach gewesen wäre, uns über den Haufen zu reiten und uns abzuschießen.

Lange Zeit lagen wir im Mesquitegebüsch. Erst bei Einbruch der Dunkelheit krochen wir hervor und reckten und streckten uns.

Ich schwieg. Nadazai ergriff das Wort, als wir aufbrachen, um die letzten flachen Ausläufer der Berge hinter uns zu lassen. Er sagte nicht viel. Aber es bedeutete viel. »Die Soldaten hatten Angst, in einen Hinterhalt zu geraten. Sie dachten, daß die Chihinne-Krieger sie mit uns Kindern in eine Falle locken wollten. So muß es gewesen sein, denn sonst hätten sie uns verfolgt und niedergeschossen. Aber sie fürchteten einen Hinterhalt und flohen.«

Er hat wohl recht, dachte ich. Kein Chihinne wäre so töricht, ein Indianer-Pony für jedermann sichtbar vor einem Höhleneingang festzubinden.

Kein Chihinne, außer einem.

Außer einem Mädchen namens Lozen, das gegen alle Vernunft hoffte, daß Ussen nicht schlief, nicht fortgegangen war.

Fortgegangen, um nie wiederzukehren.

13

Nadazais Pony war tot, meins bei den Soldaten. Wir liefen lange. Erst als der Mond aufging, legten wir uns zum Schlafen nieder, eingewickelt in unsere Decken, halb in die Erde eingegraben. So lagen wir, bis die Sonne wiederkehrte.

Ich wachte vor Nadazai auf. Und wie ich dastand und mich streckte, betrachtete ich Erde und Himmel ringsum. Es war die Zeit der Morgenfarben. Die wiederkehrende Sonne, von Glück erfüllt, bereitete dem Himmel ein Fest und sandte ihm leuchtende Farben: Erdrot, Brandrot, Kiefernblau, Blütenrosa, Strohgelb. Es war die Sprache der Sonne. Und eine Botschaft an die Chihinne. Die Farben verkündeten, daß die Sonne wiedergekehrt war, um alles wachsen und gedeihen zu lassen. Ausgesandt von der Sonne, sollten die Farben den Chihinne Glück, Vertrauen und Hoffnung bringen. So hatte es mir mein Vater erklärt, als ich noch ein kleines Mädchen war. Und wie ich dastand und die kühle Morgenluft mich umfing, wußte ich, was meinen Vater bewegt hatte. Die aufstrahlenden Morgenfarben zu erleben, die Sonnenworte der Freude zu sehen, erfüllte mich mit Glück.

Als wir aufbrachen und dem Weißen Sand entgegengingen, schöpfte ich neue Hoffnung auf Ussen. Ich fühlte Ussens Nähe, und je weiter wir kamen, ohne auf Soldaten zu treffen, um so stärker spürte ich, daß Ussen über uns wachte. Daß Er mich erwartete, damit ich Seinen Schlaf beende und Ihm von unserem Los berichte. Je stärker ich spürte, daß Ussen über uns wachte, um so mehr fühlte ich neue Kräfte durch meinen Körper strömen. Ich fühlte mich stark in den Beinen. Noch in der Dämmerung, kurz bevor ein weiteres Mal die Zeit der Schlangen anbrach, fühlte ich mich kräftig genug, unseren Marsch fortzusetzen. Ich fühlte mich stark genug, mit Nadazai bis zum Rand der Weißen Wüste, die nun vor uns aufleuchtete, um die Wette zu laufen. Doch es war besser, zu schlafen und die Erde den Schlangen zu überlassen. So schlugen wir unser Lager auf einer sanft ansteigenden Felseninsel am Rande der Wüste auf.

In dieser Nacht schliefen wir tief und fest, unbehelligt von Schlangen, Pumas und Soldaten. Als die Morgenfarben die Dunkelheit vertrieben, erhob ich mich von meinem Lager, ergriff das Gewehr und blickte hügelabwärts in den dürren Sand, wo wir unseren Marsch aufnehmen würden. Da sah ich – und meine Augen trogen nicht – ein höchst merkwürdiges und fremdartiges Etwas. Nie zuvor hatte ich etwas so Ungewöhnliches gesehen. Es war so merkwürdig und fremdartig, daß ich mir nicht vorstellen konnte, was es war. Es glich zwei endlosen Schlangen, die überall durch kleinere Schlangen miteinander verbunden waren. Ich kniff die Augen zusammen. Ja, die beiden Schlangen waren lang, schwarz und dick, starr wie ein Gewehrlauf und verbunden durch kleinere hölzerne Schlangen. Die Zwillingsschlangen reichten von Horizont zu Horizont.

Sie lagen reglos. Sie waren zwar lebendig, aber sie schliefen. Ich rüttelte Nadazai, der aufstand und mit weiten Augen auf die beiden Schlangen starrte. Und mit einem Mal gewahrten wir etwas, was noch merkwürdiger und seltsamer war als die beiden aneinandergefesselten Riesenschlangen.

Ein gewaltiger Lärm erhob sich, ein Donnern, das Luft und Himmel, die ganze Erde erfüllte. Der Boden unter unseren Füßen erzitterte, und das Grollen und Brummen, das Brausen und Rauschen, das Klirren und Donnern wurde noch böser. Noch nie hatten wir etwas Derartiges gehört. Und dann sahen wir es. Ein unheimliches Geschöpf kam hinter dem Horizont hervor, schob ratternd und grollend auf uns zu und machte am Fuße des Hügels Halt. Sein gewaltiger Leib begrub die Zwillingsschlangen unter sich. Sie gaben keinen Laut von sich, sie schienen nicht einmal aufzuwachen oder sich von dem seltsamen Wesen gestört zu fühlen. Es war ein riesenhaftes Tier, genauso fest und starr wie die Schlangen. Aus seinem Kopf quollen dunkle Rauchwolken. Dann tauchten von der Wüste her Wagen und Pferde mit Soldaten auf. Und sie wagten sich gefährlich nahe an das Riesentier heran.

Wir warfen uns auf den Boden.

Nadazai flüsterte mir zu: »Die Soldaten fürchten sich nicht vor diesem Wesen.«

»Vielleicht ist die Bestie ihr Freund«, antwortete ich, voll Hoffnung, daß ich damit nicht recht behielt.

Doch gerade in dem Augenblick, da es schien, als sei die Bestie ein Freund der Soldaten, da geschah etwas Wunderbares. Mit eigenen Augen sah ich, wie das merkwürdige Geschöpf die Soldaten dazu brachte, in sein Maul zu steigen. Und vor meinen Augen verschwanden die Soldaten. Es war keine

Bestie, es war nicht böse. Es war ein Diener Ussens! Und der Diener hatte die Soldaten verschlungen! Er hatte sie verschlungen, vertilgt, damit sie nie wieder einen Chihinne töten konnten. Er war ein Freund der Chihinne, er war gut und uns wohlgesonnen. Ussen hatte seinen Diener gesandt, damit er alle Soldaten und Goldgräber verschlinge.

Mit eigenen Augen sah ich, wie der Diener die Soldaten, einen nach dem anderen, so wie sie aus ihren Wagen gestiegen waren, verschlang. Freude überwältigte mich, maßlose Freude. Erst lächelte ich verstohlen, dann wurde aus dem Lächeln ein tonloses Lachen, und schließlich konnte ich meine Züge nicht mehr beherrschen. Das Lachen auf meinem Gesicht wurde so breit, daß Haut und Lippen schmerzten. Ussen lebte und war nicht fort! Ussen hatte uns im Traum gesehen und einen Diener gesandt. Der Anfang war gemacht. Ussen schlief nur, und wenn ich ging, seinen Schlaf zu beenden, würde er alle Chihinne retten. Er würde noch mehr Diener erschaffen, die alle Soldaten und Goldgräber, alle Weißen verschlängen. Ussen liebte mich und meinen Bruder und Nadazai und meinen Vater und meine Mutter und Träger Fuß und alle Chihinne.

Dort unten schnaubte Ussens dampfendes Geschenk. Die Soldaten verschwanden einer nach dem anderen im Maul, im Bauch des Dieners und kamen nicht wieder hervor. Ich fuhr mit der Hand über die Augen, die Freudentränen fortwischend, und konnte sehen, daß die Flanke seines Leibes Löcher besaß. In diese Löcher konnte ich hineinsehen. Ich konnte in den Bauch des Dieners sehen, sah die Soldaten, die er verschlungen hatte. Ich sah ihre Köpfe, nicht jedoch ihre Körper. Denn der Diener hatte die Soldaten bereits zerrissen, mit seinen Zähnen ihre Köpfe abgetrennt. Und so blickten die Soldaten aus den Löchern, während sie gefressen wurden. Sie sahen hinaus, aber sie konnten nicht entkommen. Sie konnten ihrem Tod nicht entrinnen.

Und dann stieß der große freundliche Diener schwarzen Rauch in den Himmel und begann zu kriechen. Langsam kroch er zunächst, dann wurde er schneller und schneller. Der Donner, der sich erhob, ließ den Boden unter uns erzittern. Der Diener trug die Köpfe und Leiber der Soldaten weit fort bis zum Horizont und verschwand. Nadazai und ich beobachteten die wenigen Soldaten, die verschont geblieben waren und jetzt davonritten, und ich wußte, daß der Diener auch sie gefressen hätte, wenn sein Bauch nicht schon prall gefüllt gewesen wäre.

»Ussens Geschenk an die Chihinne«, flüsterte ich Nadazai zu und wischte mir die Tränen aus den Augen.

»Wenn ich erst einmal allen erzählt habe, was ich gesehen habe«, lachte Nadazai, und es tat so gut, wieder ein Chihinne-Lachen zu hören.

»Was *du* gesehen hast?« fragte ich. »Denkst du, ich habe keine Augen im Kopf?«

»Ich bin der Häuptling. Ich werde berichten. Und du bist ein Mädchen. Dir glauben sie nicht.«

Wieder mußte ich lachen. Es gluckste und sprudelte in meinem Bauch, perlte durch die Kehle und zwischen meinen Lippen hervor. Ich schüttete mich aus vor Lachen, es wollte nicht enden, am Boden liegend, rang ich nach Luft. Wir kugelten uns beide, und es schüttelte uns, bis wir ganz benommen und erschöpft dalagen und nicht mehr aufzustehen wußten. Dann saßen wir den ganzen Tag. Es war vorbei. Vorbei! Das Flüchten und Fliehen hatte ein Ende. Die Chihinne konnten wieder leben! Ohne böse Träume, ohne Furcht vor Angriffen. Ohne die Gewißheit, zu Tod und Verderben verdammt zu sein. Jetzt gab es eine neue Gewißheit – die Gewißheit, die wir durch das bekamen, was wir mit eigenen Augen sahen. Die Gewißheit, verkündet unter Donner und Rauch, daß Ussen uns liebte und seinen Diener geschickt hatte.

Den ganzen Tag bewegten wir uns nicht mehr von der Stelle. Wir brauchten uns nicht mehr zu verstecken. Wir saßen da, ohne Furcht vor Verfolgung und freuten uns im stillen. Zum ersten Mal, seit ich ein kleines Mädchen war, hatte ich keine Furcht. Sie war wie weggezaubert. Das Riesenwesen hatte die Soldaten verschlungen, und bald würden alle Weißen verschwunden sein. Der Diener würde im Land der Chihinne umherziehen und alle Eindringlinge verschlingen. Die Chihinne brauchten nicht mehr zu fliehen, brauchten sich nicht mehr zu verstecken. Das Spiel der Gejagten war vorbei. Wir alle, Kinder und Alte, würden wieder tief und fest schlafen können, wären vom Alptraum des Ermordet-Werdens befreit. In den Schwarzen Bergen konnten wieder freie Chihinne leben.

Es dunkelte, bald funkelten Sterne am Himmel. Wir schliefen ein. Im Freien, nur in unsere Decken gewickelt. Schliefen ohne Furcht.

Doch mit dem Schlaf war es bald vorbei. Die Erde bebte wieder, Ussens Diener kehrte zurück. Wir krochen, auf die Ellbogen gestützt, zum Rand des Felsens. Im fahlen Schein des Neumonds lastete der Diener breit und fett auf den Riesenschlangen.

»Vielleicht ist er zurückgekommen, um mit uns zu sprechen«, meinte Nadazai. »Vielleicht sollten wir zu ihm gehen.«

Mir gefiel dieser Gedanke. Wir erhoben uns, stiegen langsam hügelabwärts und näherten uns dem Diener. Er stand an derselben Stelle wie zuvor. Und schnaubte weißen Rauch statt des schwarzen. Auf halbem Weg blieben wir stehen. Mit eigenen Augen sahen wir es, mußten erleben, was sich da als Wahrheit entpuppte. Auf der Stelle wandten wir uns um, hetzten den Hügel hinauf und warfen uns keuchend auf den Boden, die Gewehre schußbereit. Über den Felsrand spähend, sahen wir die Soldaten. Ihre Köpfe saßen auf den Schultern, und die Soldaten quollen aus der Bestie hervor wie Erbrochenes aus einem kranken Hund. Die Soldaten kamen, einer nach dem anderen, unversehrt aus der Bestie hervor. So viele, daß ich sie nicht zählen konnte, eine Flut. Und alle lebten, als seien sie nie verschlungen worden.

Auf dem Bauch liegend, beobachteten wir, wie Wagen die Soldaten aufnahmen und mit ihnen in der Richtung verschwanden, aus der wir gekommen waren. Sie nahmen den Weg in die Schwarzen Berge, ins Land der Chihinne. Als die Soldaten außer Sicht waren, kam die Bestie zur Ruhe, es quoll kein Rauch mehr aus ihrem Kopf. Sie lag schweigend und reglos, als schliefe sie.

Wir bewegten uns lange nicht. Es war tiefe Nacht, als ich mich zu Nadazai wandte. »Die Bestie liegt im Traumschlaf, dem Schlaf, der am weitesten von Wachen und Sehen ist.«

»Willst du hinunter und sie töten?«

Ich antwortete nur mit gesenktem Kopf: »Sie kommt nicht von Ussen.«

»Dann müssen wir sie töten?«

»Wir müssen es versuchen.«

Auf Ellbogen und Knie gestützt, krochen wir bis nahe an das Untier heran. Fragen stiegen in mir auf. Ich wußte: Das Wesen hatte die Soldaten gefressen. Ich hatte sie in seinem Bauche gesehen, Köpfe ohne Leiber gesehen. Doch nun sah ich, wie es noch mehr Soldaten ins Land der Chihinne brachte. Mehr Soldaten, als es verschlungen hatte.

Bei der schlafenden Bestie angelangt, sahen wir auf und betrachteten sie. Ich erhob mich, Nadazai tat es mir gleich. Ich streckte die Hand aus und berührte den Riesenleib. Es war kein Fleisch, wie ich es von Menschen und Tieren, selbst von Vögeln kannte. Es war seltsam hart und kalt. Hart und kalt wie ein Gewehrlauf. Nicht warm wie Mensch oder Tier. Kalt und glatt glänzte es im Mondlicht. Ich zuckte zurück.

Nadazai hatte gesprochen. »Nicht, nicht wieder berühren, Lozen. Du könntest krank davon werden. Wie von Schlangen, die dich krank machen, wenn du sie berührst. Und sie könnte aufwachen und uns verschlingen.«

Doch die Bestie hatte nichts gespürt, sie wachte nicht auf. Lang und hoch und glatt und schlafend lag sie da und bewegte sich nicht. Wieder berührte ich sie, dieses Mal – das Gewehr hatte ich abgelegt – mit beiden Händen. Ich rieb mit beiden Händen über ihre Flanke wie bei einem Pferd. Sie spürte nichts. Ich ließ die Hände aufliegen und schritt die Flanke entlang bis zu einer Öffnung, aus der die Soldaten hervorgequollen waren. Darin erblickte ich plötzlich einen Soldaten. Sein Körper, obwohl im Maul der Bestie, war unversehrt, der Kopf war nicht abgetrennt. Der Weiße saß nur da, und sein Brustkorb hob und senkte sich. Er schlief, er war nicht tot. Nadazai trat an meine Seite, und als er in die Öffnung sah, sagte er nichts. Ich roch, daß an seinem Bein herunter der Urin auf den Boden rann.

Verschlungen von der Bestie, schlief der Soldat dennoch ruhig und ohne Furcht. Soviel war sicher: Er fürchtete sich nicht im Bauch der Bestie. Er war sogar so zufrieden, daß er eingeschlafen war. Und dann begriff ich. Den schlafenden Soldaten vor Augen, begriff ich. Ich begriff, daß die Bestie ein Freund der Soldaten war. Sie war vom Gott der Weißen ins Land der Chihinne gesandt worden, um ihnen zu helfen, mein Volk auszulöschen. Ich begriff, daß die Bestie die Soldaten hier verschlang und an einen anderen Ort im Land der Chihinne brachte, wo sie ihre Leiber wieder zusammenfügte und sie ausspie wie ein kranker Hund, ausspie, damit sie Jagd auf Chihinne machen konnten. Und ich begriff zum erstenmal in meinem Leben, warum die Soldaten an so vielen Stellen gleichzeitig unseren Kriegern auflauern konnten, in diesem Moment in unseren Bergen und im nächsten dort, wo das Land anfing, das Mexiko genannt wurde.

Später in meinem Leben, viel später, erfuhr ich, daß die Bestie von den Weißen Eisenbahn genannt wurde.

14

Noch in der Nacht verließen Nadazai und ich die schlafende Bestie, stiegen über die eiserne Zwillingsschlange und trotteten, eine bleierne Schwere in den Gliedern, durch Geröll und dürre Sandberge nebeneinander her, ohne an Schlangen oder Soldaten zu denken. Erschöpft und kraftlos sanken wir nieder und schliefen ein. Ich fragte mich nicht mehr, ob wir gefunden oder getötet werden konnten. Es war mir gleichgültig, ob die Soldaten uns fanden. Die Augen hatte ich geschlossen, und dennoch sah ich die gewaltige Bestie vor mir. Die Bestie, den Freund der Soldaten. Die Bestie, die unter Donner und Wind und Rauch herankroch. Die Bestie, die das Verderben in ihrem Leibe trug. Das Verderben für mein Volk.

15

Es war noch Nacht, als ich aufwachte. Schlafen konnte ich nicht mehr. Ich erhob mich und entfernte mich geräuschlos einige Schritt weit von Nadazai, um mich auf einem Felsblock niederzusetzen. Dort hockte ich schweigend und regungslos, um Nadazai nicht aufzuwecken. Er brauchte Schlaf und Ruhe, um diese Welt zu verlassen und einzutauchen in die Traumwelt. Und ich hoffte, daß die Traumwelt ihn in dieser Nacht freundlich empfing. Denn am Morgen mußten wir den Marsch durch die Wüste antreten, um zum Heiligen Berg zu gelangen, dem unsere Reise galt. Der Berg Ussens. Dort würden wir die Wahrheit erfahren. Ob wir, mein Volk, Nadazai, ich, leben oder sterben würden. Leben oder absterben wie das Laub der Bäume im Winter. Damit Nadazai der Wahrheit ins Auge sehen konnte, mußte er stark sein. Und in eine freundliche und sanfte Traumwelt aufgenommen werden. Es würde ihm die Kraft verleihen, die er brauchte, um der Wahrheit entgegenzusehen.

Schweigend saß ich da und blickte hinaus auf die Wüste. Weißer Sand schien sich endlos weit zu erstrecken. In der Nacht schimmerte er hell, als besäße er größere Macht als die Dunkelheit. Und es schien, als sei der weiße Sand, einst ein Teil der Sonne, zur Erde gefallen, um hier zur Wüste zu werden.

Zwar liebte ich die Wärme und das Licht der Sonne, aber die tagsüber grelle Wüste, die jetzt kalt-weiß vor mir lag, liebte ich nicht. Ich liebte die Berge mit ihrem hohen, wolkenlosen Himmel, unser Bergdorf. Den Blick auf die Sandblöße gerichtet, mußte ich an meinen Vater denken.

Er war eins mit den Bergen. Einmal hatte ich ihn gefragt, was ihm im Leben am liebsten sei. Und er antwortete: »Du und deine Mutter. Und dein Bruder.«

»Und was kommt nach uns?«

»Zu sehen, daß wir wie Chihinne leben. Wie mein Vater. Es ist richtig so. Wie Ussen es vorgesehen hat. Es ist der Weg der Liebe.«

»Und was macht dich noch glücklich?«

Er sah mich an und fragte: »Behältst du auch alles, was ich dir sage?«

»Ja. Ich lege es zu den anderen Gedanken in meinem Kopf und behalte alles.«

»Deshalb war es wohl so schwer für deine Mutter, als sie dich geboren hat. Weil dein Kopf schon auf die vielen Antworten wartete, war er so groß, daß er zuerst gar nicht aus dem Bauch deiner Mutter herauswollte.«

»Vater, sag mir, was dich noch glücklich macht.«

»Die Berge, in denen wir leben. Ich habe viele Schluchten und Gipfel gesehen, ich habe gegen Menschen gekämpft, die Mexikaner genannt werden, und gegen die Goldgräber und Soldaten. Ich habe die Tsegotel-Berge des Waldvolks gesehen und die Blauen Berge der Nednai. Aber unsere Berge, die Schwarzen Berge, sind die allerschönsten. Nichts reicht an sie heran.«

»Warum, Vater?«

»Sie sind unsere Heimat, Lozen. Und zu Hause fühlt man sich aufgehoben und warm. Ich will dir etwas sagen, Lozen, das in deinen großen Kopf hinein soll. Höre. Wenn man seine Heimat verläßt, hat man nur Sorgen. Die Chihinne werden krank und sterben, wenn sie ihre Heimat verlassen. Genau wie die Tiere. Bären, Hirsche, alle Tiere. Wer in seiner Heimat lebt, dem geht es gut. Dies ist eine Wahrheit, die überall gilt. Wir sind ein Bergvolk, und die Berge sind unsere Heimat. Wir kämpfen für unsere Heimat.«

»Ich werde an deine Worte denken, Vater.«

»Wirst du sie auch dann behalten, wenn ich nicht mehr lebe, nicht bloß im Kopf, sondern auch im Herzen?«

»Ja. Und wenn du ins Tal des Glücks gegangen bist, wird es so sein, als lebtest du noch. Vermissen werde ich dich, wenn du stirbst. Aber ich werde nicht einsam sein.«

»Weil du mich liebst?«

»Ja.«

»Kleine Lozen, hast du genug Platz in deinem großen Kopf, um eine Geschichte zu behalten? Eine lange Geschichte?«

»Es ist Platz genug darin, so viel wie in einer Wassermelone. Platz für eine lange Geschichte, die ich nie vergessen werde.«

»Ich erzähle dir vom Glück in unseren Bergen. Und ich hoffe, daß du es eines Tages selbst kennenlernen wirst.«

»Erzähle deiner Wassermelonentocher davon.«

»Dann höre, Lozen, und denke immer daran. – Wenn ich weiß, daß mein Volk und meine Familie vor den Soldaten sicher sind, steige ich weit hinauf in die Felsen. Dort kenne ich eine besondere Stelle. Jeder kennt solche Stätten, es sind geheime Orte, die uns ein erhabenes Gefühl geben. Stätten, die wir aufsuchen, um uns zu versenken, um nachzudenken, um zu träumen. Einen solchen Ort oben in den Bergen suche ich auf, und dort sitze ich vier heilige Tage und vier heilige Nächte. Ich sitze nicht da, um von Honig oder Pferden zu träumen. Es geschieht etwas Besonderes. Ich begehe eine Zeremonie. Ich habe noch niemandem davon erzählt.«

»Aber mir erzählst du davon.«

»Auch deine Mutter weiß nichts darüber.«

»Aber mir erzählst du davon.«

»Ja, Lozen, dir werde ich davon erzählen.«

»Weil mein Kopf so groß ist wie eine Wassermelone?«

Seine Stimme klang ernst, als er antwortete: »Nein. Weil dein Herz so groß ist wie eine Wassermelone. Deine Güte und Liebe und die deines Bruders, der auch ein Herz so groß wie eine Wassermelone hat, werden eines Tages die Chihinne vor dem Untergang bewahren. Das Herz, Lozen, ist die einzige Macht, der sich die Soldaten beugen müssen. Nicht den Gewehren, nicht Pfeil und Bogen. Nur die Menschenliebe kann uns befreien.«

»Und deine Zeremonie?«

»Die geheime Zeremonie dauert vier Tage und Nächte. Am ersten Tag sitze ich auf dem Heiligen Stein, unter mir eine Wiese, gelb von Blumen in der Warmen Zeit. Der erste Tag und die erste Nacht sind der erste Teil meiner Zeremonie. Ich tue nichts anderes als auf die Welt um mich herum zu lauschen. So still ich kann, sitze ich auf meinem flachen Felsblock. Ich schließe die Augen und lausche. Lausche auf die Welt, die Ussen in seiner Liebe für die Chihinne geschaffen hat. Ich atme lautlos durch die Nase, aber ich rieche nicht. Alles, was ich tue, ist lauschen. Und weißt du, worauf ich lausche?«

»Sag es, die Wassermelone ist groß genug.«

»Ich lausche auf das Werk Ussens. Ich lausche, wie all die großen und kleinen Geschöpfe, die Ussen uns gegeben hat, die Erde bevölkern. Wie der Adler in seinen Felsenhorst schwebt. Wie die kleine Echse vor der Sonne flieht, dicht neben meinen Füßen raschelt sie hin und her. Wie sie an meinen Füßen vorbei in den Schatten des Heiligen Steins huscht. Ich lausche, wie in der Ferne Geröll dumpf poltert. Wie der Wind weht, wenn die Sonne hoch steht. Wie er sanft durch die

Blumen auf der Wiese unter mir streift. Und wie die Blumen nicken, im Wind nicken.«

»Du lauschst so Vielem, so Schönem. Auch ich habe die Geschöpfe Ussens mit eigenen Ohren gehört.«

»Ja, das hast du, Lozen. Aber ich glaube, du hast ebensoviel mit dem Herzen gehört, nicht nur mit den Ohren. Ussen gab allen Menschen Ohren, um zu hören. Aber nicht alle Menschen lauschen.«

»Lauschen ist anders als Hören?«

»Ganz anders. Auf etwas lauschen heißt, Teil der Welt ringsum zu sein. Man wird eins mit ihr. Was man lauscht, schließt man ins Herz und bewahrt es dort auf, für immer. Um lauschen zu können, muß man aber etwas Besonderes tun.«

»Was muß man tun?«

»Man muß ganz still sitzen, leise wie ein Hauch, reglos wie ein Fels. Um lauschen zu können, muß man völlig regungslos sein. Oben in den Bergen sehe ich unter mir eine Blumendecke sich ausbreiten, und Ruhe durchströmt mich, Stille umfängt mich. Mit geschlossenen Augen lausche ich in die Stille. Denke daran, Lozen, du mußt regungslos wie ein Fels sein, um zu lauschen. Und weißt du, warum du leise wie ein Hauch, reglos wie ein Fels sein mußt?«

»Sprich, Vater.«

»Nur wenn man still dasitzt, kann man lauschen und die Welt lieben, die wir von Ussen bekamen. Nur dann. Wer bloß hastet und nie still wird wie ein See, nie unerschütterlich wie ein Fels, der hört nur mit den Ohren und lauscht nie mit dem Herzen. Wer immer nur hastet, kann die Welt nicht fühlen. Und ohne die Welt ringsum zu fühlen, kann man nicht lauschen und erfahren, was die Welt uns zu sagen hat. Man lernt nicht kennen, was dem Leben Ruhe und Frieden gibt. Wer nur rennt, spürt bloß sich selbst. Wer nur rennt, hält sich für das Wichtigste in der Welt. Denn er lauscht nicht, er hört nur das eigene Stampfen. Soldaten und Goldgräber rennen und hasten. Und sie halten sich für das Wichtigste in der Welt. Sie rennen und hasten und vergessen das Lauschen. Und hastend, rennend, halten sie sich für wichtiger als die Flüsse, die sie unrein machen, für wichtiger als die Berge, die sie aufbrechen und krank machen. Für wichtiger als die Tiere, die sie aus Vergnügen töten. Aus dem Vergnügen zu wissen, daß sie damit auch den Chihinne das Leben nehmen. Sie halten sich für wichtiger als die Chihinne. Und so wirbeln sie windschnell heran und schießen alles nieder.«

»Weil sie hasten«, wiederholte ich, um zu zeigen, daß ich verstand.

»Sie rennen und hasten, so daß sie nur sich selbst spüren. Sie ruhen nicht reglos wie ein Fels. Sie fühlen bloß sich selbst.«

»Und weil sie hasten, lauschen sie nicht auf Adler und Echse und Baum und Strauch. Sie bemerken nicht, daß wir hier leben.«

»So ist es, Lozen. Denke daran, wenn man nur sich selbst spürt, dann deshalb, weil man hastet. Die Welt ist nur noch ein Nebel, sie verschwimmt wie der Horizont bei Regen. Und für wen die Welt nur noch ein Nebel ist, der hält sich selbst für den Mittelpunkt der Welt und glaubt nicht, daß es sonst noch etwas gibt, was zählt. Er achtet nichts als sich selbst. Er handelt so, als sei er die ganze Welt. Er wird selbstsüchtig und unbarmherzig, weil er für den Nebel weder Liebe noch Mitgefühl haben kann. Denn er hat die Dinge ringsum weder richtig gesehen noch gehört noch gerochen noch gefühlt. Und so wird er zum Soldaten oder Goldgräber und fällt ins Land der Chihinne ein. Er tötet uns, und wenn er uns alle ausgelöscht hat, vernichtet er andere Völker. Ich habe es mit eigenen Augen gesehen. Ich habe gesehen, wie die Weißen einander umbringen, für den Stein, den sie Gold nennen. Deshalb schließe meine Worte in dein Herz und denke daran, kleine Lozen, daß niemand weise wird, der nicht reglos wie ein Fels, nicht leise wie ein Hauch ist. Wer, in die Welt versunken dasitzt, leise wie ein Hauch, reglos wie ein Fels, der kennt die Welt besser als sich selbst. Der weiß:

Die Welt, das sind Menschen und Tiere, Flüsse und Blumen, Bäume und Berge, Himmel und Erde.«

»Ich vergesse es nicht. Mein Herz ist groß wie eine Wassermelone.«

»Ja, Lozen, wer leise wie ein Hauch, reglos wie ein Fels sein kann, der ist eins mit der Welt. Aber er ist nicht die Welt. Wer still wie ein Fels sein kann, der lauscht auf die Dinge, er sieht, fühlt und riecht sie. Und wird die Welt lieben. Denn die Erde, die Ussen für uns geschaffen hat, ist wunderbar. Verstehst du, Lozen?«

»Ich verstehe.«

»Dann laß uns zu meiner Zeremonie zurückkehren.«

»Du sitzt auf dem Heiligen Stein und lauschst.«

»Am ersten Tag, in der ersten Nacht, tue ich nichts anderes als mit geschlossenen Augen zu lauschen. Ich lausche auf die Schwingen des Adlers über mir, der sich auf einem Felsen niederläßt. Ich lausche auf den Puma weit unter mir, der in langen Sätzen den Hang hinunterjagt. Ich lausche darauf, wie unter seinen Tatzen die Steine wegstieben. Ich weiß, daß der Puma über den glatten Felsen rutscht und den Sturz zu verhindern sucht, denn er faucht, und ich lausche seinem Rrrrrrr... Und dann lausche ich dem Wind, der mir zuträgt, daß Sterne und Dunkelheit ihm nachfolgen. Ich lausche dem Wind, und er warnt mich, auf der Hut zu sein, denn Schlangen kommen, um zu jagen und zu beißen. Der Wind kühlt mir Ohr und Herz, während ich lausche, und ich liebe ihn. Ich liebe ihn, und er liebt mich. Er warnt mich, daß die Zeit der Schlangen naht.«

»Ich hüte mich vor den Schlangen.«

»So tust du recht. – Dann ist die Dunkelheit da. Und ich lausche. Ich lausche, wie der Wolf nach seiner Gefährtin heult. Und dann lege ich mich nieder auf meinen Felsen, ziehe mir die Decke über den Leib und schlafe. Und wie ich mich dem Schlummer überlasse, dringt das hohle Heulen des Wolfes in mein Herz. Und weil sein Ruf nach seiner Gefährtin in mein Herz eingegangen ist, liebe ich den Wolf, und ich weiß, daß er in die Welt gehört wie die Chihinne in die Welt gehören. Mich dem Schlummer überlassend, weiß ich tief im Inneren, daß Wolf und Chihinne niemals ausgelöscht werden dürfen. Denn ich habe ihm gelauscht. Und lauschend ihn geliebt.«

»Auch ich liebe die Wölfe, Vater.«

»Ich weiß, Lozen. Ich weiß.«

»Und morgens, wenn du aufwachst? Die Zeremonie am zweiten Tag?«

»Am zweiten Tag, nachdem ich aufgewacht bin und etwas Dörrfleisch und Pinyon-Nüsse gegessen habe, sitze ich auf dem Heiligen Stein, leise wie ein Hauch, reglos wie ein Fels. Ich halte die Augen den ganzen Tag lang und auch in der Nacht geschlossen. Ich rieche, ich schnuppere, ich schnüffele. Ich schließe Augen und Ohren, ich fühle nichts mehr. Alles, was ich tue, ist Riechen. Ich lasse die Luft durch meine Nase einströmen, ich rieche die gelben Blüten zu meinen Füßen, ich rieche den Minzenduft der Stauden neben mir. Und ich rieche das frische Wasser des kleinen Flusses, der in der Nähe meines Felsens zu Tal plätschert. Ich rieche die Sonne auf meiner Haut, rieche, wie ihre Strahlen sie bräunen. Ich rieche den Duft der winzigen Schweißperlen, die unter meinem Stirnband hervortreten und über mein Gesicht laufen. Aber alles wird durchdrungen vom Duft der großen, alten Kiefern. Sie duften süß und herb und rein, und der Wind trägt mir ihren frischen Duft in die Nase. Ich bin dankbar, so ruhig und still dazusitzen. Denn es ist eine Freude, sich am Kiefernduft zu weiden. Wenn die Nacht kommt, brauche ich die Augen nicht zu öffnen, um zu erkennen, daß es dunkel geworden ist. Ich weiß es, denn ich rieche es.«

»Du weißt es, ohne es zu sehen.«

»So ist es. Denn die Erde ändert ihren Geruch, wenn sich die Dunkelheit herabsenkt. Die Nacht riecht anders als der Tag. Doch nur, wer still dasitzt, leise wie ein Hauch, reglos wie ein Fels, der weiß die Zeit im Herzen und liebt den Geruch der Nacht.«

»Wie riecht die Nacht?«

»Sie riecht kühler, tiefer. Die Luft ist feucht, und das Feuchte selbst riecht wieder, und dein Leib saugt dieses Feuchte auf, wenn du reglos dasitzt. Es mischt sich mit allem Grünen und wird kühl und tief und süß, und dieser neue Geruch verströmt sich an jeden, der die Erde liebt.« Mein Vater hielt inne und strich mir über das Haar. Er fuhr fort: »Auf dem Heiligen Stein rieche ich die Nacht und denke an dich. Ich denke an dich, weil ich dich liebe, und was ich in den Nächten der Großen Zeremonie rieche, Lozen, das riecht wie du.«

»Wie ich?«

»Es riecht wie du, wenn deine Mutter dir den Saft der Yucca-Wurzel ins Haar reibt.« Er streichelte meine Wange. Ich fühlte mich geborgen und versuchte, die Tränen zurückzuhalten.

Mein Vater fuhr fort. »Am dritten Tage schließe ich die Augen, und ich tue nichts anderes als zu fühlen, was mich umgibt. Ich sitze ruhig auf meinem Felsen und berühre nur, was ich im Sitzen erreichen kann. Nur Hände und Arme bewege ich. Ich berühre den Felsen. Ich ertaste, erkunde den Felsen, der sich in der Sonne erwärmt. Und die Wärme, die er meiner Hand spendet, stimmt mich froh. Ich spüre jede Falte im Felsen. Jeden Grat, jeden Buckel, jede Mulde, jede Grube. Und ich lerne, wie es ist, ein Felsen zu sein. Ich erkenne den Felsen, indem ich ihn ertaste. Ich verstehe den Felsen, weil ich selbst wie ein Felsen auf ihm ruhe. Und wie ich ihn fühle, werde ich sein Freund. Denn einen Tag und eine Nacht bin ich bei ihm und nur bei ihm. Er ist meine Welt, und ich spüre ihn tief in meinem Inneren. Wenn ich mich auf meinem Felsenfreund niederlege, dann weiß ich, daß die Erde mehr ist als bloß ich selbst. Alle Erde ist auch Stein. Und ich bin froh, daß die Erde auch Stein ist. Ich bin froh, daß der Felsen bei mir ist, denn ich habe ihn erfühlt und ihn lieben gelernt. Und wenn ich einschlafe, bin ich nicht allein. Mein Freund läßt mich ruhen und meine Kräfte sammeln, damit ich meinem Volk und meiner Familie dienen kann.«

Mein Vater schwieg. Er schien in Gedanken verloren. Dann sagte er: »Lozen, ich glaube, daß die Weißen, weil sie rennen und hasten, nichts sehen außer sich selbst. Und so halten sie sich für den Mittelpunkt der Welt. Aber vielleicht fühlen sie sich einsam, allein. Und Einsamkeit ist ein Schmerz, der tief im Inneren wühlt. So hassen sie, weil der Schmerz sie quält. Weil sie einsam sind, verlassen sie das Land, in dem sie geboren sind, und kommen ins Land der Chihinne, um zu töten.«

»Es ist furchtbar, einsam zu sein«, sagte ich. »Träger Fuß hat davon erzählt. Er sei einsam gewesen, als sein Sohn fortging, um nie wiederzukehren. Aber seine Liebe zu den Chihinne habe ihn von seiner Einsamkeit geheilt. Und so konnte kein Haß in ihm wachsen.«

»Träger Fuß ist weise, Lozen.«

»Sag mir, Vater, was geschieht am vierten Tag deiner Zeremonie?«

»Am vierten Tag halte ich die Augen weit geöffnet und schaue. Ich sehe nicht, ich schaue.«

»Schauen ist anders als sehen?«

»Alle Menschen sehen Dinge um sich herum. Doch nur wer reglos wie ein Fels, leise wie ein Hauch dasitzt, der schaut. Und die Welt zu schauen heißt, die Welt zu lieben. Die Soldaten und Goldgräber schauen die Dinge auf der Erde nicht. Sie halten den Nebel für die Welt. Würden die Weißen nicht sehen, sondern schauen, die Welt betrachten, uns schauen – sie würden begreifen, daß wir, wie sie selbst, Kinder und Alte sind, daß wir Menschen sind.«

»Und sie würden uns nicht mehr vernichten wollen.«

»Ja. Aber sie sind anders. Für sie sind wir nur Nebelschleier. Sie schauen uns nicht, sie sehen die Chihinne nur lange genug an, um ihre Gewehre auf sie zu richten und sie erschießen zu können. Um die Schleier fortzuwehen.«

»Aber am vierten Tag, Vater, bist du nicht wie sie.«

»Nein. Ich schaue, und was meine Augen schauen, sinkt in mein Herz. Ich betrachte das Werk Ussens, das er in seiner

Liebe den Chihinne gegeben hat, und erkenne seine Schöpfung. Ich schaue umher, sitze ruhig, bewege nur Kopf und Hals. Ich betrachte die Bergspitzen gegenüber. Ich betrachte die Bären und die Kitze der Gabelböcke. Ich betrachte die Täler und die grünen und gelben Wiesen unter mir. Ich betrachte Kaninchen und Schmetterlinge, schwarze und rote Schmetterlinge, die taumeln und tändeln, die wie Chihinne tanzen. Ich betrachte den schwarzen Wolf, wie er sein Rudel führt, er schnürt an der Spitze, er wittert Gefahr. Er späht wie die Chihinne-Krieger, wenn sie nach Soldaten und Goldgräbern ausschauen. Der schwarze Wolf, er ist groß, er ist schön und stark. Ich betrachte ihn, wie er vom Spähen abläßt, wie er still sitzt. Ich bin leise wie ein Hauch, reglos wie ein Fels. Er sitzt da, läßt die Ohren spielen, lauscht und schaut und liebt die Welt. Und so kämpft er wie die Chihinne gegen Goldgräber und Soldaten, denen er tot am liebsten ist. Dann kommt die Nacht, ich schlafe. Und am Morgen verlasse ich die Heilige Stätte. Vier Tage und vier Nächte habe ich keinen Chihinne gesehen, dennoch fühlte ich mich nie einsam. Ich war nie einsam. Denn ich war eins mit Erde und Himmel. Durch sie weiß ich, daß mir die Berge überall ein Zuhause sind, daß ich geliebt werde. Das sind die Gaben der Erde, Lozen, ihre Schönheit, ihre Liebe. Die Heimat, die sie uns ist.«

»Und so fügst du der Erde keine Wunden zu, wie Soldaten und Goldgräber es tun. Denn du liebst die Erde. Und sie liebt dich.«

»Ja, kleine Lozen, es ist, wie du sagst.«

Der Morgen kam, Nadazai war hungrig. Unsere Vorräte waren aufgebraucht. Ich zog einen kurzen Strick aus dem rechten Mokassin und band ihn, so fest ich konnte, um Nadazais Bauch. Dies hatte mein Vater mich gelehrt, als die Soldaten in der Zeit des Weißen Spuks alle Tiere abschlachteten. Der Strick sollte den quälenden Hunger bezwingen. So oft hatten meine Eltern den Strick um mich geschlungen, daß ich es nicht mehr zählen konnte.

Und wie wir zu unserem Marsch durch die Wüste Weißer Sand aufbrachen, fragte ich mich, ob auch Nadazai seinen Bauch so unzählbar oft einschnüren müßte, bis er sich nicht mehr an die Zeit ohne Strick erinnern konnte.

16

Wir gingen, bis die Sonne sich gegen den Horizont neigte. Dann standen wir am Fuße des Berges, dem unsere Reise galt. Auf dem Gipfel des Heiligen Berges schlief der Große Vater.

Wie ich den Blick hob, konnte ich den Gipfel sehen. Ich war froh, keinen so hohen oder steilen Berghang vor mir zu haben, daß es mich mutlos machte. Der Aufstieg würde nicht viel Zeit kosten. Bald hatte ich in einiger Entfernung einen Pfad erblickt, der nach oben führte. Wir wandten uns dorthin, Nadazai war stumm, wie den ganzen Tag. Ich wußte, wütender Hunger quälte ihn. Ich legte ihm die Hand auf die Schulter. Er hielt an, und ich löste den Knoten des Strickes, um ihn noch straffer zu schnüren. »Setze dich hierher und ruhe aus«, sagte ich. »Hier bist du in Sicherheit, wir haben nicht einmal die Fährten der Soldaten gesehen. Ich werde Beeren oder Wurzeln suchen, und während du ißt, klettere ich hinauf.«

»Ich komme mit dir«, sagte er mit dünner Stimme.

»Du hältst mich nur auf. Du bist völlig kraftlos.«

Ich glaubte selbst nicht recht, was ich sagte. Aber ich wollte Nadazai in keine weitere Gefahr bringen, und Gefahren gab es entlang des Pfades womöglich genug. Es war mein Plan gewesen, Ussen zu suchen, und kam es zu einem Unglück, mußte ich dafür einstehen. Ich wollte nicht, daß Nadazai dabei den Tod fand. Ich hatte ihn nicht daran hindern können, mir zu folgen. Aber diesen Teil meiner Aufgabe wollte ich allein in die Hand nehmen.

»Entweder komme ich mit, oder du gehst auch nicht«, sagte er. Er hielt sich mühsam auf den Beinen und rührte sich nicht vom Fleck.

»Du kannst mich nicht aufhalten.«

»Entweder komme ich mit, oder du gehst auch nicht«, wiederholte er.

Ich beachtete ihn nicht weiter und machte mich auf die Suche nach etwas Eßbarem. Ich nahm den Pfad, der den Berg hinaufführte. Plötzlich war Nadazai hinter mir und stieß mich zu Boden. Er riß mir das Gewehr aus der Hand und beugte sich über mich: »Wenn ich nicht gehe, gehst du auch nicht.«

Er kniete und setzte mir seine Zähne ins Bein, aber es blutete nicht und war nicht einmal schmerzhaft. Mit der flachen Hand schlug ich nach seinem Kopf, es störte ihn nicht. Sich erhebend wiederholte er: »Wenn ich nicht gehe, gehst du auch nicht.«

Ich mußte einlenken.

Und er sagte, sich in die Brust werfend: »Du siehst, ich bin der Häuptling.« Und marschierte den Pfad hinauf.

17

Wir gingen also gemeinsam, Nadazai stolz vorauslaufend und im Glauben, mich zu führen. Nach einem kurzen Stück Wegs sahen wir einen Brombeerstrauch mit Ranken, die sich an den Pfad heranschlängelten, und dunklen Früchten, die uns entgegenglänzten. Wir ließen uns nieder, pflückten die Beeren und aßen uns satt und schläfrig. Ringsum senkte sich Dunkelheit herab.

Ein paar Schritte oberhalb des Gestrüpps, wo der Hang etwas flacher wurde, legten wir uns nieder. Ein Gedanke ließ mich nicht schlafen: Der Brombeerstrauch war ein Zeichen. Es sagte uns, daß Ussen von unserem Hunger wußte, und so gab Er uns Beeren, damit wir zu essen hatten. Das Zeichen besagte: Ich liebe euch, Kinder der Chihinne. Ich wollte den Gedanken an die Güte Ussens teilen, und so sagte ich zu Nadazai: »Am Morgen werden wir vor Ussen stehen. Er erwartet uns, ich spüre es. Er hat uns diesen Strauch geschenkt, damit wir zu essen haben und Kräfte sammeln können. Und wenn wir in Sein Dorf treten, Nadazai, werde ich Ussens Schlaf beenden und Ihm berichten, was Seinem Volk widerfährt.«

»Und er wird uns retten?« flüsterte Nadazai.

»Ja, er wird uns retten.«

18

In tiefer Nacht schreckte ich hoch, von einem Knacken in den Mesquitegehölzen unten am Pfad geweckt. Ich wandte mich zu Nadazai, um zu sehen, ob er noch schlief. Dann setzte ich mich auf und horchte. Dort unten kroch jemand, der nicht gehört werden wollte. Jemand schlich sich an. Wer war es? Was hatte er vor? War es ein Soldat? Ein Goldgräber? Ussen? Ich hielt den Atem an, rollte herum, ergriff mein Gewehr und zielte dorthin, von wo das Knacken kam. Ich legte den Finger um den Abzug, bereit zu schießen. Und zu töten.

Das Auge auf den Pfad gerichtet, erblickte ich, was den Zweig gebrochen hatte. Es war ein Mann, sehnig, kriechend vorwärtsschleichend, wie man es die Kinder der Chihinne lehrte. Jetzt war er da. Ich richtete das Gewehr auf ihn und bewegte langsam den Abzug. Plötzlich: »Lozen! Lozen!«

Ich löste den Finger und sah in das Gesicht meines Vaters.

Nadazai hob, die Augen zusammengekniffen, den Kopf, sagte ein Wort der Begrüßung und sank wieder hin.

Sich niederhockend fragte mein Vater: »Wo sind eure Ponys?«

»Wir haben sie nicht mehr.«

»Ich habe euch zwei Ponys mitgebracht. Ich habe gespürt, daß ihr eure aufgeben mußtet. Wenn der Tag anbricht, können wir ins Dorf zurückkehren.«

»Ich kann nicht mitkommen.«

»Ich will dich mit den Sorgen verschonen, die du den Chihinne bereitet hast, deiner Mutter, deinem Bruder, mir. Nur gut, daß ich überall auf eure Fährte gestoßen bin. Ich hätte sonst geglaubt, ihr wäret von Soldaten getötet worden.«

»Wäre es mir möglich gewesen, euch sagen zu können, daß ich das Dorf verlassen mußte, hätte ich es getan. Aber ich konnte nicht.«

»Und warum kannst du morgen nicht mitkommen?«

»Ich bin hierhergekommen, um mit Ussen zu sprechen, Ihm von Angesicht zu Angesicht gegenüberzustehen.«

»Um mit Ussen zu sprechen?«

»Ja. Um mit Ussen zu sprechen.«

»Und der Junge?«

»Er sah mich, als ich das Dorf verlassen wollte, und er ließ sich nicht zum Dableiben bewegen.«

»Das alles hätte für Nadazai und dich den Tod bedeuten können. Begreifst du das, Lozen?«

»Ich mußte Ussen suchen, Ihm gegenübertreten. Und Ihm vom Los Seines Volkes berichten. Ihn fragen, warum Er uns nicht hilft.«

»Deshalb bist du fortgegangen?«

»Ich habe die Worte gehört, die beim Rat der Krieger gesprochen wurden. Es hieß, daß die Chihinne nur überleben können, wenn Ussen ihnen beisteht. Denn es gibt zu viele Soldaten, und bald werden alle Chihinne ausgelöscht sein.«

»Vielleicht weiß Ussen schon, was geschieht.«

»Ich glaube, Er war bei den Sternen, und als Er zum Heiligen Berg zurückkehrte, war Er sehr müde. So sank Er in tiefen Schlaf und wachte nicht mehr auf. Deshalb weiß Er nicht, was mit uns geschieht. Ich werde Ihn morgen auf der Salinas-Spitze aufsuchen und Seinen Schlaf beenden. Und Ihm die Wahrheit über die Welt sagen. Er liebt uns. Er wird uns retten.«

»Tochter, noch niemand hat Ussen je gesehen. Manchmal spricht Ussen zu den Chihinne in ihren Träumen, oder wenn ein Chihinne hierherkommt, um zu erfahren, welches Schicksal ihm bestimmt ist. Aber niemand hat Ussen je gesehen.«

»Aber wohnt Er nicht hier?«

»Er wohnt hier. Aber wer immer hierher kam, seine Bestimmung zu erfahren: Er hat Ussen nie gesehen. Ussen verleiht dem, der hierherkommt, eine Kraft, die Kraft allen Lebens. Aber Er zeigt sich niemandem.«

»So werde ich die erste sein.«

»Du hättest dein Leben lassen können, Lozen. Du und der Junge. Es war gefährlich, das zu tun.«

Ich wandte mich ab. Den Blick in den Himmel gerichtet, begann ich lautlos zu weinen. Und es kam die Zeit der Morgenfarben.

»Vater, wenn ich Ussen nicht sehe, werden wir sterben. Ich weiß es. Und auch die Krieger wissen es. Die Soldaten und Goldgräber werden uns auslöschen. Wenn Ussen nicht aufwacht und uns rettet.«

Er rückte näher und nahm mein Gesicht in beide Hände. »Lozen«, flüsterte er, »kleine Lozen, was wird sein, wenn Ussen nicht dort oben auf dich wartet?«

Ich entgegnete, indem ich versuchte, das Weinen hinunterzuschlucken: »Ich werde dort hinaufsteigen, wo Ussen wohnt, und Seinen Schlaf beenden.« Und ich erhob mich und ging los. Begann die Suche nach Ussen.

Ich hörte noch, wie Nadazai sich bewegte. Er schlief nicht, wie ich gedacht hatte. Er hatte uns getäuscht. Und er versuchte, mir zu folgen. Mein Vater hielt ihn zurück: »Nur Lozen besitzt die Kraft, zu Ussen zu sprechen. Nicht du, nicht ich. Sie muß alleine gehen.«

Dann hörte ich nichts mehr, nur noch die Laute der Zeit der Morgenfarben. Die Sonne wärmte mein Gesicht, und die Vögel stimmten ihren Gesang an. Die Blumen öffneten ihre Blüten, gaben ihren Duft frei. Das Gewehr fest gepackt, schritt ich aus, den Pfad hinauf. Ich versuchte, die Worte meines Vaters zu vergessen. Was, wenn Ussen nicht am Ende des Pfades auf mich wartete? Ich bemühte mich, nichts mehr zu denken. Denn wenn ich mir vorstellte, was mich erwartete, ob Gutes oder Schlechtes, dann würde ich den Törichten Gedanken des Zweifels nachhängen. Seit die Sterne sich mit den Soldaten verbündet hatten, waren die Gedanken des Zweifels die mächtigsten von allen geworden. Die mächtigsten in meinem Leben. In meinen Träumen. In meiner Welt.

19

Ragte der Heilige Berg höher auf, als ich zunächst geglaubt hatte? Oder stieg ich zu langsam? Ich wußte die Antwort nicht, aber den Gipfel erreichte ich erst nach Einbruch der Nacht.

Der Pfad lief in einen Kiefernhain aus, der die Gipfelkuppe des Heiligen Berges verhüllte. Ich war angekommen.

Ich trat unter die Kiefern, mich nach einem Zeichen umsehend, das mir Ussen ankündigte. Aber ich wußte nicht, was ich suchen sollte, wußte nicht, mit welchem Zeichen mir Ussen bedeutete, wo er schlief. Ich kannte nicht einmal das Aussehen des Großen Geistes. War er ein Mann vom Wuchs meines Vaters? Oder hatte er die Gestalt eines Baumes? Ein Baum war Ussen gleich, dachte ich. Ein Baum spendete Leben. Vögel bauten ihre Nester darin. Die Chihinne aßen seine stärkenden Früchte. Oder war Ussen ein Wolf? Wölfe waren dem Großen Vater gleich. Wölfe hielten treu zu ihrem Rudel, sie liebten es. Und ließen ihre Jungen niemals allein. Ussen war den Wölfen gleich. Seit es Chihinne gab, war Ussen mit uns. Hatte Ussen die Gestalt eines Wolfes angenommen? Oder war er etwas, was ich nie zuvor gesehen hatte? Und wenn ich dieses Etwas nicht erkennen konnte, da ich es nie zuvor gesehen hatte – wie konnte ich Ihn dann finden? Und zu Ihm sprechen? Ihm vom Sterben der Chihinne berichten?

Ich drehte mich langsam auf der Stelle, suchte mit meinem Blick die Dunkelheit zu durchdringen. Ich schaute zum Himmel auf, sah die schwarzen Wolken, die sich vor Mond und Sterne geschoben hatten. Wohin ich blickte, ich fand Ussen nicht. Und die Frage quälte mich: War Ussen unsichtbar? Wenn Er unsichtbar war, würde Er sich mir nicht zeigen können, und ich fände Ihn nicht.

Ich war ratlos. Wo sollte ich suchen? Ich setzte mich nieder, wo ich gerade stand und fühlte, wie Traurigkeit aus meinem Bauch aufstieg und Herz und Kopf füllte, bis ich zu weinen begann. Vor mir sah ich das junge Gesicht meines Bruders, bemalt mit roter Kriegsfarbe. Er kehrte zurück vom Kampf. Sein Haar, blutverklebt. Seine Augen, stumpf vor Entsetzen über das, was sie gesehen hatten. Seine schmerzenden Augen, sie wollten sich schließen, für immer. Seine Augen, die nicht mehr sehen wollten, wie mein Volk sich quälen mußte, um zu überleben. Ich weinte, denn mein Volk starb dahin, und Ussen kam nicht. Er half uns nicht, Soldaten und Goldgräber zu vertreiben.

Ich beweinte, was meine Brüder und Schwestern in der Vergangenheit erleben mußten, und ich beweinte die kommende Zeit. Mein Vater hatte einmal davon gesprochen, daß die Völker der Berge, lange bevor die Soldaten aus dem Süden zum Töten kamen, dem Wasser der Flüsse glichen. Sie alle bekannten sich zum selben Glauben: einander zu lieben, füreinander da zu sein. Dann sprach mein Vater von den Soldaten. Vom Krieg, den sie brachten. Und 450 Ernten lang mußten die Chihinne kämpfen, um zu überleben, fliehen, um zu überleben. Der Krieg verwandelte die Chihinne. Nicht alle, aber viele. Manche verloren den Glauben an Ussen. Manche verließen die

Schwarzen Berge, zogen in ferne Gegenden und wurden mit der Zeit zu Fremden. Sie hatten nichts mehr mit den Chihinne gemeinsam. Von denen, die fortgegangen waren, vergaßen manche, was Ussen uns gelehrt hatte, vergaßen, daß die größte Tat der Menschen war, füreinander da zu sein, einander zu lieben.

An all dies dachte ich und weinte, bis mein Leib die letzte Träne hergegeben hatte. Der Strom versiegte. Da hörte ich eine Stimme: »Du bist stark genug zu trauern, Lozen. Weil du mitfühlst, bist du stärker als der mächtigste Kiefernstamm.« Kam die Stimme vom Himmel, kam sie aus der Erde, trug der Wind sie mir zu, oder kam sie aus meinem Inneren, ich konnte es nicht sagen. Ich glaubte, und ich glaube es heute noch, daß ich die Stimme mit eigenen Ohren hörte, daß ich nicht träumte.

»Ussen?« fragte ich Himmel, Erde, Wind.

»Ja, Lozen«, antwortete die Stimme.

»Wo bist du?«

»So nah, daß du mich nicht siehst. So nah, als sei ich in dir. Tief in deinem Inneren.«

Ich sprang auf und sah mich um. Ich sah niemanden. Nichts. Nichts als die Schatten der Kiefern und Felsen. Und ich sprach zu Ussen: »Die alten Chihinne sagen, daß die Steine und Bäume und Berge leben. Bist du ein Baum, bist du ein Fels?«

»Ich bin es, und ich bin dir so nah, daß du mich nicht sehen kannst. Wenn du mich sehen willst – dort ist eine Höhle. Geh nur hin. Du kannst sie nicht verfehlen. An ihrem Eingang zähle bis vier, dann geh hinein. An ihrem Ende wirst du sehen, wie nahe ich dir bin, meine Lozen.«

Die Stimme verstummte.

Ich schritt vorwärts zum schwarzen Eingang der Höhle. Bevor ich eintrat, zählte ich bis vier. Bei »vier« tat ich drei Schritte. Und erstarrte. Ich konnte kein Glied rühren. Im Dunkel der Höhle packte mich Angst. Ich wollte den Fuß heben, um einen Schritt zu tun, er gehorchte nicht. Die Furcht hatte Besitz von meinem Leib ergriffen, sie schnürte mir die Kehle zu, lastete auf der Brust, nahm mir den Atem. Die Furcht erstickte mich. Ich wollte Luft holen, öffnete Mund, Augen, hob die Schultern, vergebens. Ich konnte nicht atmen, die Furcht krallte sich in meinen Leib. Und ich dachte an Beduiat, sah sein Gesicht vor mir, er kam aus dem Krieg. Da regte sich in mir ein neues Gefühl. Ein Gefühl, das die Furcht langsam verzehrte und mich befreite. Ich atmete wieder. Ich begann zu gehen. Ich trug meinen Bruder in mir.

Die Höhle war so dunkel, daß ich ihre Wände nicht einmal ahnen konnte. Ich sah nur schwarze Schleier, die um mich woben. Ohne meine Schritte nach links oder rechts zu lenken, ging ich vorwärts, immer geradeaus. Plötzlich krachte ein Donnern in meinen Ohren, wie ich es noch nie gehört hatte, und rings um mich her loderten Flammen auf. Ich versuchte, mich zu beherrschen und starrte in die Flammen, die knisternd und knackend emporzüngelten. Mein Kopf fuhr herum, wo war ein Ausweg, die Flammen krochen auf mich zu, es gab kein Entkommen. Näher und näher rückte der Flammenkranz, undurchdringlich, hindurchzuspringen war unmöglich, es wäre der sichere Tod.

Vor mir sah ich meinen Bruder. Er trat in meine Gedanken, und ich hörte ihn sprechen: »Lozen, das Leben prüft dich. Ussen prüft dich. Besitzt du ein liebendes Herz, bestehst du die Prüfung. Sie wird dich stärken, und du wirst leben. Liebe ist die Mutter der Erde. Die Prüfung, Lozen – fürchte dich nicht davor. Du wirst leben.«

Eine Prüfung, wiederholte ich lautlos. Eine Prüfung. Damit Ussen sah, ob in mir das Herz eines Chihinne schlug. Mit geschlossenen Augen sah ich das Antlitz Beduiats vor mir und ging darauf zu, in die Flammen hinein. Ich setzte Schritt vor Schritt, in den Ohren nur noch das Rauschen und Prasseln des hochschlagenden Feuers. Inmitten der Flammen stand ich nun. Doch sie verbrannten mich nicht. Ich öffnete die Augen und sah ringsherum nichts als Dunkelheit.

Langsam, langsam ging ich weiter, immer geradeaus. Vor mir glitt etwas durch das Dunkel, war bald über mir, bald neben mir, bald vor meinem Gesicht. Die Dunkelheit wich einem dämmerigen Grau, und ich sah Schlangen, Klapperschlangen, nie hatte ich längere und dickere gesehen. Sie schlugen ihren Schwanz und peitschten ihren Vorderleib nach mir, die Rachen aufgerissen. Die Schlangen vor meinem Gesicht hingen von etwas Hölzernem herab, ich konnte nicht erkennen, was es war. Mit gierigen Mäulern nach mir schnappend, wollten sie mir ihre Giftzähne ins Gesicht schlagen.

Eine Prüfung. Ich sagte die Worte ohne Laut. Eine Prüfung. Eine Prüfung. Die Augen geschlossen, schritt ich voran, geradeaus, einen Fuß vor den anderen. Ein Schlangenbiß konnte mich töten. Aber ich schob mich geradewegs hinein in die zukkenden Leiber vor meinem Gesicht. Ich wollte schreien, ein Schluchzen brach aus mir hervor, und im Geiste sah ich Träger Fuß. Ich sah mich selbst an seiner Seite, er putzte sein Gewehr. Ich spürte, wie seine Hand über mein Haar strich, und plötzlich erstarb das Zischen und Fauchen. Als ich die Augen öffnete, waren keine Schlangen mehr zu sehen. Das Grau wurde von Schwärze verschlungen.

Ich ging schneller. Ich ging schneller, denn ich spürte, daß alles, was je auf mich zukam, eine Prüfung war und mir nichts anhaben konnte. Alles war eine Prüfung, damit Ussen in mein Herz blicken konnte. Ich wußte, er würde Liebe darin finden. Und wie ich ausschritt, sah ich vor mir einen sanften, gelbroten Schimmer. Er erinnerte an das Licht am Ende des Tages, das Bergkuppen und Kiefernkronen rot aufglühen ließ. Ich mochte das Licht am Ende des Tages. Ich fühlte mich warm, geborgen und schläfrig. Und vor mir schimmerte dieses warme Licht.

Ich lief darauf zu. Ich wußte, Ussen erwartete mich. Ich lief und lief, aber es schien, als könnte ich mich ihm nicht nähern. Es war genau so weit entfernt wie zuvor. Ich hielt an und rang nach Luft. Und dann, plötzlich, wich die Dunkelheit, und ich fand mich von großen Felsen umgeben. Hinter den Felsen, zwischen ihnen, neben ihnen standen Soldaten. Soldaten!

Es waren riesenhafte behaarte Männer. Aus den Bärten glänzten die Gesichter wie der Weiße Sand. Ich sah hinein und konnte nicht davonrennen. Ich stand wie festgewurzelt und starrte in diese Totenblässe. Aus den Augen glitzerte mir kalt der Haß entgegen. Mir war nach Aufschreien, aber Träger Fuß hatte mich gelehrt, keine Angst zu zeigen. Gönne ihnen niemals den Jubel über deine Furcht. Sie trugen Gewehre. Sie zielten auf mich und schossen. Die Schüsse dröhnten in den Ohren, ich schloß die Augen, es ist nur eine Prüfung, sagte ich lautlos, es ist nur eine Prüfung. Ich hörte, wie die Kugeln an mir vorbeipfiffen. Eine traf. Sie schlug in meine linke Schulter und trat hinten wieder aus.

Von der Wucht des Schusses niedergeworfen, lag ich da, das Gesicht nach oben gekehrt, und sah, wie die Soldaten sich über mich beugten. Aus ihren Gesichtern sprang mir der Haß entgegen. Er lebte nicht nur in den Augen, ich sah ihn durch die Haut strahlen, ich sah, wie er durch Knochen und Fleisch quoll und von immer neuem Haß gespeist wurde, aufschäumend aus Herz und Kehle. Ich sah, als trügen sie keine Kleider, wie der Haß sich durch ihre Leiber fraß. Sie waren durchsichtig wie Eis. Ich sah, wie sich der Haß um ihre Herzen krallte, kalter Haß, blinder Haß. Haß gegen mich.

Wieder richteten sie ihre Gewehre auf mich, ich sah in die Läufe. Sie schossen mir in Leib und Gesicht. Es blitzte am Ende der Läufe, Schießpulver biß mir in der Nase, Pulverdampf brannte mir in den Augen. Ich hörte mich sprechen: »Mein Vater sagte, daß wir euch einst in Frieden willkommen hießen. Aber ihr wolltet keinen Frieden.«

Die Kugeln, die sie auf mich schossen, sah ich nicht. Ich hörte ihr gellendes Pfeifen, aber ich sah sie nicht. Als der weiße Dampf sich hob, fiel kein Schuß mehr. Und vor meinen Augen verschwanden die Soldaten. Ich war allein. Meine Schulter blutete. Langsam erhob ich mich, ich ging vorwärts. Ich blutete, das Blut gerann, und zurück blieb nur ein brennender Schmerz, der sich im ganzen Leib ausbreitete und mich schwindeln machte.

Das warme, gelbrote Licht kam näher. Und bevor es mich einhüllen und das Dunkel erhellen konnte, begann es in der Höhle zu funkeln, und rechts und links erblickte ich das Gestein der Höhle. Das Funkeln kam von ihm, es schimmerte und glitzerte der Stein, für den die Soldaten Chihinne töteten. Der Stein, für den sie einander umbrachten. Der Stein, den sie Gold nannten. Und das Geglitzer erinnerte mich an die Worte meines Vaters: »Lozen, denke daran. Der Stein, für den man einen anderen tötet, kann weder Gutes noch Schönes zeugen. Alles Gold der Erde reißen die Soldaten an sich, aber es wird ihnen niemals Glück und Frieden bringen. Denn es ist Gift: Um es zu bekommen, mußten sie Chihinne töten. Die weißen Menschen haben davon gesprochen, daß ihnen das Gold in einem Land weit jenseits unserer Berge große Macht verleiht. Aber aus der Macht entspringt nichts Gutes und keine Liebe, denn sie wurde durch die Vernichtung der Chihinne errungen.«

Wie das Gold in der Höhle funkelte und glitzerte, schien es mir nicht hart wie Stein, sondern weich und süß wie Honig. Da troff der Honig aus den Wänden und kam in Bächen auf mich zugeflossen und sammelte sich zäh und dick um meine Mokassins. Es war, als wollte das Gold zu mir sprechen. Ich sollte es aufnehmen, es wollte mir Macht geben. Ich hörte mich sprechen: »Das Gold macht krank. Ich will es nicht.«

Eine Stimme antwortete, woher sie kam, ob von oben, von den Wänden, ob aus meinem Inneren, ich wußte es nicht. Es war die Stimme aus dem Kiefernhain. Ussens Stimme. »Lozen, es ist nicht der Stein, der die Menschen krank macht. Gold ist nur Stein, sonst nichts. Es sind die Menschen, die den Stein krank machen.«

Und dann verschwand das Gold, wie die Soldaten verschwunden waren, und die Dunkelheit kehrte wieder.

Das kurze Stück Wegs zum hellen Schimmer wollte ich noch gehen, doch ich fühlte, wie mich die Kräfte verließen. Mein Kopf wurde leicht, ich verlor das Gleichgewicht und begann nach hinten zu fallen. Ich schloß die Augen, ich konnte den Sturz nicht aufhalten.

Aber ich fiel nicht. Plötzlich stand ich, die Augen geöffnet, auf einem Felsvorsprung. Ich sah meine Füße auf rotem Gestein, und unter mir lag ein grünes Tal. Auf Baum und Strauch, auf Fels und Fluß lag ein roter Schein, ein warmer, gelb-roter und schließlich dunkelrot aufglühender Schimmer. Es war das Ende des Tages. Im Tal wand sich ein Flüßchen durch bunte Wiesen, Tipis waren im Kreis aufgestellt. Ich wandte mich nach rechts. Dort saßen vor einem kleinen Feuer ein Mann und eine Frau. Sie sahen aus wie Chihinne, aber ich kannte sie nicht. Hinter ihnen kauerte ein schwarzer Wolf, die Schnauze auf seine Pfoten gelegt, und beäugte mich.

Ich näherte mich den beiden Chihinne und ließ mich an ihrem Feuer nieder. Wind kam auf. Es war nicht der Wind, den ich kannte und liebte und mit dem ich im Bergdorf um die Wette gelaufen war. Er war anders. Es schien, als wollte er einen Regenguß ankündigen, und wie er über meine Haut strich, fühlte ich das Feuchte darin. Der Wind wehte mich an, und, wie seltsam, er fuhr nicht an mir vorbei. Er drang langsam in meinen Leib, trat durch meinen Mund ein und strich durch die Kehle und in die Brust. Ich war sicher, daß er mein Herz betrachtete. Dann verließ er meinen Leib wieder, wie er gekommen war.

Und wie er gegangen war, erschien hinter dem schwarzen Wolf eine Frau, die so alt war wie mein Vater, und sie ließ sich an meiner Seite nieder. Ich betrachtete sie. Sie war gekleidet wie ein Chihinne-Krieger. Sie trug Mokassins und Leggins, die über den Hüften geschnürt waren. Ein Stirnband hielt ihr Haar zusammen. Ihr Hemd war aus Hirschleder gefertigt und trug auf Brust und Ärmeln eine Bemalung. Ich erkannte darin die Sonne und Menschen, die sich an den Händen hielten und einen Kreis bildeten. Die Sonne warf mildes Licht in die vier Himmelsrichtungen, die als Baum, Adler, Gans und Bär gezeichnet waren. Und ich sah, daß die Kriegerin stark war, schlank und stark. Als ich aber ihr Gesicht sah, fand ich dort wenig Stärke. Ihre Augen waren flink, ihr Blick fest und offen, und ich las darin, daß sie eine weise Frau war. Aber ich spürte, daß sie müde war. Die Lider senkten sich immer wieder, matt stand sie vor mir. Die Augen versuchten, gegen die Schwere anzukämpfen, ich fühlte es im Herzen. Und ich wähnte, die Kriegerin einmal gesehen zu haben, aber ich wußte nicht mehr, wo und wann.

Sie sprach, als hätte sie meine Gedanken gelesen. »Du kennst mich, Lozen.«

»Woher?« fragte ich sanft.

»Als du zum Tümpel gingst, niederknietest und hineinsahst.«

»Ich verstehe nicht.«

»Was siehst du, wenn du ins Wasser schaust?«

»Mein Spiegelbild?«

»Was siehst du, wenn du ins Wasser schaust, Lozen?«

Und ich antwortete: »Mich selbst.«

Sie fuhr fort, traurig lächelnd: »Ich bin du, Lozen. Wie das Spiegelbild, das dir im Wasser begegnet. Ich bin du, wenn du erwachsen bist.«

Ihre Worte erschreckten mich. Ich hielt sie für ein Gespenst, das mich täuschen, mir schaden wollte. Plötzlich röteten sich meine Hände, sie brannten. Die Kriegerin wußte es und sagte: »Was deine Hände rötet und brennen macht, ist die Kraft, die dich künftig durchströmen wird. Mit dieser Kraft wirst du deinem Volk beistehen.«

»Nur Ussen kann einem Chihinne Kraft verleihen. Und Er hat weder zu mir gesprochen noch mir eine Kraft gegeben noch mein Los verkündet.«

»Ussen spricht zu dir in jedem Augenblick, Lozen. Als Er dir Seine Nähe verkündete, konntest du Ihn nicht sehen. Denn

Ussen war stets in dir, Lozen. In deinem Herzen. Und je mehr du liebst, um so stärker wird Ussen.«

Wieder verstand ich nicht.

»Lozen, Ussen lebt nicht für Sich und außerhalb Seiner Geschöpfe. Er lebt in den Menschen. Er hat Seinen Leib aufgegeben, und ein kleiner Teil von Ihm lebt in allen Chihinne. Wenn sie in Liebe füreinander da sind, wird Ussen stark. So geschieht Gutes. Vergessen die Menschen aber die Liebe, sinkt Ussen in tiefen Schlaf. Und stirbt eines Tages, wenn die Menschen sich nicht der Liebe erinnern.«

»Die Menschen meines Volkes sind füreinander da, dennoch sterben sie. Die Soldaten machen uns nieder, gleich wieviel Liebe in uns wohnt.«

»Lozen, ich sage dir etwas«, lächelte sie, »faßt es dein Wassermelonenherz?«

Ich nickte.

»Denke stets an dies. Es gab einmal eine große Leere, und die Leere gebar die Liebe. Die Chihinne nannten die Liebe Ussen. Und die Liebe wuchs und erschuf eure Erde und unzählige andere Welten. In jede Welt gab Ussen einen kleinen Teil Seiner Selbst hinein, in jedes Lebewesen, in Chihinne und Tier, Strauch und Baum, Bach und Fels. Und so wurde schön, was Ussen erschuf.«

»Unsere Schwarzen Berge, sie sind schöner als schön.«

»Ussen, die Liebe, wurde eins mit der Schöpfung. Und so verlor sich Ussen, der Große Geist, denn Er lebte nicht mehr für sich, sondern in allem, was Er schuf. In dir, in deinem Bruder. In den Sternen, in der Erde, in den Tieren. In allem.«

»Gab Ussen Sich auch an die Soldaten?«

»Ja, Lozen. Er gab Sich auch an die Soldaten. Aber als sie jung waren, wollten sie nicht mehr auf ihr Herz hören, wollten die Erde nicht mehr lieben. Sie töteten das in ihnen, was Ussen war. Der Haß wurde ihr Gott. Siehst du Lozen, als Ussen die Erde schuf, als Er in Seine Schöpfung einging, verlor Er Seine Kraft. Und wurde sterblich. Ussen wird sterben, wenn sich

Mensch und Tier, Sterne und Erde von der Liebe abwenden und hassen. Nur du und alles, was Ussen geschaffen hat, ist es, was Ihn leben läßt. Seine Kraft und Seine Macht gab Er dir und allen Lebewesen. Nicht, daß Ussen schläft, Lozen, nicht, daß Er vom Verderben der Chihinne nichts weiß. Er hat nicht die Macht, euch zu retten. Ihr müßt euch selbst zu retten suchen. Und damit, mit eurer Liebe, werdet ihr Ussen retten. Und das Gute auf Erden wird leben.«

»Wie sollen wir uns gegen die Übermacht der Soldaten wehren?«

»Kämpft für eure Berge. Lebt in Liebe zusammen, liebt die Erde. Lebt wie eure Ahnen gelebt haben. Und brecht die Erde nicht auf, löscht die Tiere nicht aus.«

»Die Soldaten werden uns bald alle getötet haben, gleich ob wir die Erde achten oder nicht. Ich sehe es mit eigenen Augen.«

»Die Soldaten können nur eure Leiber töten. Aber das Leben stirbt nicht mit dem Leib. Nach dem Tod des Leibes gibt es Leben, Lozen. Es ist ewige Wahrheit. Deine Seele, die Liebe, die dein Herz bewohnt und deinen Geist durchdringt, das ist es, was die Soldaten nicht auslöschen können. Und was die Soldaten niemals besitzen werden, denn sie haben es verdorren lassen, als sie jung waren. Und die Chihinne, die Menschen, die lieben, sie alle werden in das Tal des Glückes gelangen. In das Reich des Friedens und der Liebe. In die ewige Heimat, Lozen. Du wirst ihnen begegnen, denn wer Ussens Werk wirklich liebt, wird weiterleben nach dem Tod. Und den Soldaten wird nichts bleiben, nichts als ihr Haß, wenn sie sterben, nur Dunkelheit, das Nichts, die einzige Frucht des Hasses.«

Ich erhob mich und schritt zum Rand des Felsvorsprunges. Ich betrachtete das grüne Tal mit den im Kreis aufgestellten Tipis. Die Kriegerin trat an meine Seite. Ich sah, wie Chihinne und Scharen anderer Menschen, die den Chihinne ähnlich sahen, aber anders gekleidet waren, einhergingen und miteinander sprachen.

»Was du siehst, Lozen«, sagte die Kriegerin, »was du siehst, erwartet dich im Tal des Glückes. Du liebst, und Ussen wird leben. Denn Ussen ist ein anderer Name für die Kraft des Lebens, für die Liebe, für die Kraft, die Welten aus der Leere und der Einsamkeit erschuf. In dir blieb die Liebe lebendig, und so wirst du zur Liebe reisen. Und in ihr leben. Im Tal des Glückes. Das ist die ewige Wahrheit.«

»Und die Soldaten?«

»Vielleicht werden die Soldaten euch alle töten, Lozen. Vielleicht werden sie alle Wälder und Steppen der Erde durchkämmen und noch weit jenseits eurer Berge alle Chihinne töten, die sie finden können. Sterben die Soldaten, verenden sie im Haß. Chihinne, die lieben, werden zur Liebe, in das Tal des Glückes reisen. Und hier in diesem Tal wirst du ewig leben.«

»Und vor ihrem Tod, was sollen die Chihinne vor ihrem Tode tun?«

»Was ihnen die Liebe gebietet. Für Hirsche und Bären kämpfen, für Flüsse und Berge kämpfen. Für die Menschen kämpfen, damit die Erde nicht im Haß erstickt. Werdet nicht wie Soldaten und Goldgräber.«

»Aber Ussen hat mir nicht die Kraft verliehen, für mein Volk zu kämpfen. Um nicht wie die Weißen zu werden.«

Die Kriegerin sah mich an und wie Träger Fuß strich sie mir über das Haar. Ich spürte eine Wärme, als ob Träger Fuß selbst mich berührt hätte. Ich spürte Heimat. »Lozen, dir wird Kraft gegeben. Dein Herz voll Liebe wird dir Kraft geben. Wie die Jahre vergehen, wirst du sehen, daß ich die Wahrheit sage. In deinem Herzen findest du die Kraft, deinem Volk zu helfen.«

Dann zerfloß alles ringsumher wie Kriegsbemalung in einem Regenguß. Und ich fand mich im Kiefernhain auf dem Heiligen Berg kauernd. Der Tag brach an. Mich erhebend dachte ich darüber nach, was geschehen war. Hatte ich geschlafen und alles geträumt? Von einer anderen, besseren Welt geträumt, in der Chihinne in Frieden, in Liebe, ohne die Soldaten leben konnten? Oder hatte ich alles wirklich gesehen, gehört, gerochen? Es war kein Traum, sagte ich mir, als ich den Pfad hinunterstieg, um zu Nadazai und meinem Vater zurückzukehren. Es war wirklich geschehen, und als ich mit der Hand über meine Schulter fuhr, tastete ich eine rauhe Blutkruste.

Beim Brombeerstrauch sitzend, berichtete ich, was sich zugetragen hatte. Auch mein Vater glaubte, daß ich leibhaftigen Soldaten und lebendigen Klapperschlangen begegnet war. »Vergiß nicht, was dir verheißen wurde, Lozen«, sagte er. »Was du erfahren hast, gibt den Chihinne Hoffnung. Sie können Mut fassen und in Liebe für die kommende Welt leben.« Er nahm mich in den Arm, und seine Güte und Liebe umfingen mich. Ich war geborgen.

In den Armen meines Vaters war ich sicher vor den Soldaten. Und ich wußte, daß das Tal des Glückes wie die Arme meines Vaters war. Es würde den Soldaten für immer verschlossen bleiben.

20

Zurück ins Dorf nahmen wir den gleichen Weg, den Nadazai und ich für unsere Reise zum Heiligen Berg gewählt hatten. Wir durchquerten den Weißen Sand, und unsere Ponys trugen uns durch den Großen blauen Strom. Die Steine, die mein Vater hineinwarf, besänftigten das Wasser, und wir erreichten wohlbehalten das andere Ufer. Nach viertägigem, scharfem Ritt umfingen uns die Ausläufer der Schwarzen Berge.

Kein einziges Mal auf unserem Nachhauseritt waren wir in Gefahr. Keine Soldaten waren uns auf den Fersen, wir waren nicht einmal gesehen worden. Auch wir hatten keine Soldaten erspäht, in vier Tagen nicht, auch von fern nicht. Wir hatten die Ausläufer der Schwarzen Berge überstiegen und zogen wieder buschbewachsene Schluchten hinauf. Da bemerkte ich einen sorgenvollen Zug im Gesicht meines Vaters. Er sah müde aus, grüblerisch, beunruhigt. Er sprach nicht darüber, ich fragte nicht danach. Bald vergaß ich diesen Zug, der sich in sein Gesicht gegraben hatte. Als wir den Pfad zum Bergdorf hinaufstiegen, fiel mir auch nicht auf, daß weder Soldaten den Weg bewachten noch unsere Späher auf Posten waren.

Meine Gedanken kreisten immer wieder um den Heiligen Berg. War es Traum? War es Wirklichkeit? Hatte ich tatsächlich Ussens Worten gelauscht? Gab es wirklich ein Tal des Glückes, das auf die Chihinne wartete? Wo wir vor Soldaten sicher waren? Ein Reich des Friedens? Und so beachtete ich Sorgen und Furcht nicht, die so deutlich im Gesicht meines Vaters standen wie Kriegsbemalung. In Gedanken versunken, bemerkte ich das Verschwinden der Soldaten und unserer Späher nicht. Ich ritt wie benommen. Meine Augen schauten nicht wirklich. Sie blickten noch ins Tal des Glückes. Sie blickten in eine bessere Welt. Bis mein Vater, mit Worten, die auch der Wind und die nahende Dunkelheit verstanden, sagte: »Es ist etwas geschehen.«

Dann kamen wir ins Dorf.
Und ich erwachte.
Soldaten brachen über uns herein.
Sie hatten das Bergdorf gefunden.
Waren auf Riesenpferden gekommen.
Donnernd, windschnell.
Soldaten brachen über uns herein.
Sie setzten alles in Brand.
Sie töteten Chihinne.

21

Ich weiß, ich bin ein kleines Mädchen, und die Dunkelheit erobert den Himmel und fällt auf die Berge wie trockener Regen. Mein Vater befiehlt uns, zu fliehen und im Versteck auf die Krieger zu warten. Nadazai gehorcht, ich sehe ihn ins graue Dämmerlicht davonstürzen. Ich gehorche nicht. Ich springe vom Pony, mein Gewehr in einer Hand, versetze meinem Tier einen Schlag auf die Flanke, und es jagt erschreckt davon. Für einen Moment halte ich Ausschau nach meinem Vater, doch er ist nicht mehr zu sehen; er kämpft mit Soldaten. Ich renne dahin, wo er verschwunden ist, renne, um zu schießen und zu stechen. Wie mein Vater. Dann ist nur noch Rauch und Feuer um mich herum.

Ich taste mich durch die Rauchwolken, Rauch, schwarz und weiß und so dick, daß er mir in der Kehle beißt und mich die Beeren hochwürgen läßt. Durch den Rauch sehe ich meine Mutter flüchten.

Ich weiß, ich bin ein kleines Mädchen, und die Dunkelheit fällt herab wie trockener Regen. Meine Mutter schreit. »Lauf, Lozen, lauf. Zu spät zum Kämpfen. Es sind zu viele. Mach, Lozen, lauf!« Das Entsetzen in ihrem Gesicht läßt mich umkehren und losrennen. Meine Mutter dicht hinter mir. Ich höre ihren Atem stoßen, sie ist mir so nah. Sie folgt mir so dicht, daß ich ihre Haut rieche, sie schwitzt die Angst aus. Aber sie weint nicht, sie will sich nicht entblößen, will ihnen die Furcht nicht zeigen, das gönnt sie ihnen nicht. Wir rennen, wir rennen schnell, so schnell ich kann. Meine Mutter ist eine gute Läuferin. Sie ist so sehnig und schnell, so stark und schnell wie ein Krieger. Sie könnte davonfliegen, wenn sie nicht an mich dächte. Ich bin schnell, aber nicht schnell genug. Denn ich bin noch ein Mädchen.

Ich bin klein, und ich werfe die Beine, daß es im Rücken zerrt, kein Junge aus dem Dorf könnte mithalten, aber ich bin nicht schnell genug. Mutter ist hinter mir. Sie kann schneller laufen. Schnell wie mein Bruder Beduiat, der Krieger. Mutter bleibt hinter mir, damit ich nicht stürze, nicht irre, nicht von Soldaten gepackt und niedergemacht werde. Und hundert Tode sterbe. Mutter ist hinter mir. Ich bin langsamer, und sie weiß, was das bedeutet. Und was sie tun muß, um mir Leib und

Leben zu retten. Sie könnte Gänse durch das Gebirge jagen, aber sie fliegt nicht davon.

Ich weiß, ich bin ein sehr kleines Mädchen, und die Dunkelheit fällt herab wie ein trockener Regen. Unsere Tipis stehen in roten und gelben Flammen, die Rauch und Dunkel zerfetzen und nach dem Himmel schnappen wie ein hungriger Hund nach dem Fleisch eines zerrissenen Kaninchens. Wir flüchten in Richtung der Klüfte und Felsbrocken über dem Dorf, die den Soldatenpferden den Weg versperren. Aber die Soldaten lassen uns nicht durch. Sie wüten überall. Ihre Riesenpferde stampfen die Erde. Donnergrollen.

Ich weiß, ich bin ein sehr kleines Mädchen, und ich renne, aber ich renne nicht schnell genug. Die Soldaten schießen. Wir hetzen dahin. Meiner Mutter weht von der Schulter die Decke hinterher. Sie reißt die Decke herunter. Die Tat eines Verzweifelten, eines sterbenden Chihinne. Ohne Decke zu sein in der Zeit der Schlangen, heißt erfrieren, auch in der Heißen Zeit, vielleicht sterben.

Ich weiß, ich bin ein sehr kleines Mädchen, und ich renne, aber ich renne nicht schnell genug. Den Kopf wendend, sehe ich ein Blitzen, rieche beißendes Schießpulver. Aus den schwarzen und weißen Rauchwolken bricht der Soldat hervor, es ist sein Schießpulver. Er schießt Mutter in den Rücken. Sie nimmt die Kugel, die für mich gedacht war. Die Kugel reißt ihr Fleisch, ihren Rücken, ihren Brustkorb auf wie der hungrige Hund das Kaninchen. Die Kugel schlägt durch meine Mutter. Meine Mutter schreit nicht, sie winselt nur, wie ein verletztes Wolfsjunges, das in den Bau will. Die Kugel schlägt durch Fleisch und Knochen und verläßt ihren Leib wild surrend und zitternd wie eine wütende Riesenbiene. Die Kugel fliegt aufjaulend in die Dunkelheit, die über uns hereinfällt wie trockener Regen. Die Kugel, die meine Mutter statt meiner genommen hat.

Ich weiß, ich bin ein sehr kleines Mädchen, und ich bin gerannt, nicht schnell genug gerannt. Meine Mutter wartete auf mich. Blieb bei mir. Zögerte. Für mich. Wissend, was es bedeutet, bei mir zu bleiben. Die Nacht ist da. Meine Mutter fällt vornüber, und wie sie zu Boden stürzt, packt sie mich und zerrt mich unter ihren Leib. Meine Mutter, sehnig, hochgewachsen, sie begräbt mich unter sich. Wir liegen still, reglos. Der Soldat reitet heran. Sitzt weit oben auf seinem Riesenpferd, starrt auf uns herab. Stechender Geruch. Wir liegen still, meine Mutter und ich, reglos. Der schwere Leib preßt mir den Atem aus der Lunge, ich rühre mich nicht. Meine Mutter versteckt mich. Sie versteckt mich. Damit ich überlebe.

Ich weiß, ich bin ein sehr kleines Mädchen, und sehe, wie meine Mutter aus dem Mund blutet, wie ein Strom überschwemmt ihr Blut mein Gesicht. Mein Gesicht liegt an ihrem. So nah, daß ich sie atmen fühle, ihr warmer Atem streicht mir über Wangen und Augen. Und ich atme ihren Atem durch den Mund und schmecke, wie meine Mutter stirbt. Mich für immer verläßt.

Ich weiß, ich bin ein sehr kleines Mädchen, und meine Mutter macht eine winzige Bewegung. Sie schiebt ihre Hand über meinen Mund, der Soldat lauert von seinem Pferd herab. Meine Mutter verschließt mir den Mund. Ich kann nicht atmen. Rauch brennt in meiner Nase, ich kann nicht atmen. Aber ich bin starr, ich weine nicht, ich liege still, kein Schnaufen. Die Hand auf dem Mund, damit ich nichts sage. Meine Mutter weiß, daß der Soldat über uns nur auf einen Laut wartet, auf das Signal zum tödlichen Schuß. Der Soldat lauscht nicht. Er lauscht nicht. Er hört. Sein Herz ist voll Haß.

Ich weiß, ich bin ein sehr kleines Mädchen, und ich will nicht wissen, ob ich atme oder nicht. Ich will nicht atmen. Ich will nicht leben. Ich will sterben, so, zusammengepreßt mit meiner Mutter. Ihr warmes Blut tröstet mich in den Schlaf der Toten, und wir ziehen ein in das Tal des Glückes, in das grüne Tal, zu den anderen. Ich will mit ihr sterben, für immer vom Haß der Soldaten befreit sein. Aber ich atme. Etwas in mir lehnt sich auf. Ich sauge die Luft ein, treibe sie durch den Rauchpfropf in der Nase. Der Rauch schmerzt wie Steinsplitter in der Lunge.

Dann ist die Nase frei. Ich atme ein, atme aus. Ein, aus, ich lebe, ich überlebe, wie meine Mutter es wollte. Ich atme, lautlos. Lautlos.

Ich weiß, ich bin ein sehr kleines Mädchen, und ich lausche auf den Soldaten, der vom Pferd springt, die Erde tritt. Ich höre am Schleifen, wie er den Säbel aus der Scheide zieht. Ich höre, wie der Säbel, scharf und spitz, in das Fleisch meiner Mutter schneidet. Er schlitzt ihren Rücken der Länge nach auf, wie einer frisch erlegten Hirschkuh. Meine Mutter lebt noch, als der Säbel in sie fährt. Sie schreit nicht, sie sagt nichts, sie wimmert noch nicht einmal. Ich höre, wie der Säbel aus ihrem Leib fährt und das Blut herausspritzt. Das Blut meiner Mutter. Ich höre, wie der Soldat aufs Pferd steigt und davonreitet.

Ich weiß, ich bin ein sehr kleines Mädchen, und ich wende den Kopf und sehe in das Gesicht meiner Mutter. Ihre Hand krallt sich noch über meinen Mund, aber es ist kein Leben mehr in ihr. Und ich will sterben, will, daß das Leben aus mir weicht, damit meine Seele meine Mutter ins Tal des Glückes begleiten kann. Aber ich sterbe nicht. Ich sterbe nicht.

Ich weiß, ich bin ein sehr kleines Mädchen, und ich weiß, daß ich leben werde. Ich suche einen anderen Weg zu meiner Mutter. Ich rühre mich nicht, eine Ewigkeit nicht. Ich schließe die Augen und will all meine Kraft, meine Jugend in den Leib der Mutter pressen, in sie hineinatmen. Damit sie aufwacht und bei mir ist. Lange Zeit liege ich so, aber ich habe keine Kraft. Es ist vergebens.

Vergebens.

Ich habe meine Mutter geliebt.

22

Mein Bruder fand mich. Ich konnte mich nicht bewegen, konnte nicht sprechen. Ich wollte mich nicht bewegen, wollte nicht sprechen. Nicht einmal mit meinem Bruder, den ich von Herzen liebte.

Beduiat nahm mich auf und trug mich zu den Überlebenden. Dann kehrte er um, die Toten zu begraben.

23

Nach vier Tagen führte mein Bruder mich an einen geheimen Ort. An eine Heilige Stätte oben in den Schwarzen Bergen.

»Weißt du noch«, fragte er, als wir dastanden vor einem Felsspalt, der von mächtigen Blöcken überragt wurde, dem Eingang einer Höhle, »weißt du noch, Lozen, wie ich davon gesprochen habe, daß unsere Ahnen die Sterne liebten und sie malten?«

»Ja«, antwortete ich. Es war das erste Wort seit vier Tagen.

Er strich mir über das Haar. »Dein Wassermelonenkopf«, sagte er leise.

Ich unterdrückte ein Weinen: »Mein Wassermelonenherz.«

Er nickte. »Behalte die Worte, die ich spreche, für immer im Herzen, Lozen. – Vergiß nie, daß unsere Ahnen einst Muße hatten, in den Himmel zu schauen, die Sterne und den Mond zu betrachten und darüber nachzudenken, was die Gestirne ihnen sagten.«

Beduiat wandte sich um, ging in die Höhle und kam kurz darauf wieder hervor, eine Schale in den Händen. Es war eine sehr alte und prächtige Schale, einst von Chihinne mit großer Sorgfalt aus Roter Erde gefertigt. Sie war bemalt: Eine Sonne, die leuchtende Strahlen aussandte.

»Die Flammen sind die Tage«, erklärte mein Bruder. »Die Schale, Lozen, erzählt eine Geschichte. Sie erzählt von einer

Zeit – es ist lange, lange her –, da unsere Brüder und Schwestern Muße hatten, in den Himmel zu schauen. Da sahen sie, daß eine andere Sonne am Himmel aufleuchtete. Die zweite Sonne strahlte so hell wie die unsere. Dann brach es aus der neuen Sonne hervor, hoch am Himmel. Wo sie stand, war nun ein gewaltiges Feuer. Es loderte 23 Tage und Nächte. 23 Mal gab es keine Zeit der Schlangen, es gab nur Licht. Dann war alles vorbei, die Welt zeigte sich wieder, wie sie zuvor war. Mit der Sonne, die uns heute bescheint. In dieser Zeit, bevor die Soldaten kamen – es ist lange, lange her –, hatten unsere Ahnen Muße, friedlich dazusitzen und über alles, was geschah und was es bedeutete, nachzudenken. Was sie sahen, malten sie auf diese Schale. Die 23 Flammen sind die Tage, an denen die Sonne am Himmel loderte. Unsere Ahnen, Lozen, die Menschen der Roten Erde, konnten sich in die Welt versenken. Denn es herrschte Frieden.«

»Und heute?« fragte ich und weinte leise.

»Heute, Lozen, heute ist alles anders.«

»Die Soldaten werden uns töten.«

»Sie versuchen es.«

Ich wandte mich ab und blickte den Berghang hinunter. Dann sprach ich zum Himmel, zur Erde, zu meinem Bruder, zum Tal des Glückes. Die Worte sprangen aus meinem Herzen, das laut in mir klopfte, aus meinem Herzen, rot wie die Erde. Ich sagte: »Von nun an, bis in den Tod, werde ich eine Kriegerin sein. Eine Kriegerin. Und um nichts bitten als um mein Gewehr. Es gibt keinen anderen Weg.«

Und auf der Bergkuppe, wo Träger Fuß und Beduiat meine Mutter und meinen Vater Seite an Seite begraben hatten, sahen mein Bruder und ich, wie sich Himmel und Erde ringsum verfärbten, von blau zu rot zu schwarz. Der Wind wurde kühl. Mein Bruder hielt mich in den Armen, und wir wärmten uns. Wir wollten Wärme und Liebe am Leben halten.

II

Das Tal des Glückes

1

Die Erde tönte in nie gehörtem Klang. Ich brauchte viele Grüne Zeiten und Kalte Zeiten, um ihn zu verstehen. Er war überall. Er verstummte nie. Nie.

Und niemand, nicht einmal die ganz Alten, nicht einmal die Weisen, konnten ihn überhören. Niemand, nicht einmal die ganz Alten, nicht einmal die Weisen konnten den sich ausbreitenden Ton, von dem Felsen und Schluchten, Himmel und Erde widerhallten, zum Verstummen bringen. Viele Grüne Zeiten und Kalte Zeiten zwang er mich, ihn zu beachten. Es war nicht das Surren und Rauschen vorüberziehender Gänse. Es war nicht das hohle Heulen der Wölfe. Es war nicht das kehlige Rufen unserer Dorfgesänge. Es war nicht das Schwatzen und Murmeln und Raunen beim Geschichtenerzählen am Feuer. Es war nicht das Knistern und Rascheln, nicht das Fauchen und Bellen tobender Bärenjunge, nicht das Rupfen und Zupfen grasender Gabelböcke. Es war nicht der Klang des Lebens. Es klang wie das metallische Klirren zuschnappender Riesenfallen, das in einem fort tönte und die Luft in endlose Schwingungen versetzte. Etwas wurde gefangen, eingeschlossen, zerrissen und in einen endlos tiefen Felsenschlund gestürzt.

Der Klang wob um uns her und ergriff Himmel und Erde. Er hallte aus dem Roten Stein unserer Berge und erfüllte die Luft, die wir atmeten. Er tönte und schallte in Schädel und Leib wie in übergroßen, bauchigen Krügen. Er ließ unsere Mägen zittern, wir fühlten uns krank. Auch die krausen Kronen der Kiefern, die im heißen Sommerwind so seltsam rauschten, brachten den neuen Klang nicht zum Verstummen. Er war überall. In den über uns ziehenden Abendwolken, in den kalt glitzernden Sternen. In den dunklen, glänzenden Augen der letzten noch lebenden Wildtiere, die aufgeschreckt in ihre Verstecke huschten. Wie wir.

Es tönte überall, unablässig.

Als ich 17 Ernten zählte, bekam der Klang eine Stimme. Und klirrend verkündete die Stimme allen, die unter dem warmen, roten Schein der Berge lebten: »Es gab nie eine Zeit ohne die Fremden, nie eine Zeit ohne Soldaten, die draußen im Schutze der Schatten und der Dunkelheit lauern. Lauern. Und näherkommen.«

Als ich 17 Ernten zählte, verstand ich diese Worte. Die Stimme hieß Angst. Die Stimme sprach von der Zukunft meines Stammes. Von der Erfüllung unseres Schicksals.

2

Doch es gab eine Zeit ohne Soldaten. Die bemalten Krüge und Schalen, einst von unseren Ahnen aus Roter Erde gefertigt, die mir Beduiat nach dem Tode unserer Eltern und all der anderen Chihinne gezeigt hatte, legten Zeugnis darüber ab. Aber das war lange her. Trat man nun aus der Höhle, in der die Gefäße versteckt lagen, hinaus, drang wieder der neue Klang ans Ohr. Und die Stimme, die sprach: »Es gab nie eine Zeit ohne die Soldaten, die dort draußen lauern. In der Dunkelheit und im Licht. Unter den Schatten und den Schlangen. Die euch, Chihinne, auflauern. Auflauern. Stets im Zwiegespräch mit ihrem Haß, der ihnen die Zeit zum Töten verkündet.«

3

Als ich 17 Ernten zählte, verbündeten sich die Soldaten aus dem Osten mit denen aus dem Westen und dem Süden.

Sie umlagerten unsere Berge.

Uns blieb nur noch ein Ausweg.

Wir suchten den Schutz, den uns die Höhenzüge der Schwarzen Berge boten, und drangen tiefer in das Innere der Bergketten, zogen höher hinauf. Neben einem wilden Bergbach errichteten wir unser Dorf. Was wir an Gewehren hatten, war geputzt und schußbereit, keines blieb ungeladen. Unsere Pfeile, mit geschärften Spitzen und geglätteten Schäften, zitterten in Kiefernstämmen, die für uns Soldaten waren. Unseren Mokassins, straff vernäht mit kräftigem Bast, gaben wir einen festeren Sitz, damit sie beim Rennen und Kämpfen nicht rutschten.

Mein Bruder Beduiat, Kriegshäuptling der Chihinne, stellte die Späher unterhalb des Dorfes auf, versteckt inmitten der mächtigen Felsblöcke, die rechts und links der beiden Pfade zum Dorf aufragten, den einzigen Zugängen für die Soldaten.

Und nun blieb uns nur noch zu warten.

Auf die Soldaten.

4

Es war mir verboten, wie die Späher die Pfade hinunterzusteigen und zu bewachen. Denn ich war noch kein Krieger. Aber ich konnte nicht untätig dasitzen und warten, bis eine Stimme in mir sagte, daß uns Soldaten überfallen würden. Ich besaß noch das Gewehr, das ich als junges Mädchen bekommen hatte. Und so schritt ich, das Gewehr in den Händen, jeden Abend im Dorf umher wie ein Krieger auf Wache. Und wenn die Glieder schwer wurden, schlüpfte ich nicht ins Tipi, sondern schlief im Gras neben meinem Pony wie ein Krieger auf dem Kriegspfad.

In der Zeit der Sonne machte ich es wie die anderen im Dorf: Ich spielte. Das Spiel, Shinny genannt, sollte nicht bloß unsere Sorge um das Kommende vertreiben. Shinny half uns zu überleben. Es wurde mit Stöcken und einem runden umwickelten Knäuel aus Tierhäuten gespielt. Die Alten waren dabei, die Frauen, die Kinder. Die Spieler, jeder einen Stock in der Faust, teilten sich in zwei Gruppen. Und mit dem Stock mußten sie die Lederkugel in das Feld der anderen Gruppe, einen Flecken Gras zwischen zwei Kiefernstämmen, treiben. Die Treffer wurden gezählt.

Es ging jedoch nicht darum, ein Spiel zu gewinnen. Nicht darum, wer die meisten Treffer schlug. Das war unwichtig. Nicht deshalb spielten wir Shinny. Es ging um das Laufen, das Rennen, das Jagen nach der Lederkugel, vor und zurück, hin und her. Shinny gab den Beinen Kraft, machte uns alle zu besseren Läufern, zu ausdauernden Läufern. Alle, die Alten, die Frauen, die Kinder, jeden. Shinny war mehr als ein Spiel. Es war eine Antwort auf die anrückenden Soldaten, es diente unserem Schutz. Rennen und Jagen bedeuteten Überleben.

Meine Tage und Nächte, mein ganzes Leben wurde vom drohenden Angriff der Soldaten verzehrt. Er wurde zum einzigen Inhalt meines Lebens. Er beherrschte jede Bewegung, jeden Gedanken. Ich dachte und handelte, ich lebte nur noch im Angesicht ihres Angriffes. Ich wurde zum Soldaten, der auf mich zujagte.

Dann war er da.
Und in mir entstand Neues.

5

Er kam weder von Osten oder Westen, noch aus dem Land des Südens. Er kam auch nicht von den Höhen im Norden. Ihre Gipfel schliefen unberührt, unfruchtbar, vom Wind gepeitscht. Er schien aus der Luft selbst geboren, wie ein Blitz, der über den Himmel zuckt und ein Gewitter ankündigt.

Andere sahen ihn vor mir.

Es waren Beduiat und der Freund meiner Kinderjahre, Nadazai, der wie ich 17 Ernten zählte. Sie hatten sich für einige Tage in eine Höhle zurückgezogen, deren Eingang sich hoch über dem Dorf zwischen die Buckel und Vorsprünge der Bergflanke duckte. Von dort konnten sie die beiden Pfade, die sich durch Klüfte und Felsen zum Dorf hinaufschlängelten, bis hinunter ins Tal verfolgen, die einzigen Wege, auf denen die Soldaten das Dorf angreifen konnten. Und von ihrem Felsenhorst aus entdeckten sie ihn. Auf einem Rappen jagte er über die Bergwiesen unterhalb des Dorfes. Schräg hinter ihm, auf dem nördlichen der beiden Pfade, preschten zwei Soldaten, zwei blaue Schemen, die näher und näher an ihn heranrückten.

Als die Soldaten auf das Gras einschwenkten, sah ich Gelben Geist das erste Mal.

Mein Wachgang hatte mich zum Rand des Dorfes an den Abhang geführt. Es war die Neige des Tages, die Wolkenränder würden sich bald röten.

Als ich hinunterblickte, entdeckte ich ihn. Und hetzte hinauf in die Bergflanke zu Beduiat und Nadazai. Da fiel dünner Regen aus dunklen Wolkenfetzen. Er näßte das von vielen Sonnenzeiten erhitzte Gestein und verwandelte sich in graue Schwaden, die von den Felsen aufstiegen und zum Himmel zogen.

Bald erreichte ich die beiden Chihinne und kauerte mich zu ihnen. Die Augen zusammengekniffen, versuchten wir, durch Dunst und Nebel den seltsamen Reiter und die Soldaten im Blick zu behalten. Es war nicht genau auszumachen, ob der Fliehende zu einem Klan der Chihinne oder zu den Soldaten gehörte. Wir sahen nur, daß er von der Farbe der gelben Blumen war, durch die sein Rappe stob. »Er ist aus der Wiese aufgestiegen«, flüsterte ich Nadazai zu, »eine Blume, die menschliche Gestalt angenommen hat.«

Nadazai sah mich ungläubig an und wandte sich zu Beduiat: »Er muß ein Geist sein, dieser seltsame Reiter. Er kommt aus dem Nichts.« Seine Stimme verriet, daß er Angst hatte. Die Chihinne fürchteten Geister und Gespenster, und sie fürchteten sich vor den Toten, die die Welt des Fleisches nicht verlassen wollten.

Mein Bruder gab ruhig zurück: »Er könnte ein Chihinne sein.«

»Wie kannst du so sicher sein?« Nadazai zweifelte, aber aus seiner Stimme klang die Achtung vor dem älteren Krieger. »Er ist aus dem Nichts gekommen.«

»Sieh selbst«, entgegnete mein Bruder. »Soldaten jagen ihn wie uns Chihinne. Er ist ein Gelber Geist, das ist wahr, aber er könnte ein Chihinne sein.« Seine Augen schimmerten feucht. »Er kann ihnen nicht entkommen, das ist sicher, sein Pferd ist schon geschwächt. Und die Späher können ihm nicht helfen, sie stehen zu weit unten. Er wird sterben.«

Seine Worte machten Nadazai unruhig. Er hatte zwar manches durchlebt, an dem starke und weise Männer zerbrochen wären, aber in vielem war er noch ein Junge. »Wie sollen sie ihn töten können? Ist er ein Geist, dann ist er bereits tot.«

Beduiat antwortete nicht, sondern murmelte wie zu sich selbst: »Weit und breit kein Felsen, kein Dickicht, also ist er den Soldaten schutzlos ausgeliefert. Wenn er zu den Felsen kommt und hinauf will, können sie ihn ergreifen und niederschießen.«

Nadazai versuchte, seine Sicherheit zurückzugewinnen: »Aber wenn er ein Geist ist, kann er kein zweites Mal getötet werden!«

Mein Bruder wandte sich um und eilte zum Pony neben dem Höhleneingang, dicht gefolgt von Nadazai, der auf eine Antwort wartete. Beduiat stieg auf und sah auf Nadazai herunter. »Geist oder Mensch, ich kann es nicht sagen. Ist er ein Geist, können Chihinne ihn nicht mehr töten, ihnen fehlt die Kraft dazu. Anders die Soldaten. Sie besitzen Kräfte, die für uns ein Geheimnis bleiben. Sie verändern die Welt. Und können auch einen Geist töten. Einen Geist, der vielleicht ein Chihinne ist.«

Damit sprengte er den Hang hinunter auf die Wiese zu. Nadazai und ich sahen ein, daß er recht hatte, denn wir hatten mit eigenen Augen gesehen, was die Weißen vollbrachten. Sie hatten Bäche und Flüsse ausgetrocknet. Sie hatten fast alles

Wild in den Bergen abgeschlachtet. Sie hatten die Berge aufgebrochen, daß der mächtige Fels aufschrie und blutete, zitterte wie ein verlassenes Wolfsjunges im tobenden Gewitter.

Nadazai, mit dem Blick wie ich der Jagd unter uns folgend, wandte sich zu mir: »Wenn ein Geist aus den Blumen geboren wird, muß es ein guter Geist sein. Alles, was die Blumen hervorbringen, ist gut. Blumen süßen die Luft. Ihr Gelb und Rot und Blau erfreut unser Auge.«

Weiter wechselten wir keine Worte. Wir starrten mit angehaltenem Atem auf die weit ausgreifenden Pferde, auf die Soldaten, die ihre Gewehre hoben. Bereit zu schießen, bereit zu töten. Und in dem Schweigen rührte sich etwas in mir. Es fühlte sich an, als ob sich in mir eine gelbe Blüte öffnete. Es stimmte mich traurig, ich hatte Mitleid mit Gelber Geist.

Gelber Geist stieß immer wieder die Hacken in die Flanken seines Rappen. Immer wieder fuhr sein Kopf herum, als wollte er nicht glauben, daß der Regen die Soldaten noch nicht fortgespült hatte. Und die sich öffnende gelbe Blüte in mir ließ mich mehr sehen als Gelber Geist auf dem Ritt in den Tod. Die leuchtende Blume ließ mich in Gelber Geist hineinsehen. Und ich sah in dem fremden Reiter, der um sein Leben ritt, meinen Bruder, ich sah mich, ich sah Nadazai. Mein ganzes Volk. Nicht nur Gelber Geist sollte sterben. Auch Nadazai, auch Beduiat, auch ich. Meine Mutter, mein Vater, vor langer Zeit von Soldaten getötet, standen vor meinen Augen auf, um erneut erschossen und erstochen zu werden. Die gelbe Blume, die in mir ihre Blätter reckte, gelb wie das Licht in der Blüte des Tages, sie machte mich sehen. Und ich spürte ein Sehnen, brennend und mächtig, das meinen ganzen Körper erfüllte. Es wuchs und wuchs, bis es sich schließlich Bahn durch meine Lippen brach: »Du sollst leben, Gelber Geist. Fliehe. Lebe.«

Dann hatten die Hufe von Beduiats Pony den weichen Boden der Bergwiese unter sich. Schräg über den Hang dahinjagend, hob mein Bruder sein Gewehr und fuhr zwischen die Soldaten und Gelber Geist. Ein Schuß krachte. Die Kugel traf keinen der Weißen. Aber der Schreck ließ die Soldaten zurückprallen, aus den Sätteln springen und hinter ihren Pferden Deckung suchen. Sie fühlten sich in einen Hinterhalt gelockt.

Aber es gab keinen Hinterhalt.

Es gab nur einen einzelnen Krieger, der sich vor die Verfolger geworfen hatte.

Und er genügte.

Beduiat riß sein Pony herum und jagte hinter Gelber Geist her. Rasch hatte er ihn eingeholt und winkte ihm mit dem Gewehr zu folgen. Und dicht hintereinander kamen sie schräg über den nackten Fels zur Höhle gesprengt. Die Soldaten, unsicher, verwirrt, gaben auf und ritten talwärts.

Gelber Geist folgte meinem Bruder über den Pfad, der, kaum drei Handbreit, um den Felsvorsprung herumlief, in die Höhle. Auch Nadazai schlüpfte in den Spalt. Aber ich zögerte. Ich fürchtete den Augenblick, da ich Gelber Geist anschauen oder er mir ins Auge sehen mußte. Ich fürchtete, daß er die gelbe Blüte in mir entdeckte, mein Herz schlagen hörte. Doch es drängte in mir, ich mußte ihn sehen. Ich trat ins dämmerige Licht im Eingang der Höhle, wo sich die drei Männer niedergelassen hatten. Ich setzte mich neben Nadazai, Gelber Geist gegenüber. Und ich sah, daß er nicht aus unseren Bergen stammte.

Er war auch kein Soldat. Er war, das war jetzt bewiesen, ein Kind der Blumen. Wie er dort saß, schwer atmend gegen die Felswand gelehnt, war er von einem wolkigen Schimmer umhüllt.

Gelber Geist mußte einst vom Erdboden in die Himmelswelt geschwebt sein. Und unter den Wolken gelebt haben, die den Heiligen Berg Ussens berührten. Den Berg, von dem uns der Große Vater seine Liebe sandte. Und mein Herz, nun eine gelbe Blüte, flüsterte, daß Gelber Geist mit Ussen gesprochen und durch Ihn von den Chihinne erfahren haben mußte. Und Gelber Geist, geboren aus den Blumen zwischen Gras und

Kraut, hatte sich von der Himmelswelt wieder herabbegeben, um mit den Chihinne zu sein.

Mit mir zu sein.

6

Ich betrachtete Gelber Geist. Und versuchte, meinen Blick vor ihm zu verbergen. Damit er die gelbe Blüte, leuchtend und immer noch wachsend, nicht bemerkte. Ich sah in seine Augen. Es waren klare Bergsee-Augen. Darin schwammen und tanzten gelbe Blüten, heraufscheinend aus den kleinen Wellen, die über das Wasser spielten. Ich sah sein Gesicht, seine Hände, Hals und Arme, verbrannt von der Sonne der Heißen Zeit. Und ich sah sein Haar, lang wie das meines Bruders. Es war die Tracht des Kriegers. Aber es war nicht schwarz wie das meines Bruders. Es war die Tracht der gelben Blumen.

Und ich hätte Gelber Geist lange, eine Sonnenzeit, eine Schlangenzeit, unablässig betrachten können. Doch mein Bruder erhob sich, trat hinter mich und riß mich aus meinem gelben Traum.

Er hielt sein Gewehr in den Händen und sah auf Gelber Geist hinab. Gelber Geist öffnete die Lippen und sprach. Aber es waren keine Soldatenworte. Oder solche, die man im Land des Südens hört. Er sprach auch keine Worte aus irgendeinem anderen Land. Seine Worte leuchteten gelb: »Du hast mir das Leben gerettet. Ich werde es nie vergessen.« Er sprach Chihinne.

Beduiat hob den Lauf des Gewehres. Es bewegte sich langsam an meiner Wange vorbei, und ich roch verbranntes Pulver. Mein Bruder zeigte mit dem Lauf in das Gesicht von Gelber Geist: »Was für ein Zauberer bist du, daß du Chihinne sprichst?«

Und Gelber Geist antwortete: »Vor langer Zeit lebte ich in einem anderen Chihinne-Dorf. Nur kurze Zeit, ich hatte sie um Hilfe gebeten. Es war die Zeit des Weißen Spuks, und ich hatte weder zu essen noch eine wärmende Decke. Sie halfen mir, ich überlebte. Als die Grüne Zeit kam, zog ich wieder nach Osten.«

Beduiat ließ das Gewehr sinken und ließ sich an meiner Seite nieder. Er sah Gelber Geist unentwegt ins Gesicht. Und sagte, fast flüsternd, wie zu sich selbst: »Es ist die Weise der Chihinne, jedem gut zu sein. Denn wir lieben. Liebe gibt uns Kraft. Sie bewahrt uns vor dem Aussterben.« Er machte eine Pause, es wurde still in der Höhle. Nur den Regen hörte man rieseln. Beduiat fuhr mit lauter, klarer Stimme fort: »Doch die Soldaten werden sterben. Denn sie lieben nicht. Liebst du, Gelber Geist?«

Und Gelber Geist antwortete: »Vor langer Zeit lernte ich hier in euren Kiefernwäldern, die Chihinne zu lieben.«

»Und bevor du zu den Chihinne kamst?« fragte mein Bruder ruhig.

»Ich habe nichts und niemanden geliebt«, kam es traurig zurück.

Beduiat musterte sein Gegenüber von oben bis unten: »Du trägst die Kleider der Soldaten. Keine blauen Kleider, sie haben die Farbe der Regenwolken. Aber es sind Soldatenkleider. Und du trägst schwarze Soldatenstiefel. An deinem Sattel hängt ein Soldatengewehr.«

Dann geschah etwas Seltsames. Gelber Geist senkte den Kopf. Als er ihn langsam wieder hob, weinte er. Er weinte nicht laut wie Chihinne-Kinder, wenn sie sich verletzen. Er weinte nicht mit den leise gemurmelten Worten der Alten, die ihren Tod nahen fühlten und ihre Kinder und Enkel unfrei und bedrängt wußten. Er weinte ohne jeden Laut. Die Tränen rannen über die von der Sonne verbrannte Haut. »Ich habe zu spät erfahren«, begann er, »was es heißt zu lieben. Ich habe gehandelt wie ein Soldat. Heute bin ich kein Soldat mehr. Nicht mehr, seitdem ich unter deinen Brüdern und Schwestern lebte.«

»Und vor dieser Zeit?«

»Vor dieser Zeit war ich ein Soldat und handelte wie alle Soldaten.«

Beduiat lehnte sich nach vorn und sah Gelber Geist fest in die Augen: »Du bist nicht wie die anderen, die hierhergekommen sind und Wunden in unsere Berge reißen. Du bist anders als die Soldaten, die unseren Tod wollen. Und alles tun, ihren bösen Wunsch zu erfüllen.« Beduiat rückte näher an Gelber Geist heran. »Wer bist du? Zu wem gehörst du?«

Und Gelber Geist antwortete: »Ich gehöre zur Welt der Chihinne, die ich vor langer Zeit kennenlernte.«

»Wer bist du?« wiederholte mein Bruder.

Gelber Geist antwortete nicht. Erst als er sich langsam erhoben hatte, sagte er: »Ich werde jetzt gehen und euch nicht mehr zur Last fallen. Die Soldaten werden mich den Pfad hinunterkommen sehen. Aber bald ist es Nacht, und sie werden mich nur sehen, wenn ich es will. Wenn ich an ihnen vorbei bin. Dann werden sie mich hetzen. Ich versuche, so viele von ihnen wie möglich auf meine Fährte zu locken. Und ihr könnt wieder gute Träume haben. Und ohne Furcht leben.« Dann sah Gelber Geist zu mir herab. Unsere Blicke begegneten sich, ich konnte meine Augen nicht von ihm wenden. Ich wollte es nicht. Und er sprach zu uns in jener Höhle, er sprach zu mir in jener Höhle, als wir einander fest ins Auge blickten: »Ich würde alles geben, mein Leben geben, um zu ändern, was ich vor meiner Zeit bei den Chihinne tat. Ich würde Leib und Leben hergeben, die Soldaten aus eurem Land zu jagen. Für immer zu vertreiben.«

Er wandte sich um und war fort. Auf seinem Rappen ritt er den unteren Pfad hinunter. Mit jeder Kehre wurde er kleiner, bis er nur noch ein schwarzes Sandkorn war. Und sich dem Lager der Soldaten unten im Tal näherte. Im Dämmerlicht in der Neige des Tages konnten wir gerade noch ausmachen, wie das Sandkorn Gelber Geist kurz auf das Lager zustrebte und dann kehrtmachte, verfolgt von einem Schwarm kleiner, schwarzer Ameisen. Dann war Dunkelheit um uns. Der Regen wurde heftiger, kälter, der Wind heulte auf und peitschte uns fette Tropfen entgegen. Ich blieb alleine in der Höhle zurück, gegen die Felswand gelehnt, dort wo Gelber Geist gesessen hatte.

Und ich spürte, wie die gelbe Blüte mein Herz schneller schlagen ließ, mich mit Liebe erfüllte.

Mit Liebe für den Gelben Geist.

7

Die Zeit verging. Wie die Wolken, die nie fest am Himmel stehen, verstrich die Zeit lautlos. Aber selbst wenn die Zeit zu mir gesprochen und mir die Tage und Nächte gezählt hätte, ich hätte ihr weder gelauscht, noch hätte ich sie verstanden. Gleich, wie laut und klar ihre Stimme mir die verstrichenen Tage und Nächte verkündet hätte, ich wäre taub geblieben. Irgendwo im Inneren, in einem Winkel, den ich nicht beachtete, wußte ich, daß die Tage kamen und gingen. Kamen, gingen. Dort schlummerte das Wissen, daß ich viele Male auf Wache gezogen war und viele Male draußen neben meinem Pony geschlafen hatte, wie unsere Krieger.

Aber ich spürte nicht, wie die Zeit verging. Denn in mir blühte eine gelbe Blume. Ein Tag war für mich immer der Tag, an dem Gelber Geist geboren wurde.

Mein Bruder sah, mit Augen warm und glänzend, in mich hinein. Er sah, daß ich in der Vor-Zeit war. Daß ich eine gelbe Blüte war. Einmal kam er zu mir, kurz vor Anbruch der Zeit der Schlangen, als ich auf einem Vorsprung hoch über den Wiesen kauerte und auf Gelber Geist wartete. Er setzte sich zu mir: »Du wartest auf ihn, nicht wahr?«

»Ja«, sagte ich. Weiter nichts. Beduiat beugte sich vor und hob einen rauhen, dunkelroten Stein auf. Ich betrachtete seinen nackten Arm, auf dem die langen Muskeln wie Wellen auf glänzendem Wasser spielten.

Er sagte sanft: »Ich glaube nicht, daß er wiederkommt. Vielleicht täusche ich mich. Aber er gab uns sein Wort, die Soldaten zu ködern und in die Irre zu führen. Und er hat Wort gehalten. Wir haben gesehen, wie ein ganzer Trupp Soldaten ihn verfolgte.«

»Er hat sie weit nach Süden gelockt«, sagte ich.

»Aber sie könnten ihn ergreifen«, entgegnete mein Bruder, noch sanfter, noch ruhiger. »Und vielleicht wird er nicht mehr zurückkehren.« Er sah mir ins Gesicht. Seine dunklen, braunen Augen blickten liebevoll.

»Denkst du«, begann ich, »denkst du, es ist töricht, auf ihn zu warten? Zu glauben, daß er zurückkommt?«

Mein Bruder schwieg einen Augenblick, bevor er antwortete. »Nun, jedem, der verliebt ist, ist ein wenig der Kopf verdreht.«

Ich wandte mich von ihm ab. Ich wollte nicht blind vor Verliebtheit erscheinen. Ich wollte nicht, daß er die gelbe Blüte sah. Ich wollte eine umsichtige Kriegerin sein. »Ich bin nicht töricht«, sagte ich.

»Verliebtsein heißt nicht immer Schwachsein«, erklärte er behutsam. »Es heißt nur, daß dein Herz deine Schritte lenkt, während die Gedanken schlafen.

Er sollte nicht glauben, ich hätte den Verstand verloren, und so suchte ich mich zu rechtfertigen. »Ich bin kein Hund, der seiner eigenen Schwanzspitze hinterherjagt, immer im Kreise herum.«

»Genau das tust du«, nickte er. Am liebsten wäre ich fortgelaufen. Aber ich hielt aus. »Wenn du keine Lust mehr hast, deinem Schwanz hinterherzujagen«, fuhr er fort, »wirst du damit aufhören und merken, daß du liebst.«

Ich wandte langsam den Kopf zu ihm um und sah ihm fest in die Augen. Sie blickten warm. »Ich werde bald, sehr bald auf den viermaligen Beutezug in den Süden gehen«, sagte ich. »Fleisch, Pferde und Gewehre bringen. Ich bereite mich auf den Kriegerstand vor und werde alle Regeln befolgen. Danach werde ich eine Kriegerin sein. Denn ich bin nicht töricht. Ich bin besonnen und aufmerksam und fürchte mich nicht, zu töten oder getötet zu werden.«

»Ja, und du wirst immer noch verliebt sein, kleine Hundeschwester«, gab er lächelnd zurück.

Ich senkte den Kopf und flüsterte: »Ist es falsch, ihn zu lieben?«

»Nein. Natürlich nicht«, sagte Beduiat.

»Aber er ist kein Chihinne.«

Mein Bruder antwortete in ruhigem, sanftem Ton: »Sein Herz ist das eines Chihinne. Sonst würdest du ihn nicht lieben. Vielleicht bist du töricht wie der Hund, der nach seinem Schwanz schnappt. Aber du bist kein Tor, Lozen. Du würdest spüren, wenn er so grausam wie die Soldaten wäre. Und dein Herz würde sich verschließen, wenn Gelber Geist eines Tages den Chihinne schaden wollte.« Beduiat erhob sich und wandte sich zum Gehen. Er blieb noch einmal stehen und meinte: »Warte nur auf ihn. Es stärkt deine Beine, das Im-Kreise-Rennen.« Und fort war er.

Mein Blick schweifte wieder über die Bergwiese, aus der Gelber Geist aufgestiegen war. Sie lag bereits grau im Schein der Sterne. Und ich wartete darauf, daß er zurückkehrte. Dann übermannte mich der Schlaf.

8

Doch die Zeit verging. Die Sonnenzeit mit ihren warmen, heilenden Strahlen, in der Gelber Geist den Blumen entstiegen war, wurde nun alt und schwach und trübe. Mit der Wärme verschwanden auch Wurzeln und Nüsse, Beeren und Samen. Wir hungerten. Und so wurde ein Rat einberufen. Ein Großer Rat, den wir in unserem Dorf halten wollten. Ein Großer Rat für alle

Stämme, die von uns fortgezogen waren, aber wie wir noch an Ussen glaubten.

Einst, vor langer, langer Zeit, waren die Stämme wie das Wasser eines mächtigen Stromes. Wie die Wassertropfen darin lebten alle Brüder und Schwestern einträchtig zusammen. Es gab Zeit und Muße, dazusitzen und über das Leben nachzusinnen, einfach nur zu träumen und sich lange und tief zu versenken. Einst, vor langer, langer Zeit, gab es keine Soldaten. Mein Volk, das strömende Wasser, nannte sich Tchinde. In Stille und Frieden träumte es einen Felsen-Traum. Die Tchinde sahen eine hoch aufragende Felswand. Und sie machten den Traum wahr. Sie suchten im Gebirge eine solche Felswand, die ihnen den Rücken decken konnte, und sie alle ließen sich davor nieder. Aus dem Geröll und dem Schotter, der aus der Wand brach, errichteten sie kreisrunde Tipis. So lebten und träumten die Tchinde in Frieden viele Tausend Ernten. Denn es gab keine Soldaten. Und das Volk wuchs und gedieh. Bis das Gesicht der Erde seine Züge veränderte. Die Erde sprach zu den Menschen. Nicht mit Worten, aber mit ihrem Altern, mit ihren Falten. Es änderten sich die Flüsse, sie wurden zu Rinnsalen. Es änderte sich die Luft, sie war nicht mehr frisch und rein. Nicht mehr wie die Luft an den warmen Quellen, die einen Tagesweg nach Norden lagen, dort, wo die ersten Tchinde auf die Welt kamen. Es änderte sich die Haut der Erde, sie war nicht mehr feucht und tief und dunkel. Sie wurde trocken und hielt kaum an den Wurzeln des Mais, den die Tchinde so lange schon pflanzten.

Mein Volk verstand, was ihm die Erde mitteilen wollte. Ihre Botschaft lautete: »Lebt auf mir, doch in kleinen Gruppen. Dann gebe ich euch alles, was ihr braucht, um glücklich zu sein und in Frieden zu gedeihen.« Und die Weisen der Tchinde hörten auf die Erde. Sie sahen, daß zu viele Tchinde an einem Ort der Erde schaden, sie verletzen und töten konnten. Und so teilte sich das Volk und bildete Stämme. Denn man hielt sich nicht für besser als die Erde oder über sie erhaben. Die Tchinde waren Teil der Erde und konnten sie nicht sterben lassen. Ein Stamm bildete sich um den Anführer Ari und zog fort an einen Fluß. Dieser Stamm waren die Arivapas. Ein anderer Stamm folgte dem Anführer Koe, wanderte nordwärts und nannte sich Bedonkoe. Ein weiterer ging nach Westen und Süden und wurde die Shoshone. Manche von ihnen zogen noch weiter nach Süden in die Blauen Berge, hinauf unter Wolken und Sterne und nannten sich Ned-nai. Wieder andere gingen nach Osten in die Wälder und den tiefen Schnee. Es waren die Mescal. Es gab welche, die zogen in die Weißen Berge, und welche, die weit nach Norden zu den Pueblo-Stämmen gingen. Sie nannten sich Jicarilla. Nicht weit der Felswand-Siedlungen, den Bedonkoe benachbart, waren die Stätten des Kiefern-Volkes. Die letzten, die fortzogen, waren die Chihinne. Sie fanden die warmen Quellen und lebten fortan in ihren geliebten Schwarzen Bergen.

Und die Erde war glücklich, sichtbar glücklich. Jeder Stamm fand reiche Flüsse, die Haut der Erde war wieder dunkel und voller Kraft, die alles wachsen ließ. Und alles war, wie es Ussen, unser Gott, gewollt hatte. Die Stämme gediehen. Jeder für sich, aber verbunden im Glauben an Ussen. In der Liebe zu Ussen, zu seinem Werk. Und jeder Stamm lebte in Frieden. Träumte von dem, was war und sein könnte, in jener Zeit vor den Soldaten.

9

Die Arivapas. Die Bedonkoe. Die Shoshone. Die Mes-cal. Die Ned-nai. Das Volk der Weißen Berge. Das Kiefern-Volk. Sie alle, wie die Chihinne, hungerten. Starben. Da kamen die Häuptlinge des Kiefern-Volkes und der Bedonkoe mit einigen ihrer Krieger zu uns. Sie hatten sich durch Schluchten und Dickichte an den lauernden Soldaten vorbeigestohlen, ohne entdeckt zu werden. Nachdem die nötigen Vorbereitungen für den Großen Rat getroffen waren, saßen Krieger und Häuptlinge im Kreis. In ihrer Mitte züngelten aus wenigen dürren Ästen kleine gelbe und rote Flammen. Ich lehnte etwas abseits an einer dürren Kiefer und lauschte ihren Reden. Mein Bruder ergriff das Wort. Er sprach mit gesenkter Stimme, sprach warme und sanfte Worte. Ich fühlte mich so wohl, als ruhte ich an einem murmelnden Bach aus. Mein Bruder sprach Worte der Liebe. »Was immer wir tun, was immer wir denken, die Erde und unsere Brüder und Schwestern tragen die Spuren. Und so müssen wir behutsam sein in allem, was wir tun. Oder wir werden sterben, und nicht einmal Erinnerungen bleiben.«

Dann erhob er sich, schritt auf einen Bedonkoe-Krieger zu und stellte sich vor ihn hin. »Es geht um mehr als um den Kampf gegen die Soldaten. Es geht um mehr als um das Töten derer, die uns vernichten wollen. Verstehe, die Soldaten wollen mehr, als unsere Brüder und Schwestern vernichten. Sie wollen unsere Lebensweise auslöschen. Sie wollen unseren Gott vernichten. Und so sage ich dir: Wir müssen behutsam sein in allem, was wir denken und tun. Wir dürfen nicht zulassen, daß uns die Soldaten verwandeln. Kämpfen wir gegen die Soldaten, töten wir sie, dann müssen wir darauf achten, nicht so zu werden wie sie, uns nicht zu verlieren. Unseren Glauben nicht zu verlieren, unseren Gott, unsere Treue zu den Brüdern und Schwestern. Wir müssen den Weg gehen, den unser Volk ging, bevor die Soldaten kamen.«

Mein Bruder blickte auf den Krieger hinab. Dieser war jünger als Beduiat, wenn auch nur wenige Ernten. Ich hatte gehört, was man sich über ihn erzählte. Er hatte die Chihinne auf vielen Feldzügen in das Land des Südens begleitet. Er hatte viel gesehen, viel erlebt. Wie mein Bruder hatte er Elend gesehen. Den Krieg im Süden. Den Krieg in unserem Land. Er hatte an Beutezügen teilgenommen, die uns Fleisch, Pferde und Gewehre brachten. Und er hatte gesehen, wie seine Nächsten im Kampf gegen die Soldaten starben. Frau und Sohn und Tochter hatte er verloren. Und er mußte erleben, wie sein Volk dahinsank, bis nur noch eine Handvoll von ihnen sagen konnte: Wir sind Bedonkoe. Mein Bruder achtete diesen Krieger. Aber er wußte auch, daß dieser Krieger den Keim der Verwandlung in sich trug. Die giftige, schwarze Saat, die von den Soldaten in all jene gesät wurde, die sie nicht töten konnten.

Mein Bruder fuhr mit ruhiger Stimme fort: »Du bist ein mutiger Krieger, das weiß ich. Und du kämpfst, um die Soldaten zu vertreiben. Aber du mußt auf der Hut sein, damit du dich nicht verlierst. Nicht verlierst, was du den letzten deines Volkes sein könntest. Es senkt sich eine tiefe Dunkelheit herab, geschaffen von Soldaten und Goldgräbern, eine Finsternis, die unser Inneres ergreift und zu verwandeln sucht. Die uns zu Soldaten machen will.«

Mit einem Ruck stand der Bedonkoe. Seine breite Brust und die kräftigen Beine zeugten davon, daß er oft beim Shinny mitgemacht hatte. Seine Augen leuchteten hell und ruhig. »Sprich deutlich«, forderte er. »Was willst du mir sagen?«

Und mein Bruder sprach offen: »Du gehst in die Städte im Land des Südens. Du nimmst deine Krieger mit. Du läßt Frauen und Kinder in der Nähe zurück. Du trinkst das gelbe Wasser, das sie Whiskey nennen, mit Leuten, die deinen Tod wollen. Die den Tod eurer Kinder wollen. Das gelbe Wasser hat eine Stimme. Und sie klingt in deinem Kopfe. Sie ruft, und du folgst. Und du verlierst dich. Der Whiskey verwandelt dich. Er ist ein Freund der Soldaten. Er ist ihr Diener. Er verwandelt uns, und einmal verwandelt, sind wir kein einiges Volk mehr. Wir sind nicht mehr ein Wasser, ein Strom. Wir sind allein, einsam, wie die Soldaten. Wenn das geschieht, werden wir ausgelöscht, gleich wie viele Soldaten wir töten.«

Der Bedonkoe hob das Gewehr und richtete den Lauf auf meinen Bruder. Beduiat griff langsam nach der Waffe, nahm sie dem Krieger aus den Händen und ließ den Lauf sinken. »Der Whiskey ruft, und du folgst. Er befiehlt, und du gehorchst. Du gehst in die Städte der Weißen. Denn du brauchst den Whiskey, dich verlangt danach. Du gehorchst und trinkst das, was die Städter dich trinken sehen wollen. Du verlierst dich. Und deine Krieger folgen dir in die Finsternis. Wenn ihr euch verliert, werdet ihr getötet. Oder schlimmer: Die Städter überlassen euch dem dunklen Taumel, reiten hinaus, spüren eure Frauen und Kinder auf und metzeln sie nieder. Weil ihr euch verliert.«

Der Blick des Bedonkoe veränderte sich. Ich sah es, denn er stand in meiner Blickrichtung. Im Schein des Feuers glänzten seine Augen feucht, auf seiner Stirn stand eine tiefe Furche. »Wir gehen in die Städte des Südens, um Gewehre einzutauschen«, stieß er zornig hervor. »Wir handeln mit den Weißen. Um Baumwolltuche für unsere Kleider zu bekommen.«

»Euch zieht es in die Städte, weil der Whiskey ruft«, sagte mein Bruder kühl.

»Warum sagst du das, Beduiat? Warum sprichst du so zu mir?«

»Weil wir jetzt einen Vorstoß in den Süden wagen, um Fleisch und Gewehre zu erbeuten. Ich will nicht, daß du Whiskey trinkst.« Und mit gesenkter Stimme setzte Beduiat hinzu: »Und stirbst.«

Der Bedonkoe warf den Kopf hoch, das Kinn vorgereckt, und sah meinem Bruder fest in die Augen. Beduiat stand still und gab den Blick so gelassen zurück, daß der andere den Kopf wieder sinken ließ. Der sagte nachdenklich und in ernstem Ton: »Du hast Glück, Beduiat. Glück, daß du so stark bist. Daß nur Gedanken deinen Leib bewohnen. Manch einer ist nicht so stark. Du kannst zufrieden sein, daß keine Whiskey-Stimme in dir klingt.«

»Ich werde nicht eher zufrieden sein, als bis alle, die an meiner Seite kämpfen, einen Leib wie meinen haben. In dem kein Verlangen brennt. Der nicht nach Whiskey lechzt.« Mein Bruder reichte dem Bedonkoe das Gewehr und fuhr in sanftem Ton fort: »Wir müssen Rücken an Rücken gegen das Dunkel kämpfen. Aber erst muß jeder herausfinden, was ihm die Finsternis bedeutet und wie sie ihn ruft.« Dann wandte sich Beduiat zu den anderen Kriegern im Großen Rat. »Wohin die Soldaten auch kommen, die Finsternis folgt ihnen. Wohin die Soldaten auch gehen, ihren Weg säumen Leichen. Sie töten uns auf viele Weisen. Aber die größte Gefahr lauert in der Finsternis. Wir können hoch hinauf in die Berge fliehen, uns vor den Jägern verbergen, uns vor ihren Gewehren und dem Kugelregen wappnen. Wir können uns eine Zeitlang unsichtbar machen. Aber gegen die Stimme der Finsternis hilft es nicht. Sie ist wie Luft, unsichtbar, sie durchdringt uns, und wir wissen nicht einmal, daß sie da ist. Bis es zu spät ist. Und wir nach Whiskey verlangen. Und nach Zucker. Nach all den Soldatendingen. Und die Finsternis in unserem Inneren kehrt uns um. Sie macht uns selbstsüchtig. Sie macht uns gierig. Sie läßt uns nur an uns selbst denken. Läßt uns nur noch auf die Stimme lauschen, die uns nach immer mehr Whiskey dürsten läßt.«

Mein Bruder drehte sich zu dem Bedonkoe-Krieger um: »Du hast deine Frau, deine ganze Familie an den Whiskey, an den Kaffee, an das Soldatenzeug verloren. Die Finsternis frißt dich von innen her auf, und du weißt es nicht.«

Der Bedonkoe hob sein Gewehr und drückte Beduiat den Lauf auf die Stirn. Der Hahn klickte, und der Krieger stieß zwischen den Zähnen hervor: »Ich weiß, was sie meiner Familie angetan haben. Dafür werden sie mir mit dem Tode büßen. Es brennt in mir wie Sonnenfeuer.«

Mein Bruder packte den Lauf und schob ihn zur Seite: »Und immer noch trinkst du Whiskey mit ihnen. Mit denen, die deine Frau und Kinder töteten. Du gehst in ihre Stadt, stehst neben ihnen, trinkst, verlierst dich im Dunkel. Und sie, die deine Familie auf dem Gewissen haben, sie haben dir einen Namen gegeben. Einen Namen in ihrer Sprache. Und jetzt nennen dich die meisten aus deinem eigenen Volk mit dem fremden Namen. Sie sagen: ›Da kommt Geronimo.‹ Jedesmal, wenn du Whiskey trinkst, jedesmal, wenn du der Stimme gehorchst und dich verlierst, wirst du zu Geronimo. Und bist nicht mehr Gothlyka, nicht mehr der, der diesen Namen von seinem Vater bekam.«

Der Bedonkoe verteidigte sich: »Wir sorgen dafür, daß die Krieger, die Wache halten, keinen Whiskey anrühren, wenn wir in der Stadt sind.«

»Und hat das euch gerettet?«

Der Bedonkoe schwieg. Er wußte, was Beduiat wollte, denn er war nicht dumm. Jedesmal, wenn sie in die Stadt zogen, gleich wie viele keinen Whiskey tranken und Wache hielten, mußten zahlreiche Krieger ihr Leben lassen.

An die anderen gerichtet, fuhr Beduiat fort: »Ich sage euch: Solange ich lebe, werde ich kämpfen, damit die Finsternis keinen von uns verschlingt. Ich warne euch: Rührt den Whiskey nicht an. Sonst wird er uns alle eines Tages auslöschen und unsere Welt verwandeln. Wer nicht stirbt, wer noch atmet, wird nicht besser sein als die Soldaten, wird ein wandelnder Toter sein. Vergeßt die Finsternis nicht: die unsichtbare Stimme, die sich in uns einzunisten sucht. Vergeßt sie so wenig wie die Gewehre und Kugeln der Soldaten. Denkt daran, was geschehen wird, wenn ihr der Stimme gehorcht und die Finsternis trinkt. Unser Stamm wird ausgelöscht. Ich sage allen Chihinne in dieser Nacht: Wer mit mir in den Süden zieht, wird keine Finsternis trinken. Kein Krieger wird in die Stadt gehen. Dieser Beutezug soll uns Rinder und Pferde, Gewehre und Kugeln bringen. Ihr habt gewollt, daß ich ihn plane: Und so soll es sein.«

Träger Fuß, inzwischen ein alter Krieger, erhob sich und näherte sich hinkend meinem Bruder. »Ich habe sechzig Ernten erlebt«, sagte er, »und so weiß ich, daß Beduiat die Wahrheit spricht.« Die Krieger schätzten und achteten Träger Fuß aufgrund der Großen Kraft, die Ussen ihm verliehen hatte. Sie half ihm, Gewehre und Kugeln aufzuspüren. Und er besaß Macht über die Schlangen. Jedem war klar, daß er in dieser Nacht Häuptling der hier vertretenen Stämme hätte sein können, hätte man ihm nicht in jenem längst vergessenen Krieg im Land des Südens den Fuß zerschossen. Jedermann wußte genau, was Träger Fuß hätte sein können. Und sein sollen. An

Klugheit war ihm kaum jemand gleich. Aber als Kriegshäuptling in Zeiten, da uns die Soldaten auflauerten, mußte man Beutezüge in den Süden anführen können. Und Träger Fuß war ein Krüppel.

Träger Fuß und Beduiat ließen sich Seite an Seite nieder, und der Große Rat beschloß, was auf dem Beutezug in den Süden zu tun sei. Es sollten Pferde genommen werden, Dutzende und Dutzende Pferde, so viele, daß alle Brüder und Schwestern, Chihinne, Bedonkoe, Kiefern-Volk, sie alle, auf Pferden fliehen konnten, wenn die Soldaten kamen. Es sollten Rinder genommen werden. So viele wie überhaupt zu finden waren. Denn alle in den Schwarzen Bergen litten schon Hunger. Die Kalte Zeit stand bevor, und um bis zur Grünen Zeit zu überleben, brauchten wir große Fleischvorräte. Der Bedonkoe-Krieger Gothlyka beschrieb dem Großen Rat, wo viele Pferde zu finden seien. Er nannte den Ort Hacienda. Und die Hacienda sollte überfallen werden. Man beschloß, die Krieger in kleinen Trupps nach Süden ziehen zu lassen. Dort erst sollten sie sich zu ihrem Beutezug zusammenschließen. Man wollte sich an der Quelle des größten Flusses in den Bergen der Tanzenden Lichter treffen. Nachdem die Krieger sich besprochen hatten, erhob sich mein Bruder und blickte in die Runde. »Nun ist die Zeit der Helfer«, sagte er. »Wer mit uns reiten und die Kriegskunst lernen will, der trete in unseren Kreis. Wer auf seinen ersten Kriegszug gehen will, der komme.«

Um Krieger zu werden, mußte ein junger Chihinne erst einem erwachsenen Krieger als Helfer dienen. Als Helfer hatte man die Krieger auf vier Kriegs- oder Beutezügen zu begleiten und seinem Lehrer zu gehorchen. Wenn man, und das war die Voraussetzung, zuvor als Helfer ausgewählt worden war. Dann aber konnte der Krieger alle Treue und allen Gehorsam von seinem Helfer erwarten. Und dieser tat alles, was in seinen Kräften stand. Nach den Beutezügen hielten alle Krieger Rat, um zu beschließen, wer in den Kriegerstand erhoben werde. Es gab viele junge Chihinne, die wie ich abseits im Schatten der Krieger standen und lauschten. Manche wollten Helfer werden, unter ihnen welche, die sich vor den Kämpfen fürchteten. So traten nur wenige in die Mitte des Großen Rates. Das kurze Gewehr in den Händen, schritt ich zu meinem Bruder. Zwei Jünglinge, die weniger Ernten zählten als ich, stellten sich dazu.

Ein hochgewachsener, grobschlächtiger Krieger des Kiefern-Volkes erhob sich und deutete mit dem Finger auf mich. »Hat diese junge Frau einen Mann? Will sie Helfer ihres Mannes werden? Jeder weiß, wie es sein soll. Eine Frau, die keinen Mann hat, darf die Beutezüge nicht begleiten. So ist es immer gewesen. Den unverheirateten Frauen ist es verboten, Helfer oder Krieger zu werden. Sie dürfen nicht einmal mit den Kriegern reiten.«

Und so war es. Nur verheirateten Frauen war es erlaubt, an Beutezügen teilzunehmen. Und auch dann nur mit der Einwilligung ihrer Männer.

Der Krieger, er hieß Shish-kay-nay, schritt auf mich zu. Er war dickleibig, fast fett. Das lange, schwarze Haar, mit Rindertalg eingefettet, lag ihm fest und glänzend um den Schädel. Aus dem faltigen, verschlossenen Gesicht starrten schmale Augen, in denen ich las, daß er viele Soldaten und Goldgräber getötet hatte. Er sagte, daß alle es hören konnten: »Du bist eine junge Frau, fast noch ein Kind. Das hier ist nichts für dich. Du hast wohl noch nicht einmal einen Mann, dem du folgen kannst?«

»Nein, ich bin nicht verheiratet«, antwortete ich.

»Dann hast du hier nichts verloren. Du wirst uns auf den Beutezügen zur Last fallen, ich sehe es dir an. Dein Gesicht tut, als wüßte es alles. Aber am Ende wird der Krieger, dem du helfen sollst, dir helfen müssen. Dein Gesicht macht zwar glauben, du wüßtest viel, aber du solltest bei den Tipis bleiben und uns Pferdefleisch kochen.«

Mit gesenkter Stimme gab ich zurück: »Es kommt die Zeit, und sie kommt bald, da wird Ussen mir eine Große Kraft geben. Eine Kraft, die auch dich schützen wird.«

Shish-kay-nay hob die Brauen und lachte lautlos: »Du besitzt keine Große Kraft. Du bist fast noch ein Kind. Jetzt blähst du dich auf und sprichst große Worte. Dein Bruder steht ja neben dir. Und es sind keine Soldaten hier, die nur darauf warten, dich niederzuschießen. Was wird aus deinem Mut, wenn ihre Gewehre krachen? Du wirst weglaufen. Zu deiner Mutter laufen und dich ausweinen.«

Shish-kay-nays Worte trafen mich wie Schläge. Sie schnitten mir ins Herz, das sich öffnete wie eine Hand und mir meine Mutter zeigte, die über mir starb, um mich zu retten. Das Blut schoß mir zu Kopfe, wie ich Shish-kay-nay anstarrte. Und dann handelte ich, handelte unbesonnen. Ich sprang den riesigen Krieger an, packte ihn um den Hals und stieß ihm das Knie in die Leistengegend. Er zuckte zusammen, wankte, und ich konnte ihn zu Boden reißen. Es kam zu überraschend für ihn. Stöhnend wälzte er sich herum, stützte sich auf die Ellbogen und sah mich mit offenem Mund an. Da hatte ich, vor seinem riesigen Schädel kniend, schon das Messer in der Faust und krallte ihm meine Linke ins Haar. Flüsternd, mit Tränen in den Augen, stieß ich hervor: »Meine Mutter starb auf mir liegend. Sie deckte mich mit ihrem Leib. Sie starb für mich. Damit ich leben konnte.« Die Klinge meines Messers zitterte vor seinen Augen. Ich rückte mit dem Gesicht nahe an seinen Kopf heran: »Wenn die Soldaten schießen, gibt es keine Mutter, zu der ich laufen kann. In mir gibt es nur noch ein Bild von ihr. In meinen Leib, in mein Herz hat sich die Erinnerung eingegraben. Die Erinnerung an meine sterbende Mutter, an meine Mutter, die auf mir liegt. Sie atmet nicht, ist leblos, liegt auf mir. Wenn die Soldaten schießen, sehe ich meine Mutter. Sie liegt schwer auf mir. Aus meinem Inneren kommt sie. Wenn die Soldaten auf mich schießen, wenn sie auf dich schießen, sehe ich meine Mutter. Und ich liebe sie. Und ich werde mich, wie der Bedonkoe, an den Soldaten rächen. Die Kugel, die durch sie schlug, der Säbel, der sie aufschlitzte, es wird ihnen leid tun.«

Ich zitterte am ganzen Leib. Und ich schluchzte. Der Atem stieß mir in Brust und Schultern, daß sie nur so flogen. Dann sprang ich auf. Shish-kay-nay erhob sich. Neben uns stand mein Bruder, das Gewehr in der Hand. Der fette Krieger sah mich an und wandte sich dann langsam zu meinem Bruder: »Ich werde mit den Chihinne auf vier Kriegszüge gehen. Und ich werde keine Finsternis trinken. Und auf die vier Beutezüge nehme ich als Helfer diese hier mit.« Er hob langsam die Hand und deutete auf mich. »Und wenn sie sich bewährt, werden die Chihinne einen neuen Krieger haben.«

10

Die beiden Jünglinge waren zu mir in den Kreis getreten und hatten ebenfalls Krieger gefunden, die sich ihrer annahmen. Uns wurden die Helfer-Gebote genannt:

> Schweige stets.
> Tue stets, was dein Krieger dir aufträgt.
> Denke die Gedanken deines Kriegers vor ihm selbst zu Ende.
> Handle nach den Gedanken deines Kriegers.
> Trinke Wasser nur mit einem Strohhalm.
> Wende dich nicht um, um zurückzublicken.
> Gebrauche nur Kriegspfad-Worte.

Als wir die Helfer-Gebote vor dem Kriegsrat wiederholt hatten, war die Weihe abgeschlossen. Die Krieger verließen den Platz, um sich zum Schlafen niederzulegen. Ich schlüpfte in das Tipi meines Bruders und streckte mich neben den schrägen Bahnen aus Hirschleder aus. Ich schloß die Augen, fand aber keinen Schlaf, denn ich zitterte immer noch. Dann hörte ich Schritte draußen. Jemand näherte sich meinem Schlafplatz im Tipi. Ich hörte Shish-kay-nay flüstern, der sich draußen hingekauert hatte und seinen Kopf an das Tipi legte: »Lozen, mein Helfer.«

»Ja«, antwortete ich leise.

»Du weißt, warum wir auf den Beutezügen andere Worte gebrauchen?«

»Ich weiß es ungefähr«, flüsterte ich.

»Weil wir, Chihinne, Bedonkoe, Kiefern-Volk, den Krieg verabscheuen. Der Krieg ist so schmutzig und finster wie der Whiskey. Krieg ist Finsternis. Er verwandelt uns, wie uns der Whiskey verwandelt. Seit die ersten Soldaten auftauchten, ist unser Leben anders geworden. Einigen ist über dem Kämpfen und Töten das Herz erkaltet. Andere, die sich vor dem Gemetzel fürchten, verlieren ihre Kraft und die Gabe der Menschenliebe. Der Krieg, die Furcht vor dem Krieg, die Angst, langsam und qualvoll zu sterben, diese Angst schüttelt manchen. Und mancher zerbricht daran. Wie die Äste der Kiefern unter der Last des nassen Schnees brechen. Einmal zerbrochen, wird dieser Mensch schroff, er wird verletzend scharf und spitz wie gesplittertes Holz. Der Krieg verwandelt uns, Helfer Lozen. Manche versuchen, diese Verwandlung aufzuhalten. Das ist unsere Art, zurückzuschlagen: Wir wollen, daß unsere Brüder und Schwestern füreinander da sind, daß Liebe ihnen den Weg weist. Im Dorf, in den Tipis sagen wir uns sanfte Worte, die uns Frieden schenken. Sanfte Worte, die in uns Bilder von Bäumen oder Flüssen, von der Sonne, dem Mond oder den Sternen wachrufen. Mit den Worten des Friedens fühlen wir uns geborgen und warm. Und wer sich geborgen und warm fühlt, kann nicht verletzend schroff und scharf sein.«

Und ich sagte, um Shish-kay-nays Gedanken vor ihm selbst zu Ende zu bringen: »Deshalb hüten wir die Worte des Friedens, die uns Geborgenheit und Wärme geben, indem wir eine andere Sprache, die Kriegspfad-Worte gebrauchen, wenn wir kämpfen, töten und sterben müssen. Wir schützen unsere guten Worte. Wir halten sie rein, schützen sie vor dem schmutzigen Krieg.«

»Ja, Helfer Lozen. Für die Kiefer und den Fluß, für die Sonne und den Mond gebrauchen wir dann andere Worte. Um unsere sanften Worte zu schützen. So haften an ihnen keine schlechten Erinnerungen. Wir verbinden sie nicht mit Töten und Sterben, mit schmutzigem Krieg.«

Und wieder dachte ich Shish-kay-nays Gedanken zu Ende: »Wenn die Soldaten mich töten, werden manche Brüder und Schwestern trauern. Weil sie mich lieben. Und so wird es sein, wenn du getötet wirst, wenn Beduiat getötet wird. Aber wer traurig ist, muß weiterleben, denn er kann nicht ewig trauern. Wenn aber die Worte, die er spricht, durch Erinnerungen an den Krieg beschmutzt sind, werden immer mehr Chihinne, die mit ihm sprechen, immer trauriger, und ihre Trauer nimmt kein Ende.«

Und dann hörte ich, wie mein Bruder fortfuhr: »Die Trauer wird schließlich alle Chihinne auslöschen. Denn sind unsere sanften Worte beschmutzt, will sie niemand mehr gebrauchen. Und so sprechen die Brüder und Schwestern nicht mehr miteinander. Dann werden die Chihinne an Einsamkeit sterben. Jeder für sich, allein. Einsam aus Furcht, daß beschmutzte Worte gebraucht werden, sobald ihm ein anderer Chihinne begegnet. So bleiben sie einsam, allein. Versinken in Trauer.«

Und Shish-kay-nay sagte: »Und sind unsere Brüder und Schwestern einsam, dann sterben sie. Nach der Einsamkeit kommt nur der Tod.«

Ich hörte nicht mehr zu. Ich sank in tiefen Schlaf. Am nächsten Morgen, wie an den folgenden vier Tagen, lehrte mich Shish-kay-nay die Kriegspfad-Worte.

11

Dann war es soweit: Der erste Kriegszug, an dem ich als Helfer teilnahm, begann. Und ich dachte Shish-kay-nays Gedanken, bevor er sie aussprechen konnte. Ich stillte meinen Durst nur, indem ich Wasser durch einen Strohhalm einsog – es sollte mich Geduld lehren. Ich richtete jeden Abend den Schlafplatz meines Kriegers her, indem ich lange Grasbüschel schnitt und sie auf dem Boden ausbreitete. Und ich machte jeden Abend ein Feuer neben seinem Schlafplatz, damit er es in der Zeit der Schlangen warm hatte. Jeden Abend tränkte ich sein Pony und ließ es grasen, und anschließend putzte ich sein Gewehr. Ich sprach nur, wenn ich dazu aufgefordert wurde. Und die Worte, die meine Lippen verließen, waren Kriegspfad-Worte.

Schließlich, eines Morgens – die Sonne war noch nicht über den Horizont gestiegen – griffen wir die Hacienda an. Es wimmelte dort von Rindern, Pferden und Soldaten. Ich war mit den Kriegern losgeritten, die beiden anderen Helfer blieben im Lager oben in den Bergen der Tanzenden Lichter zurück.

Shish-kay-nay hatte leuchtenden Ocker auf mein Gesicht aufgetragen und Blitze aus roter Erde von der Stirn über die Wangen gezogen.

Es war meine erste Kriegsbemalung.

12

An vieles, was sich auf dem Ritt zur Hacienda zutrug, kann ich mich nicht mehr erinnern. Ich kann nicht mehr sagen, wie lange wir ritten, nicht mehr sagen, wie die Pfade und Wege aussahen, die wir nahmen. Ich weiß nicht einmal mehr, wer neben mir ritt, oder ob wir eine langgezogene Kette bildeten. Mit großen Abständen zwischen den einzelnen Kriegern, ob es also unsere Schlachtordnung war, mit der wir uns vor einem Hinterhalt zu schützen pflegten. Meine Erinnerung versagt. Denn ich fühlte mich, als würde ich in einen Strudel gerissen, in einen Sog, der mich tiefer und tiefer hinabzog, schneller und schneller. Bis alles um mich herum verschwamm, sich trübte, zum Nebel wurde. Zu einem Nebel, den ich weder sah noch fühlte, der die Erinnerung an Einzelheiten verwischte. Ich ertrank im Nebel.

Ich schmeckte nicht einmal den Staub, der sich aus der ausgedörrten Ebene um die Hacienda herum erhob. Aber er muß dort gewesen sein. Denn die Soldaten pflegten die Erde um ihre Lager zu entblößen. Sie schlugen alles kahl, rissen Gräser und Sträucher heraus und wandten den Erdboden um. Ich spürte keine Sonne auf meinem Rücken, aber sie muß dagewesen sein. In unserem Rücken, und die Soldaten mußten die Sonne im Gesicht haben. Grelles, gleißendes Licht, denn im Land des Südens brannte die Sonne fast den ganzen Tag. Aber selbst sie konnte den Nebel nicht durchdringen. Ich hatte Angst. Lozen, vom Strudel verschluckt, Lozen, vom Sog in die Tiefe gerissen, schneller und schneller, bis mich jemand packte und vor dem Ertrinken rettete. Aus den Schleiern schälte sich die Gestalt meines Bruders heraus. »Lozen«, hörte ich ihn sagen, »du und Nadazai, ihr dringt heimlich bis zur Koppel vor und nehmt die Pferde. Die Soldaten werden uns angreifen, dann ist das Gatter unbewacht. Schafft die Pferde zum Lager. Und wartet nicht auf uns. Los jetzt!«

Nadazai, wenige Monde jünger als ich und bereits ein Krieger, wandte sich um. Ich folgte ihm. Schüsse krachten, Gebrüll erfüllte die Luft. Das Töten und Sterben hatte schon begonnen. Gedeckt von unseren Kriegern, denen die Soldaten hinterherjagten, erreichten wir die Koppel.

Aufgeschreckt vom Krachen der Gewehre rasten die Pferde im Kreise herum. Es waren wirklich Soldatenpferde: Sie waren groß und kräftig, meist Rappen, und mußten reichlich Futter gehabt haben. Nadazai erreichte das Gatter zuerst. Er glitt vom

Pony, öffnete den Pferch und ging langsam hinein. Vergeblich versuchte er, die verängstigten Tiere aus dem Gatter zu drängen. Wiehernd und schnaubend jagten sie um ihn herum und wirbelten dichte Staubwolken auf. Verzweifelt feuerte Nadazai sein Gewehr ab. Er hoffte, daß ihm die Pferde gehorchten und ihm hinaus ins Freie folgten.

Aber das Donnern der Hufe nahm kein Ende.

Der Boden zitterte unter unseren Füßen. Die Panik der Pferde erinnerte mich an den Strudel, von dem ich mich in die Tiefe gezerrt gefühlt hatte. Ich brauchte nur das Wirbeln und Jagen zu sehen, um zu wissen, daß der Nebel ihnen die Sinne raubte, ein Nebel, so dicht wie der aufgewirbelte Staub. Sie spürten nichts außer ihrer Angst, der Angst davor, daß erneut Schüsse aus den Staubwolken krachten. Nadazai hustete und spuckte, der Staub legte sich wie eine farblose Haut auf ihn. Geduckt kam er zu mir gerannt. »Versuch du es, sie hören nicht auf mich.«

Ich überlege nicht lange und schiebe mich zwischen die zitternden und schwitzenden Pferde. Bis ich in ihrer Mitte stehe. Ich hebe beide Arme und strecke sie zur Seite aus, das Gewehr in der Linken. Aber ich brauche es nicht. Ich schließe die Augen, halte die Arme ausgestreckt. Warum, kann ich nicht sagen. Ich weiß es nicht. Ich denke nicht. Ich stehe nur da und spüre, wie sich jäh der Wind erhebt, durch den Staub fegt und in mich dringt. In meinem Inneren läßt er den Samen keimen, den Ussen in mich hineinpflanzte, als ich noch ein Kind war. Der Wind läßt den Keim zum Sproß wachsen, läßt ihn aufschießen, bis er mich ausfüllt. Er riecht wie feuchter Erdboden in der Morgensonne. Der Sproß wird zum Baum, und der Baum, geboren durch den Wind, findet Worte und spricht zu den Pferden: »Ich und Lozen, wir sind Freunde.« Und die Pferde hören und verstehen es. Stille.

Ich öffnete die Augen und ließ langsam die Arme sinken. Um mich herum standen die Pferde reglos, völlig reglos. 20 oder mehr Soldatenpferde, groß, schwarz, dampfend, standen still um mich herum. Ich legte einem die Hand auf die Nase und küßte es unterhalb der Mähne auf die Stirn. Dann schritt ich aus der Koppel und stieg auf mein Pony. Ich wandte es nach links und ritt langsam, das Krachen und Schreien hinter mir lassend, zum Fuß der Berge der Tanzenden Lichter.

Bei den flachen Ausläufern angelangt, stieg ich ab und fand mich unvermittelt von Pferden umgeben. Manche kamen nahe an mich heran und drückten ihre Mäuler auf meine Brust, andere begannen das frische Gras zu rupfen, und wieder andere trotteten heran, um mich zu beäugen und den Baum in meinem Inneren zu beschnuppern. Einem jeden tätschelte ich die Nase, keines wandte sich ab oder scheute. Dann stieg ich wieder aufs Pony und schlug den Weg zu unserem Berglager ein. Nadazai hielt sich hinter uns. Die ganze Zeit war er mir und meinen Pferden in einigem Abstand gefolgt. Wie er später gestand, in völligem Unglauben.

Als die Krieger an diesem Abend zurückkehrten, hatten sie gut zehn mal zehn Rinder und ein Dutzend Gewehre erbeutet. Keiner hatte sein Leben lassen müssen. Sie bewunderten meine Pferde, die still auf dem abgeflachten Bergkamm grasten. Nadazai berichtete meinem Bruder von der Koppel. Bald kam Shish-kay-nay zu mir. Er beugte sich über mich, als ich seine Schlafstätte herrichtete: »Lozen, Ussen hat dir eine Große Kraft verliehen. Die Große Kraft des Pferdes. Die Kraft, die uns überleben hilft.« Mehr sagte er nicht.

An diesem Abend war ich weiterhin mit den Aufgaben des Helfers beschäftigt. Ich zündete ein kleines Feuer neben der Schlafstätte meines Kriegers an. Ringsherum schichtete ich frisches, grünes Gezweig, damit die Flammen von fern nicht entdeckt wurden. Nachdem alles gerichtet war, legte ich mich inmitten meiner Pferde zum Schlafen. In jener ersten Nacht mit ihnen, noch im Einschlafen, hörte ich sie in ihrer Pferdesprache sprechen. Ich spürte, wie sie langsam herantrotteten, um mich ausgiebig zu beschnuppern, und hörte eines von ihnen sagen: »Sie riecht gut, diese junge Frau mit dem Baum. Wir können ihr vertrauen, denn sie liebt uns.«

13

Bald schlossen sich der zweite und dritte Beutezug an. Alles verlief wie beim ersten. Die Krieger griffen die Soldaten auf ihrer Hacienda an, Nadazai und ich schlichen uns zum Gatter und befreiten die Pferde. Und der Baum in meinem Inneren blühte, die Pferde folgten und vertrauten mir.

Der vierte und letzte Kriegszug, an dem ich als Helfer teilnahm, war anders. Die Zeit des Weißen Spuks war gekommen. Über dem Dorf lag eine steifgefrorene Schneedecke. Und es wurde beschlossen, auf einen weiteren Beutezug zu gehen, um genug Fleisch und Pferde für die Weiße Zeit zu haben. Der vierte Kriegszug begann wie die anderen auch. Wir zogen nach Süden zu den Bergen der Tanzenden Lichter, ich verrichtete meine Arbeit als Helfer. Wieder überfielen die Krieger eine Hacienda, wieder nahmen Nadazai und ich die Pferde. Der Baum in meinem Inneren trieb aus und blühte, und die Pferde rochen, daß ich sie liebte. So folgten sie mir wieder zum Lager.

Dabei geschah es. Auf dem Rücken meines Ponys sitzend, träumte ich vom Kriegsrat, sah das Feuer in seiner Mitte flakkern und hörte das Murmeln und Raunen der Krieger. Sie sprachen darüber, wie ich meinem Krieger geholfen hatte. War ich tapfer, war ich schweigsam gewesen? War ich umsichtig, war ich gehorsam gewesen? Träumend sah ich, wie ich vor den Rat gerufen wurde, sah, wie man mich zum Krieger erklärte.

Plötzlich wurde ich aus meinen Träumen gerissen: Wie aus der Erde gewachsen erschien ein einzelner Reiter vor meinen Augen. Fort waren der Kriegsrat und das Feuer. Fort war die stolze Kriegerin. Vor mir jagte jemand auf einem Soldatenpferd dahin wie ein gelber Blitz am Abendhimmel. Soldaten waren ihm auf den Fersen. Von Angst ergriffen, wandte ich mich ohne nachzudenken um und rief meinen Pferden zu: »Wartet hier. Bleibt bei Nadazai. Reißt nicht aus, folgt mir nicht, ich komme zurück. Bleibt alle hier.« Nadazai kam auf mich zugeritten: »Stimmt etwas nicht, Lozen?«

Ich sagte nur: »Wenn ich nicht bald wieder zurück bin, bringst du die Pferde ohne mich zum Lager«, und preschte davon, das Gewehr in der Rechten, den gelben Reiter und seine Verfolger fest im Blick.

Die Soldaten waren ihm bereits gefährlich nahe. Vor mir lag eine strauchbewachsene Anhöhe, die Reiter und Jäger passieren mußten. Wenn ich den Hügel rechtzeitig erreichte, hätte ich die Verfolger unter mir und könnte sie niederschießen. Ich erreichte die Hügelkuppe in dem Augenblick, als die Pferde unten vorbeigaloppierten. Mir blieb keine Zeit, vom Pony zu springen und sorgfältig zu zielen, ich riß das Gewehr hoch und schoß. Der erste Soldat wurde in den linken Arm getroffen und, als sein Rappe hochstieg, aus dem Sattel geworfen. Die anderen sahen mich und argwöhnten einen Hinterhalt – wie die Soldaten, die mein Bruder in den Wiesen unterhalb unseres Bergdorfes angegriffen hatte. Die Verfolger halfen mit fahrigen Bewegungen dem verletzten Anführer wieder in den Sattel, warfen ihre Pferde herum und stoben davon. Ich wartete, bis sie außer Sicht waren, um sicherzugehen, daß sie uns nicht zum Lager folgten. Dann wandte ich mich um, und vor mir stand Gelber Geist.

»Wieder hat ein Chihinne mir das Leben gerettet«, sagte er lächelnd.

»Folge mir«, forderte ich ihn auf, »unser Lager ist ganz in der Nähe. Dort bist du in Sicherheit.« Er verstand nicht, denn ich hatte Kriegspfad-Worte gebraucht. Also bedeutete ich ihm mit einem Wink meines Armes, mir zu folgen, wie mein Bruder es getan hatte, damals, als Gelber Geist aus den Blumen geboren wurde. Gelber Geist verstand.

14

Abends im Lager vermied ich es, mit Gelber Geist zu sprechen. Er saß, während wir gemeinsam mit Nadazai auf die Rückkehr der Krieger warteten, eine Zeitlang neben mir. Doch ich schwieg, wenngleich meine Gedanken nur um ihn kreisten. Es machte mich schwindeln.

Würde er dieses Mal bei den Chihinne bleiben? Wie lange würde er bleiben? Und wenn er fortginge, wohin würde es ihn ziehen? Wenn er von mir ginge, würde er eines Tages den Soldaten des Südens oder den Blauen Soldaten in die Hände fallen und niedergeschossen werden? Daß selbst er, der aus den Blumen Geborene, sterben müßte? Und wenn er bliebe, bei mir bliebe, für immer bei mir bliebe, würde er mich lieben? Wie ich ihn liebte? Wenn er bliebe, würde er spüren, wirklich, tatsächlich fühlen und verstehen, daß ich ihn liebte? Wenn er spürte, daß ich ihn liebte, würde er meine Liebe erwidern? Würde er mit mir leben wollen? Für immer?

An diesem Abend begann ich mich zu fragen, ob er, an meiner Seite sitzend, spüren konnte, wie sehr ich ihn liebte. Konnte er es meinem Gesicht, meiner auf- und niedergehenden Brust, meinen Augen, meinen Händen ansehen und spüren, was sich in mir regte? Sah er, wie es aus mir heraufglühte wie die kleinen Feuer, die ich für Shish-kay-nay anzündete? Und wenn er wirklich in mein Herz sah und in Gesicht und Augen las, würde er wirklich verstehen, daß dieses Glühen ihm galt? Würde es ihn glücklich machen? Oder würde er mich für töricht halten, würde er wie die weißen Soldaten über mich denken? Würde er mich für eine üble, schmutzige Apachen-Frau halten? Würde er jemals den Mund einer Apachen-Frau küssen wollen? Würde er sich neben einer schmutzigen Apachen-Frau ausstrecken? Den Rest seines Lebens mit ihr verbringen?

Lautlos, in meinen Träumen, meinen Gedanken, schweigend, sprach ich zu ihm: »Wir sind keine Apachen, Gelber

Geist. Wir sind das Volk der Roten Erde. Wir sind Chihinne. Keine Apachen. In meiner Familie wird niemand Apache genannt. Wenn du mich heiratest, wirst du eine Chihinne zur Frau haben. Eine Frau, die ihr Leben für ihr Volk geben würde.«

Plötzlich krachte Donner in die Stille, Blitze zuckten über das Lager. Am flackernden Nachthimmel sah ich Vater und Mutter. Im grellen Schein waren sie deutlich zu erkennen. Und ich sah die Soldaten, die am Fuße der Berge lauerten. Ich sah, daß Vater und Mutter auf meine Rückkehr warteten. Darauf warteten, daß ich an den Soldaten vorbeischliche und Fleisch brächte, damit die Chihinne die Weiße Zeit überleben konnten.

Doch Vater und Mutter waren tot.

Sie brauchten weder Pferde noch Rinder. Aber ich begriff den Sinn dessen, was ich am Himmel sah: Die Chihinne brauchten mich.

Das Bild entglitt mir wieder. Neben Gelber Geist sitzend, träumte ich wieder vom Kriegsrat. Ich hörte die Krieger über mich sprechen. War ich gehorsam, war ich still und tapfer gewesen? Hatte ich nur Kriegspfad-Worte gebraucht? Hatte ich mich einmal aus Furcht zu schnell umgewandt? War ich tapfer, war ich mutig gewesen? Mutig genug, eine Kriegerin zu sein? Ich schloß die Augen und lauschte auf eine Antwort.

Aber es kam keine Antwort aus dem Traumrat. Statt dessen platzten die Krieger, keuchend und unter dem Dröhnen der Hufe, in meinen Traum hinein. Sie waren erschöpft und mit Krusten aus Staub und Schweiß bedeckt. Ich sprang auf, als ich sah, wie mein Bruder sich vom Pony gleiten ließ. Von seiner Stirn rannen Schweiß und Blut. Vor Gelber Geist brach er zusammen, nach Luft ringend. Er sprach Kriegspfad-Worte: »Meine Schwester, suche die Kräuter, die mich heilen.« Ich kannte die Stellen, wo das Kraut des Lebens wuchs; ich war darauf gestoßen, als ich Dürrholz für das Feuer meines Kriegers suchte. Jetzt rannte und stolperte ich los, fast besinnungslos vor Angst, um sie zu schneiden. Aber ich kannte die Pflanze, selbst im Dunkeln fand ich sie – die Nopal-Pflanze, das Kraut des Lebens.

Als ich noch ein kleines Kind war, hatte meine Mutter mich gelehrt, wie das Kraut anzuwenden ist, damit es Wunden heilt. Viele Male hatte sie mir gezeigt, welche Vorbereitungen zu treffen waren, bevor die Wunde damit behandelt werden konnte. Ich hatte nichts vergessen. Ich zupfte die aufrechtstehenden Blütenblätter ab und knickte jedes einzelne in seiner Mitte. Dann hielt ich sie über eine Flamme, bis der Saft aus der Bruchstelle hervorquoll. Nachdem ich Staub und Blut mit frischem Wasser und einem Fetzen Baumwolltuch von meinem Hemd aus der Kopfwunde gewaschen hatte, träufelte ich den Saft der Blätter auf das hellrote Fleisch. Die Wunde war tief. Eine Kugel, ein Streifschuß, hatte Haut und Fleisch über dem Schädelknochen fingerlang aufgerissen. Ich ließ den Saft über das rohe Fleisch rinnen und preßte anschließend die Blätter auf die Wundränder. Zum Schluß wickelte ich ein Tuch um den Kopf. Dann wurde mein Bruder vom Schlaf übermannt. Er wurde heiß in dieser Nacht. Sish-kay-nay, Nadazai und ich wachten an seiner Seite, um zu helfen. Der Schweiß rann in Bächen von seinem glühenden Leib, dann wurde Beduiat kalt und zitterte von Kopf bis Fuß. Wir hüllten ihn in mehrere Decken. Als der Morgen anbrach, hatte das Zittern aufgehört, und Beduiat fror nicht mehr. Er richtete sich auf, und als die Sonne genau über uns stand, stieg er auf sein Pony und führte uns nordwärts in die Schwarzen Berge. Auf dem Weg ins Dorf war auch Gelber Geist dabei.

15

Im Dorf herrschte große Erleichterung, daß mit uns auch Rinder und Pferde zurückgekehrt waren. Und wie es unser Brauch war, gingen sie in den Besitz derer über, die sie gefunden hatten: Alle Pferde gehörten mir. Aber es war auch unser Brauch, daß der, der viel hatte, an jene gab, die wenig hatten. Und so kamen sie zu mir, die Brüder und Schwestern, nachdem ich für Beduiat, seine Frau und die beiden Kinder sowie für mich Pferde bestimmt hatte.

Es kam Shish-kay-nay, er wollte ein Pferd. Es befremdete mich, denn er besaß bereits viele Pferde, nicht nur Ponys. »Gib mir ein altes«, sagte er, »ein schwaches.«

»Wieso?« wollte ich wissen.

»Natürlich um es zu essen«, sagte er rundheraus. »Seit langem habe ich kein Pferdefleisch mehr gegessen. Oben, wo die Mähne ansetzt, unter der Haut der Stirn, da sitzt das zarteste und süßeste Fleisch.«

Ich wußte, daß viele begonnen hatten, Ponys und Soldatenpferde zu essen, um nicht zu verhungern. Ich tat es nicht, niemals würde ich es wollen. Ich wollte auch nicht ein Pferd, das Zutrauen zu mir hatte, weggeben, damit es gegessen würde. Ich zögerte noch, Shish-kay-nay zu sagen, er möge sich selbst ein Pferd suchen.

»Stimmt etwas nicht, Lozen?« fragte er.

»Ich mag nicht daran denken, wie das Stirnfleisch meiner Pferde in deinen Magen wandert«, antwortete ich, ohne ihn anzusehen.

»Ah, ich verstehe. Du magst deine Pferde.«

»Ja. Sie vertrauen mir.«

Und Shish-kay-nay ging davon. Im Weggehen wandte er den Kopf und sagte mit lauter Stimme: »Ich achte deine Gefühle, Lozen. Ich habe selbst ein lahmes Pony mit zartem Fleisch über der Stirn.«

Es kam Nadazai, er wollte ein Pferd. Nicht, um es zu essen. Er bat mich um ein großes, kräftiges Tier. »Du besitzt so besondere Gaben«, meinte er süßlich. »Du bist ein besonderer Chihinne. Man nennt dich schon die Pferde-Fängerin. Die Große Pferde-Fängerin. Der Große Rat wird dich gewiß zum Krieger ernennen.«

»Du streichst mir Honig ums Maul, weil du etwas von mir willst«, gab ich zurück. »Wenn du es hast, wirst du wieder stachlig wie ein Kaktus.«

Er hörte gar nicht zu. »Zauberin Lozen, Ussen hat dir eine Große Kraft verliehen, gib mir ein starkes, schnelles Pferd.«

Ich fand den schmelzenden Ton unerträglich und hieß Nadazai, sich selbst ein Tier auszusuchen. Fast glücklich über seinen Sieg, zog er ab. Als ich ihm nachsah, spürte ich plötzlich die Nähe von Träger Fuß. Ich wandte mich um und sah ihn auf mich zuhinken. Seine weisen Augen blickten warm.

»Lozen«, begann er, als er vor mir stand, »wir mißbrauchen die Große Kraft nicht, um Späße zu treiben. Sie kann auch gefährlich sein. Vor allem ist sie eine ernste Angelegenheit. Kein Kinderspiel.«

»Es tut mir leid, wenn ich ...«

Er schnitt mir das Wort ab. »Du bist kein Kind mehr. Nur Kindern tut etwas leid, nur Kinder glauben, damit könnte ihr Fehler wiedergutgemacht werden. Du bist jetzt eine Chihinne-Frau. Mit einem ›Es tut mir leid‹ wird nichts mehr gerichtet. Eine Entschuldigung holt keinen Toten wieder ins Leben zurück. Und du oder Nadazai oder irgendein anderer, ihr könntet sterben, wenn ihr Späße mit der Großen Kraft treibt, wenn ihr den Sinn darin nicht versteht.«

»Wie könnte eine Kraft uns schaden, die gut ist und von Ussen kommt?« zweifelte ich.

»Das kann leicht geschehen, Lozen. Du, ich, viele andere wissen, daß deine Große Pferde-Kraft den Chihinne überleben hilft, denn auf den kräftigen Pferden können sie den Soldaten leichter entkommen. Aber es gibt unter uns auch solche, die auf einmal den Kopf sehr hoch tragen. Sie denken nur an sich selbst. Die Soldatenkrankheit hat sie schon angesteckt, der Neid nagt an ihnen. Sie wünschen, sie besäßen deine Gaben. Weil sie neidisch sind, wollen sie dir vielleicht unrecht tun. Es schert sie wenig, daß sie damit allen Chihinne schaden. Sie erliegen der Soldatenkrankheit. Wenn sie dich verletzen können, erleichtert es sie; sie fühlen sich überlegen. Vielleicht ziehen sie im Dorf umher und flüstern, du seist eine Hexe und mißbrauchtest die Große Pferde-Kraft, um den Chihinne Schaden zuzufügen, nicht um ihnen zu helfen. Sie wollen glauben machen, du seist der Grund, wenn jemand abgeworfen wird und sich verletzt.«

»Aber ich würde keinem Chihinne auch nur ein Haar krümmen.«

Seine Züge entspannten sich, und Träger Fuß fuhr in sanftem Ton fort: »Das weiß ich, Lozen. Ich wußte es schon, als du noch ein Kind warst. Ich kenne deine Gefühle, deine verborgendsten Gefühle. Aber andere kümmert es nicht, daß du dein Volk liebst. Die Soldaten haben sie verwandelt.«

»Aber ich käme nie auf den Gedanken, daß eine Kraft, die wir von Ussen bekamen, uns schaden könnte.«

»Die Soldaten haben vieles verändert, Lozen. Und die Große Kraft, auch wenn sie von Ussen kommt, ist davon betroffen. Magst du eine Geschichte hören, Lozen?«

Ich hatte Träger Fuß schon immer gern gelauscht, und so ließen wir uns auf dem Stamm einer umgestürzten Kiefer nieder.

»Die Große Kraft senkt sich nur in ganz wenige Menschen, Lozen. Weißt du, was die Kraft wirklich ist?«

»Ich glaube, es ist ...«

Wieder unterbrach er mich: »Rate nicht, Lozen. Nur Kinder versuchen, wichtige Dinge zu erraten. Chihinne-Krieger müssen sich sicher sein, vollkommen sicher sein, bevor sie sprechen, vollkommen sicher sein, wenn sie etwas Wichtiges zu sagen haben. Chihinne-Krieger reden erst, wenn sie sehr viel gelernt haben. Dann erst sprechen sie. Ich habe gelauscht und gelernt, und so weiß ich, wovon ich rede, wenn ich von der Großen Kraft spreche: Sie ist die ewige Kraft des Lebens. Sie ist es nicht nur auf dieser Welt, sondern auch in der Welt der Sterne, auch in der Welt der Ameisen. Die Kraft des Lebens wohnt in den Bergen, sie wohnt im Jenseits, sie wohnt im Tal des Glückes. Die Kraft, die uns Ussen verleiht, Lozen, ist die Kraft des Lebens, die Kraft der Liebe. Sie weht mit dem Wind, wandert mit den Sternen, durchdringt die Erde. Sie strömt, sie kreist, sie ist ewiger Kreislauf. Seit dem Anfang aller Dinge. Sie strömt und schwingt und fließt, und sie hört erst auf zu fließen, wenn sie nicht mehr gebraucht wird. Wenn das Leben nicht mehr gefährdet ist. Wenn die Liebe nicht mehr gefährdet ist. Die Kraft des Lebens, die Kraft der Liebe, sie fließt, sie schaut, sie wartet. Sie fließt und lauscht, fließt und fühlt. Sie fließt, bis ihr ein Herz wie deines begegnet, Lozen. Bis ihr ein Mensch, ein Tier oder ein Baum begegnet, der die Erde liebt. Die ganze Erde liebt, die ganze Schöpfung, Sterne, Bäume, Tiere, Berge. Und die Menschen.«

»Und dann«, sagte ich bedächtig, mich vergewissernd, daß ich verstand, »und dann senkt sich die Kraft des Lebens in jenen, der die Erde liebt. Und sie kämpfen vereint um das Leben der Erde. Um die Liebe.«

Träger Fuß fuhr fort: »Denn wohnt keine Liebe auf der Erde, dann weiß die Kraft des Lebens, die Kraft der Liebe, daß die Erde sterben wird. Und wenn die Welt untergeht, ist die Große Kraft einsam, und Dunkelheit senkt sich herab. Leere breitet sich aus, wo einst die Erde war. Ist erst eine Welt gestorben, verschlingt die Finsternis, die Leere, auch andere Welten, die Welt über uns und die Welt unter uns, die Welt in uns und die Welt im Jenseits, das Tal des Glückes. Deshalb will die Kraft nicht, daß sich die Finsternis, die Kälte, der Haß ausbreiten. Deshalb vereinigt sie sich mit dem Wolf, dem Baum, dem Berg, der gelben Blumenwiese, dem Mädchen der Chihinne, und gemeinsam halten sie die Welt am Leben und stiften Frieden. Wie Ussen es gewollt hat.«

Träger Fuß hielt inne und atmete tief, dann rieb er die Kälte aus seinen Beinen. »Denke daran, Lozen, denke stets daran, daß die Große Kraft seit allem Anfang unter uns wohnt. Ussen hat die Welt aus dieser Kraft erschaffen, aus der Kraft der Liebe. Mit der Zeit vergessen die Menschen die Wahrheit, erst die Soldatenmenschen und nun auch einige unserer Brüder und

Schwestern. Sie wissen nicht mehr, wie die Welt erschaffen wurde und wie man in ihr leben soll. Diese Menschen lieben nicht mehr. Sie verschließen ihr Herz, lassen es erkalten und hart werden, sie verlieren den Glauben an die Kraft des Lebens, an die Kraft der Liebe. Sie glauben nur noch an sich selbst, werden selbstsüchtig. Die Kraft des Lebens hofft darauf, daß wir einander lieben, damit die Erde leben kann, eine Welt ist für Wölfe und Hirsche und Bäume und Chihinne. Auf der irgendwo ein Ort ist, zu dem die Soldaten zurückkehren können, an dem sie die Wahrheit, die Liebe, wiederfinden können.« Seine Augen wurden feucht, er senkte den Blick und flüsterte: »Denke stets daran, Lozen, daß die Kraft des Lebens die Erde erhalten will. Deshalb kommt sie zu uns und hilft uns. Siegen die Soldaten, und töten die Goldgräber eines Tages alle Berge und Flüsse auf der Suche nach dem krankmachenden Gold, dann, dann wird unsere Welt untergehen. Von Soldaten und Goldgräbern vernichtet werden, nachdem alle Chihinne und alle Tiere ausgelöscht wurden. Die Große Kraft senkt sich in dich, damit du Licht in die Finsternis bringst. Sie senkt sich in dich, damit ihr gemeinsam die Welt vor dem Untergang bewahrt.«

Träger Fuß erhob sich langsam und unter Schmerzen und hinkte auf die Herde der schweigend dastehenden Pferde zu.

16

Die Zeit des Kriegsrates war gekommen. Es wurde ein Feuer angezündet, um das sich die Krieger der Chihinne, der Bedonkoe und des Kiefern-Volkes niederließen. Ich hielt mich abwartend in der Nähe und lauschte aufmerksam auf das, was die Krieger sagten. Zunächst ging es um die Überfälle auf die Haciendas, dann um die beiden Jünglinge und mich. Die Krieger berichteten, wie ich gehandelt hatte, wie ich geredet hatte, wie ich geritten war, bei der Befreiung von Gelber Geist gekämpft hatte und wie ich die Helfer-Gebote befolgt hatte. Ein jeder sagte schließlich: »Sie besitzt die Große Kraft des Pferde-Fangens.«

Dann wurde Shish-kay-nay aufgefordert, sein Urteil über mich abzugeben. Er sollte über mich entscheiden. »Die junge Frau ist mir aufmerksam zur Hand gegangen«, sagte er. »Sie ist von kleinem Wuchs, aber sie hat ein großes Herz. Was immer der Rat darüber befinden mag, für mich ist sie bereits eine Kriegerin und verdient hohe Achtung.«

Der Rat stimmt ab, und es wurde einmütig entschieden, daß ich nun eine Kriegerin war. Von nun an konnte ich die Beutezüge in den Süden begleiten.

Mein Gesicht hatte sich gerötet. Ich ging zum Tipi meines Bruders, es war Schlafenszeit. Vor dem Tipi wartete Gelber Geist. Seine Freude war ihm anzusehen, als er sagte: »Ich war mir sicher, daß der Rat dich so sieht, wie ich dich sehe, Lozen. Ich freue mich für dich.«

Ich schlüpfte ins Tipi. Und konnte nicht schlafen. Als die Sonne wiederkehrte, war ich noch wach. Ich hatte immer noch Herzklopfen.

17

Während der Weißen Zeit schlief Gelber Geist nicht in unserem Dorf. Er verschwand jeden Abend in das Reich der Schlangen. Die Chihinne pflegten die Klapperschlangen des Nachts nicht zu stören. Wenn möglich überließen wir die Nacht ganz ihnen und hielten uns dicht bei unseren Feuern und Tipis. Lang und dünn, hin- und herschlängelnd, warteten die Klapperschlangen auf die Dunkelheit, begierig zu jagen und zu töten. In der Sonnen-Zeit waren sie fort, verborgen in den Nischen und Spalten, Löchern und Gruben in der Welt der Ameisen. Was sie dort taten, ob sie Schlangenspiele trieben oder kleinere Tiere erbeuteten und ganz verschluckten, es kümmerte uns wenig. Auf die Nacht kam es uns an, auf die Zeit der Schlangen, wo sie hervorkamen, raschelnd, huschend, auf der Jagd nach Beute oder dem Fleisch der Chihinne. Wer tief in das Reich der Schlangen eindrang, war in großer Gefahr, durch einen Biß tödlich verletzt zu werden. Man konnte in der Dunkelheit nicht klar sehen, nicht rechtzeitig merken, worauf man trat. Setzte man den Fuß neben oder gar auf eine Klapperschlange oder trat ein Pony mit einem Huf darauf, dann schnappte sie mit ihren Giftzähnen zu. Erst machte ihr Gift krank, dann tötete es.

Die Chihinne trugen Mokassins mit hohen Schäften, die bis zum Knie reichten. Aus derben Tierhäuten gefertigt, sollten sie uns vor Schlangenbissen schützen. Das Leder konnten die Giftzähne nicht durchdringen. Und wenn es denn sein mußte, daß wir uns des Nachts durch das Schlangenreich bewegten, dann trugen wir diese hochschäftigen Mokassins. Aber sie gehörten bereits der Vergangenheit an, der Zeit vor meiner Geburt. Als die Soldaten und Goldgräber in unser Land drangen, schlachteten sie die Tiere ab. Und es hatte ein Ende mit der Herstellung unserer Mokassins. Als die Tiere verschwunden waren, jagten die Soldaten uns, hetzten uns Tag und Nacht. Wir kämpften und flohen, ritten und rannten und verbargen uns, auch im Reich der Schlangen. Und die Schlangen bissen mit spitzen Zähnen zu. Chihinne wurden krank, Chihinne starben.

Träger Fuß besaß Macht über die Schlangen. Er besaß die Große Kraft, den zu heilen, der von Klapperschlangen gebissen worden war. Aber der Gebissene mußte Träger Fuß sehr rasch aufsuchen, um gerettet zu werden. Und Träger Fuß rettete manchen. Aber nicht alle. Deshalb wagten sich die Chihinne, seit die Soldaten da waren, kaum aus ihren Tipis, wenn die Zeit der Schlangen anbrach.

Anders Gelber Geist.

Er verließ uns jeden Abend schweigend und geräuschlos. Er verschwand in der Dunkelheit, und niemand folgte ihm. Nicht nur aus Furcht vor den Schlangen - wir achteten seinen Wunsch, allein zu sein.

In jener Zeit des Weißen Spuks lag lange tiefer Schnee. Der Wind verbündete sich mit dem Schnee und blies seinen eisigen Hauch in unsere Leiber. Er beschützte das kalte Weiß, bewahrte es vor dem Schmelzen. Und wir hatten kaum zu essen. Die Rinder, die wir aus dem Land des Südens mitgebracht hatten, waren in unsere Mägen gewandert. Jetzt kamen die Brüder und Schwestern und baten mich um Pferde. Ich konnte nicht anders, ich mußte die Tiere hergeben. Damit sie, unsere Reit- und Lasttiere, verzehrt werden konnten. Ihre Zahl schrumpfte. Und wir litten schlimmen Hunger. Die Krieger, zu denen ich jetzt gehörte, saßen zu Rate. Sie hielten es für zu gefährlich, im hüfttiefen Schnee nach Süden zu ziehen, dort Rinder zu erbeuten und sie an den Soldaten vorbei ins Bergdorf zu treiben. Wir konnten nur hoffen, daß Ussen uns bald die Grüne Zeit bringen würde. Und so warteten wir.

Auch als der Große Hunger kam, blieb Gelber Geist bei uns. So wie mein Bruder und ich Tag für Tag den Kindern zusahen, die den quälenden Hunger eine Zeitlang zu vergessen suchten, stand auch er an unserer Seite. Noch hatten die Kinder die weit geöffneten Augen in den Himmel gerichtet und warteten auf neue Schneefälle. Für uns Ältere bedeutete neuer Schnee, daß immer mehr Chihinne verhungern mußten. Die Kleinen wußten noch nichts von unseren Nöten, sie konnten sich mit dem weißen Glanz vom brüllenden Hunger ablenken. Der Schnee war für sie etwas Wunderbares. Für sie lebten Zauber und Schönheit darin. Für sie war er ein Geschenk Ussens. Viele Tage lang betrachteten wir die Kinder. Der Wind trieb tanzende Schneeflocken im Kreise herum, und jedes Kind suchte sich eine Flocke aus, hielt den Blick darauf geheftet und sprang ihr nach. Sie ließen ihre Zungen heraushängen und quietschten und quiekten, wenn sie ihre Flocke gefangen hatten, um sie im warmen Mund zergehen zu lassen. Ein jedes Kind auf der Jagd nach seiner Schneeflocke.

Und viele Tage saß Gelber Geist inmitten der Schar der Kinder, wenn das Schneetreiben vorbei war, und lauschte gemeinsam mit ihnen den Geschichten, die mein Bruder, Träger Fuß und ich erzählten. Beim Geschichtenerzählen konnte ich Gelber Geist lange und genau betrachten. Ich sah, wie er mit den Chihinne-Kindern umging, und ich spürte, daß er sie liebte. Er sprach mit ihnen in sanftem Ton, und aus seinen Augen blickten Wärme und Achtung. Aber ich bemerkte noch etwas anderes, etwas Seltsames. Es war etwas Merkwürdiges an seinem Verhalten. Auch daran, wie er sich den Älteren gegenüber verhielt. Er berührte niemanden. Er faßte niemals einen Chihinne an. Niemals. Er vermied auch die leichteste Berührung und hielt die Hände dicht am Körper. Ich bemerkte sogar, daß er nicht einmal seinen Atem über uns streichen lassen wollte. Es war nicht zu übersehen: Beim Einatmen sah er uns oder die Kinder offen an. Atmete er aber die Luft, die in seinem Leib nicht mehr gebraucht wurde, aus, dann wandte er sich jedesmal ab und ließ den Atem in die Leere strömen. Er atmete tief und frei wie wir Chihinne. Ich sah es genau, meine Augen trogen nicht. Er atmete lange und tief ein und hielt die Luft lange fest. Wenn er sie nicht länger halten konnte, weil sie aus ihm herauspreßte, wandte er sich ab und atmete dahin aus, wo niemand stand oder saß. Ich konnte es genau sehen, es war die Wahrheit. Es war sehr kalt in der Weißen Zeit, selbst in den Tipis. Und jeder, der einatmete, ließ die Luft auch bald ausströmen, wobei sich von Mund oder Nase weißer Nebel löste. Bei Gelber Geist sah ich nie, daß sein weißer Nebel einen Chihinne berührte.

Ich verstand nicht, warum er sich auf diese Weise absonderte, warum er uns nicht berührte. Seinen Augen war abzulesen, daß er die Kinder liebte und bei ihnen sein, daß er ihnen Wärme und Geborgenheit geben wollte. Aber warum zog er sich dann so zurück? Einmal wurde ich Zeuge, wie er ein Kind fast berührt hätte. Er hatte wohl für einen Augenblick die Mauer zwischen sich und den anderen vergessen und wollte einem kleinen Mädchen die Wange tätscheln. Kurz bevor sich seine Hand auf das Kindergesicht legte, zog er sie fast ruckartig zurück und preßte sie an seinen Körper: Nicht einmal dann, wenn er sich fast vergaß, ließ er seine Hand oder seinen Atem einen Chihinne berühren.

Viele Tage und Nächte kreisten meine Gedanken um Gelber Geist. Warum bloß sonderte er sich ab? Ich dachte lange nach, ich grübelte, und ich fand keine Antwort. Und so schob ich eines Nachts jeden Gedanken an die Klapperschlangen beiseite. Ich dachte auch nicht mehr an die Soldaten, die mir im Schutze der Dunkelheit auflauern konnten. Ich zog den Hungerstrick enger um den Bauch, um den quälenden Schmerz zu unterdrücken, und folgte Gelber Geist aus dem Dorf.

Es fiel Schnee, die Kälte schnitt in die Haut. Ich hatte mich mit einem Umhang aus Hirschfell geschützt und mir zusätzlich eine Decke um die Schultern geschlagen. Ich blieb so dicht wie möglich hinter Gelber Geist. Wohin er ging, wußte ich nicht, aber ich wollte ihm folgen und ihn an seinem geheimen Ort zur Rede stellen. Ich wollte wissen, warum er sich von meinen Brüdern und Schwestern zurückzog. Und von mir. Aber es gab noch einen anderen Grund, warum ich ihm folgte. Jedesmal, wenn er in der Dunkelheit verschwand, hörte ich in mir eine Stimme flüstern: »Eines Nachts, Lozen, wird er in das Reich der Schlangen gehen und nie mehr wiederkehren.« Ich wollte der Stimme nicht glauben und versuchte, sie nicht zu beachten. »Du liebst Gelber Geist«, wiederholte sie ständig. »Du liebst ihn, aber er wird verschwinden und nie mehr wiederkehren.«

Ich schlich ihm leise in die Dunkelheit nach. Bald stellte sich heraus, daß er zur Höhle hinaufstieg, von der aus Beduiat und Nadazai ihn das erste Mal gesehen hatten. Er blieb auf dem Grat der Bergflanke stehen. Ein Schritt weiter, und er wäre über die Kante in die Tiefe gestürzt. Ein kleiner Schritt, und er würde an den zerklüfteten Felsen da unten zerschmettert werden. Ich hatte Angst. Und wenn er sich nicht zu Tode stürzte, würden ihn die Soldaten töten.

Also verzichtete ich darauf, ihn weiter zu beobachten und abzuwarten, wohin er seinen nächsten Schritt lenken würde. Ich wußte, daß er kein Kind der Berge war, kein Chihinne war. Er lebte nicht in Frieden mit den Felsen. Anders die Chihinne. Wir wuchsen hier auf – als Kinder tollten und rollten, krochen und schlichen, rannten und ritten wir über alle Falten und Schründe im Gesicht unserer Berge. Wir wußten, wie sich ihre Haut anfühlte. Wir kannten jede Falte, jeden Riß, jeden Buckel, jeden Flecken, ob feucht oder trocken, lose oder fest. Wir kannten jedes Grasbüschel. Wir kannten jeden Stein. Wir wußten, ob er nachgab, wenn wir darauftraten, oder ob er unser Gewicht trug. Wir wußten, wo wir sicher Tritt fassen konnten und wo nicht. Aber Gelber Geist war kein Chihinne. So konnte ich nicht warten und zusehen, wie er in die Tiefe stürzte.

Mit wenigen Sätzen war ich bei ihm, zwischen ihm und dem Abgrund. Nur Zehen und Ballen hielten mich auf der Felskante, die Fersen schwebten schon über der Tiefe. Und ich verlor das Gleichgewicht. Ich kippte hintenüber, es würde ein Sturz in den Tod. Plötzlich krallten sich zwei Hände um meine Arme. Gelber Geist hielt mich gepackt, zog mich über die Kante und lehnte mich gegen den Felsen. Er hatte den Sturz verhindert. Und mich berührt. Sobald er mich in Sicherheit wußte, zog er die Hände fort und rief zornig: »Warum hast du das getan?«

Ich sah zu ihm auf. Schneeflocken hatten sich ihm auf Nase und Wangen, auf das gelbe Haar gelegt. »Ich wollte dich nicht erschrecken. Ich fürchtete, du würdest dich zu Tode stürzen. Hätte ich von dort unten deinen Namen gerufen, hättest du vor Schreck abstürzen und sterben können.«

Sein Zorn verflog: »Du bist töricht, Lozen.«

»Das habe ich schon einmal gehört«, meinte ich. Dann fragte ich: »Warum bist du hierhergekommen? Warum schläfst du nicht im Dorf? Es ist nicht gut, in der Zeit der Schlangen allein zu sein. Du kannst gebissen werden oder den Soldaten in die Hände fallen.«

Traurig, in ruhigem Ton, entgegnete er: »Es ist gefährlich für mich, über Nacht im Dorf zu bleiben.«

»Warum?«

Er betrachtete die eisige weiße Haut der Felsen. Schneeflokken senkten sich sacht auf seine Stirn und Wangen und verwandelten sich in winzige Rinnsale, die sein Gesicht hinunterliefen. »Ich bin ein merkwürdiger Mensch, Lozen.«

»Wie meinst du das?« fragte ich erstaunt.

Er wandte sich um, schritt wieder zur Felskante und hockte sich nieder. Er nahm einen überfrorenen Stein aus dem Schnee und rieb ihn ab. Es kam rotbraune Farbe zum Vorschein.

»Du siehst diesen Stein, Lozen?«

Ich nickte.

»Es ist euer Stein und eure Erde, die daran klebt.«

»Chihinne bedeutet das Rot bemalte Volk. Wir bemalen uns mit Erde von rotbrauner Farbe.«

»Ja, ich weiß, Lozen. Und ich weiß auch, daß du und dein Stamm hierher in die Berge gehört wie dieser Stein. Ihr, die Berge, die Erde, der Stein, die Chihinne, ihr gehört zusammen. Es ist gut für euch, mit dieser Erde zu leben. Sie stärkt euch, sie hält euch gesund. Sie läßt eure Bäume reiche Früchte tragen. Ihr seid gut füreinander, Stein und Erde, Berge und Chihinne. Und ich, Lozen, ich gehöre sowenig hierher wie die Soldatenmenschen.«

»Aber du bist kein Soldat«, widersprach ich, »kein Goldgräber, du gehörst nicht zu den Rinderleuten, nicht zu den Stadtleuten. In deinem Herzen bist du ein Chihinne.«

»Aber in meinen Adern fließt nicht das Blut der Chihinne. Ich bin kein Chihinne.« Er sah mich an, und er weinte. »In unseren Herzen, Lozen, sind wir gleich. Tief in unserem Inneren sind wir uns gleich. Wir lieben die Erde. Wir lieben die Chihinne. Aber in mir gibt es etwas, was es nicht in euch gibt.«

»Wir sind gleich, gleich«, erwiderte ich. »Nur daß du gelb bist und aus Blumen geboren wurdest.«

Er wandte den Kopf und sah nach Norden, wo die schneebedeckten Gipfel liegen mußten. »Du mußt jetzt versuchen zu verstehen, was ich dir sage. Versuche es, bitte.« Er richtete sich auf und sah mich an: »Einst, vor langer Zeit, wurde ich in einem fernen Land auf dieser Erde geboren. Der Ort, an dem ich zur Welt kam, heißt Bramsche. Er liegt in einem Land, das Deutschland genannt wird. Und dieses Land liegt weit, unvorstellbar weit jenseits dieser Berge, aber es ist immer noch auf der Erde. Dort wuchs ich auf und kam zusammen mit vielen Menschen aus anderen Orten über ein großes Wasser. Und wir drangen in euer Land ein. Es war ein großer Fehler, das zu tun. Siehst du, jeder gehört irgendwo hin, dorthin, wo er geboren wurde. Und diesen Ort sollten wir nicht verlassen. Aber genau das taten ich und viele andere.«

»Warum hast du deine Heimat verlassen?« fragte ich leise.

»In der Zeit, als ich geboren wurde, kamen so viele Kinder zur Welt, zu viele. Und diese Kinder wurden nicht geliebt, sowenig wie ich geliebt wurde. So wurden aus Knaben Männer, die schreckliche Kriege führten. Aus Kindern wurden kräftige, gesunde Männer und Frauen, aber sie liebten nicht. Wir liebten nicht, weil wir selbst nie geliebt wurden. Niemand kümmerte sich um mich, und so lernte ich, daß Menschen sich gleichgültig sein können. Und nachdem ich in dem fernen Land in vielen Kriegen gekämpft hatte, kam ich über das große Wasser. Und hier traf ich auf Menschen wie die Chihinne.«

»War es mein Stamm?« fragte ich.

»Sie lebten wie dein Stamm. Aber sie nannten sich anders, ich weiß nicht mehr wie. Doch hatten sie denselben Glauben. Und liebten die Erde.«

»Und du bist nicht allein gekommen?« fragte ich sanft.

»Ich kam mit vielen anderen.« Er drehte mir seinen Rücken zu und fuhr fort: »Als ich diesen Boden betrat, wurden ich und viele andere zu Soldaten und Goldgräbern. Und für uns alle wurde das Töten zur Gewohnheit. Wir töteten die Chihinne, die sich anders nannten. Wir töteten sie mit Gewehren, wir töteten sie mit etwas, was wir in unseren Leibern trugen. Siehst du, Lozen, ich komme aus einer anderen Welt, aus einem anderen Teil der Erde, Europa genannt.« Er blickte auf den Stein in seiner Hand. »Ich und alle diese Menschen gehören nicht hierher. Nicht in deine Welt. Wir sind nicht wie dieser Stein, nicht wie diese rotbraune Erde. Und weil wir anders sind, machen wir euch, die ihr wie dieser Stein seid, sehr krank. Mit der Luft, die ich ausatme, oder dem Speichel meines Mundes, Lozen, könnte ich euch töten.«

»Du bist ein Chihinne«, beschwor ich ihn.

»Nein, Lozen, ich bin kein Chihinne. Ich trage eine Krankheit in mir, die den Menschen meines Volkes keinen großen Schaden zufügt. Weder den Soldaten noch den Goldgräbern, noch den Rinderleuten oder Stadtleuten. Sie tragen dieselbe Krankheit in sich, aber den Chihinne schadet diese Krankheit sehr, und nur den Chihinne. Sie tötet nur Chihinne.«

Ich wollte nichts mehr hören. Seine Worte bedeuteten so viel. So viel für meine Zukunft, für meine Zukunft als seine Frau. »Wir sind rein«, erklärte ich. »Das ganze Dorf zieht zweimal von Ernte zu Ernte an einen anderen Platz, damit Luft und Erde ausruhen und sich erneuern können. So bleibt alles rein. Wir atmen neue Luft. Der Ort, an dem das alte Dorf stand, schläft und wird stark und gesund, wird rein.«

»Aber wir, Lozen, die Menschen meines Blutes, wir leben in riesigen Dörfern, den Städten, und in unseren Körpern leben unzählige Keime. Diese Keime können uns zwar krankmachen, aber wir sterben nicht daran. Euch töten sie.«

»Und töteten sie auch die anderen Chihinne, bei denen du warst?«

»Von ihnen ist nicht einmal die Erinnerung geblieben.«

»Warum sind die Soldaten gekommen, warum sind sie hierhergekommen? In die Welt der Chihinne und der Brüder und Schwestern, die sich anders nennen? Ich kann mir nicht vorstellen, daß ich mein Dorf verlassen und an einen so fernen Ort gehen würde.«

»In unserem Inneren breitet sich Finsternis aus, Lozen. Es begann, als wir noch Kinder waren. Meine Mutter und mein Vater, die selbst als Kinder ungeliebt waren, konnten auch mich nicht lieben. Und als ich zum Mann wurde, wußte ich nicht, wie man liebt, wie man die Erde, die Menschen liebt. Ich liebte mich selbst nicht. So viele Kinder aus dem Erdteil, den man Europa nennt, wurden nicht geliebt. Und niemand lehrte sie zu lieben. Wie ich, wuchsen sie im Zorn auf, und tief in ihrem Inneren haßten sie die Welt. Nirgendwo fühlten wir uns warm und geborgen, geliebt. Wir hatten kein Heim, kein richtiges Zuhause. Und als wir über das Große Wasser kamen, hatten wir somit auch kein Zuhause aufgegeben. Wir waren nur fortgegangen, von dem einen Ort zu einem anderen gezogen. Mit uns gingen Wut und Zorn. Mit uns ging der Haß. Und wieviele Brüder und Schwestern der Chihinne sind nur noch Erinnerung. Manche sind nicht einmal das.«

»In dir ist kein Haß, Gelber Geist, das spüre ich.«

»Es gibt ihn nicht mehr. Er verließ mich, als dein Stamm mir das Leben rettete. Bei ihm fand ich das erste Mal eine Heimat. Und Haß, Wut und Zorn verschwanden. Ich war kein Soldat mehr.«

Plötzlich sah ich Gelber Geist nicht mehr. Ich kann gar nicht sagen, was wirklich geschah. Es schien, als sei Gelber Geist zu Nebel geworden und verweht, in den sternenlosen Himmel verschwunden. Ich weiß nur, daß ich mit einem Mal allein dastand. Dann, irgendwann in der Nacht, war Beduiat bei mir. Mit ihm, ohne Gelber Geist, stieg ich langsam ins Dorf hinunter. Auf dem Weg fragte ich: »Wird er morgen zurückkommen?«

»Ja«, antwortete Beduiat, »denn er liebt dich.«

18

In jener Weißen Zeit widmete ich einen großen Teil der dämmrig-trüben Tage meinen Pferden. Die einst große Herde war geschrumpft. Der Schnee lag hoch, und die Pferde hatten so etwas noch nie gesehen. Sie kamen aus dem Land des Südens, über dem die Sonne brannte und die Luft flimmerte. Und so wußten sie nicht, wie sie durch den Schnee an das Gras kommen sollten, das sie am Leben halten würde. Immer wieder schob ich an vielen Stellen mit Händen und Schalen den Schnee beiseite und deutete auf das Gras darunter. Sie standen da und beäugten mich. Dann versuchte ich, ihnen beizubringen, wie sie selbst an das Gras gelangen konnten. Manche waren gelehrig und gruben mit Nase und Hufen Löcher und Lücken in die Schneedecke, um zu grasen. Aber vielen gelang es nicht. Jeden Tag legte ich neue Weidestellen frei, aber es reichte nicht aus. Tief in der Nacht, wenn der Wind heulte und selbst die Wölfe froren, tief in der Nacht, in der Zeit der Schlangen, wenn die Sonne am weitesten fort war, hatten meine Pferde kein Gras in ihren Mägen. Und wie Männer, Frauen und Kinder mit leeren Mägen, konnten sich auch die Pferde nicht warmhalten.

In jener Weißen Zeit fand ich morgens viele meiner Pferde erfroren. Manche standen starr, manche lagen im Schnee. Sie waren tot, mit Schnee und Eis verwachsen.

Jeden Tag ging ich zur Herde und schaufelte todbringenden Schnee. Jedem einzelnen Pferd redete ich zu und sagte ihm, was zu tun war, um Gras zu finden. Aber es waren Pferde aus dem Süden. Und sie verstanden nicht. Sie konnten nicht verstehen.

Jeden Tag ging ich zur Herde und schaufelte todbringenden Schnee. Und wenn ich spürte, daß ein Pferd die Nacht nicht überleben würde, rieb ich langsam und zärtlich seine Nase und ließ den Baum in meinem Inneren sagen, daß ich es liebte. Daß ich um Verzeihung bat.

Shish-kay-nay und mein Bruder holten die toten Pferde, zerlegten sie und brieten die Stücke über einem kleinen Feuer. Sie gaben sie an meine Brüder und Schwestern. Und an mich.

19

Die Sonne hatte wieder Kraft. Und wärmte die Erde. Das Eis, das die Schneedecke überzog, begann zu schmelzen. Dann schmolz auch der Schnee. Die Flüsse begannen wieder zu fließen und schwollen an. Frisches, grünes Gras begann zu sprießen. Die Kiefern waren von ihren Schneelasten befreit, leicht und frei reckten sie ihre Äste. Von meinen Pferden hatten vier überlebt.

Und die Chihinne überlebten.

Es wurde Kriegsrat gehalten, damit wir uns auf die Soldaten vorbereiten konnten, die nun, vom Schnee und der beißenden Kälte nicht mehr behindert, ihre Angriffe planten. Aber ich bekam gar keine Gelegenheit, mit den anderen Kriegern zu beraten. Eine alte Frau, es war Nadazais Großmutter, kam herbeigeeilt, so schnell ihre Füße sie noch trugen, den Saum ihres Baumwollrockes mit den Händen haltend. »Nadazai ist vom Pferd gestürzt«, rief sie, »dem großen, das du ihm gegeben hast. Er liegt jetzt im Tipi und bewegt sich nicht mehr, er öffnet die Augen nicht.«

Mein Bruder, der nicht weit bei den anderen Kriegern gestanden hatte, kam und fragte: »Atmet er noch? Bewegt sich die Brust?«

»Er atmet schwach, die Brust bewegt sich kaum«, antwortete die alte Frau. »Und er schläft tief, er wacht nicht auf. Man sieht keine Wunde. Er muß die Pferde-Krankheit haben. Nur Lozen kann ihm helfen.« Sie sah mich an. »Komm mit und hilf uns mit deiner Großen Pferde-Kraft, damit er wieder aufwacht und wie vorher wird.«

Ich folgte Nadazais Großmutter und trat in das Tipi. Seine Eltern, die dort warteten, verließen das Tipi, als sie mich sahen. Und ich war allein mit Nadazai, dem Freund, den ich seit meinen Kinderjahren kannte.

Als ich zustimmte, ihm zu helfen, hatte ich eine schwere Last auf mich genommen. Seine Familie glaubte, daß er von der Pferde-Krankheit befallen sei und nur ich ihm helfen könnte. Aber ich wußte nicht wie.

Wie konnte ich seinen tiefen Schlaf beenden, wie konnte ich Nadazai das Leben zurückgeben? Welche Mittel sollte ich anwenden, welche Worte sagen? Ich konnte Pferde dazu bringen, mir zu folgen. Ich konnte mich entspannen, um den Baum in mir wachsen zu lassen. Und die Pferde vertrauten dem Baum, vertrauten mir, gehorchten mir, denn sie wußten, daß ich sie liebte. Und daß der Baum sie liebte. Aber meinen Freund heilen, ihn ins Leben zurückholen, konnte ich das? Das war etwas ganz anderes.

Ich sah auf Nadazai hinunter. Er lag still, man hatte ihm seine rote Decke eng um den Leib geschlungen. Was sollte ich sagen? Was sollte ich tun, damit er zu sich kam? Ein Gedanke stieg in mir auf. Er riet mir: Denke an deine Pferde, lasse den Baum in dir wachsen.

Ich vertraute auf diesen Rat. Vielleicht würden die Äste und Zweige sich recken, zu Nadazai reichen und Blüten und Früchte in ihm wachsen lassen. Und Nadazai, der gern Früchte aß und den Duft der Blüten roch, würde aufwachen und riechen und schmecken wollen, was Ussen uns gab. Also handelte ich, ich wollte es versuchen. Ich entspannte mich, streckte dann die Arme zu beiden Seiten aus, schloß die Augen und stand dicht vor meinem Freund. Ich wartete darauf, daß der Baum wuchs und seine mit Früchten behangenen Äste nach Nadazai ausstreckte.

Ich wartete. Ich wartete wie ein Adler, der über der versteckten Beute kreist.

Ich wartete darauf, daß etwas geschah.

Ich wartete vergebens. Ich fühlte keinen Baum in mir wachsen. Ich fühlte keine Äste mit Früchten und Blüten. Ich fühlte mich wie Lozen, eine ganz gewöhnliche Lozen. Ohne den Baum der Kraft in meinem Herzen. Ich ließ die Arme sinken und öffnete die Augen. Nadazai schlief seinen Todesschlaf.

Zweifel quälten mich. In diesem Augenblick hatte ich vergessen, was Träger Fuß mich über die Große Kraft gelehrt hatte. Nun dachte ich, es sei eine Täuschung gewesen, es sei nur Liebe, der die Pferde folgten. Ich dachte, ich besäße keine Kraft, sie gehorsam zu machen. Sie gehorchten mir, nicht weil ich Macht über sie besaß, sondern weil ich sie liebte und mich um sie mühte. Weil ich sie liebte und schonte, deshalb waren sie zahm und folgten mir. Sie folgten mir nur, weil ich sanfter mit ihnen umging als die Soldaten. Sie achteten mich, nicht weil ich die Große Kraft besaß. Ich besaß gar keine wirkliche Kraft. Ich liebte meine Pferde nur. Und schonte sie.

Ich ließ mich mit hängendem Kopf dicht neben Nadazai auf den Boden sinken. Ich war ratlos. Ich fühlte mich wie eine Lügnerin, wie eine Schwindlerin, wie eine Betrügerin. Ich besaß keine Große Pferde-Kraft, und deshalb war die Zeremonie sinnlos, sie konnte meinen Freund nicht von der Pferde-Krankheit heilen. Ich hatte meine Brüder und Schwestern belogen und betrogen. Ich hatte sie glauben gemacht, ich besäße die Kraft des Pferde-Fangens. Ich hatte sie glauben gemacht, daß ich und niemand anderes Nadazai retten konnte. Und bald, sehr bald würde ich als Mörder eines Chihinne dastehen. Denn Nadazais Familie hatte meine Lügen geglaubt und mich um Hilfe gebeten. Mich und keinen anderen. Jemanden, der ihm wirklich das Leben hätte retten können. Jetzt mußte Nadazai sterben. Weil ich eine Betrügerin war.

Ich hob den Blick und sah Nadazai an. »Ich kann dir nicht helfen«, sagte ich. »Ich weiß, du bist seit vielen Jahren mein

Freund, und ich liebe dich wie einen Freund. Ich möchte, daß du wieder zu dir kommst. Ich möchte, daß du lebst und in unserem Dorf mit mir das Alter teilst. Vielleicht wirst du eines Tages sogar Häuptling. Wie du es immer wolltest. Ich will nicht, daß du stirbst. Mich verläßt. Aber ich weiß keine Worte, keine Zeremonie, die dich ins Leben zurückholt. Ich kann die Pferde-Krankheit nicht von dir nehmen. Ich habe nicht die Kraft dazu. Es war alles Lüge.«

Plötzlich bemerkte ich, daß wir nicht allein waren. Ich wandte mich um und erschrak. Nahe dem Eingang saß schweigend Träger Fuß. Er hatte alles gehört.

»Du hast viel vergessen, meine Schwester«, flüsterte er.

Ich war niedergeschlagen und weinte. »Was vergessen?«

Daß die eigentliche Kraft ist, die Welt zu lieben. Wenn deine Liebe die Liebe zum Leben und nicht nur zu dir selbst ist, dann wird sich die Große Kraft in dich senken. Wenn du Berg und Baum genauso liebst wie dich selbst. Denn das ist die Große Kraft: Die Kraft des Lebens. Die Kraft der Liebe.«

»Kann Liebe Nadazai zum Leben erwecken?«

»Ja, Liebe.« Er reichte mir große grüne Blätter und eine Schale mit Wasser. »Und dieses Kraut hier. Die Blätter gibst du in das Wasser. Dann reibst du Kopf, Haar und Gesicht Nadazais mit dem Wasser ein, und du kannst mit deiner Zeremonie beginnen. Bist du fertig, und ist er aufgewacht, kommst du zu mir. Ich werde dir zeigen, wo diese Heilpflanze wächst. Auf dem Weg dorthin kannst du mir erzählen, was du alles vergessen hast von der Kraft des Lebens.«

»Ich habe keine Worte für eine Zeremonie«, sagte ich.

»Dann finde hier und jetzt deine Worte für deine Zeremonie. Rede zu Nadazai mit den Worten der Lozen. Und vielleicht wird die Große Kraft durch dich strömen wie ein Fluß, wird wie ein Fluß Nadazai zum Meer des Lebens tragen.« Träger Fuß versuchte angestrengt, sich zu erheben. In seinem verzerrten Gesicht las ich nicht nur den Schmerz, sondern auch Verzweiflung über das Alter. Als er sich aufgerichtet hatte, wandte er sich zum Gehen. Unter Tränen, verzweifelt fragte ich: »Ist es wahr? Ist die Große Kraft nur Liebe?« Träger Fuß fuhr herum und kam auf mich zu. Noch nie hatte ich ihn so schnell und kraftvoll ausschreiten sehen. Er beugte sich tief zu mir herab, bis ich seinen Atem auf meinem Gesicht spürte, und stieß zornig hervor: »Liebe ist kein NUR, Lozen. Liebe ist alles. Alles in der ganzen Welt.« Dann war er fort.

Und ich war allein mit meinem Freund.

20

Ich tat, was Träger Fuß mir aufgetragen hatte. Ich gab die Blätter in das Wasser, wartete eine Weile und rieb Nadazai mit dem Kräutersud ein. Ich harrte vier Tage an der Seite des Freundes aus. Nur er und ich waren im Tipi. Ich wollte so sehr, daß er aufwachte, daß er lebte. Denn ich liebte ihn wie meinen Bruder. Während der vier Tage schlief ich kaum, aß nichts und trank nur, was vom Kräutersud in der Schale übrig war. Vier Tage saß ich schweigend, bis zum vierten Abend. Dann kamen mir die Worte der Zeremonie über die Lippen:

Ich kam hierher
In Deine Welt, Ussen
Der Du Macht über alles besitzt
Ich kam hierher
Ich, die ich Nadazai liebe
Es kommen Pferde zu mir
wie Blumen der Sonne zustreben
Es kommen Pferde zu mir
Damit mein Volk lebt
Sie geben mir
Die Kraft Ussens
Damit ich heilen und erwecken kann

Den Freund
Meine Brüder und Schwestern
Die ich liebe

Die Worte waren kaum verklungen, als Nadazai aufwachte. Er hob den Kopf, sah mich weinen und sagte: »Du hast mir ein richtiges Lozen-Pferd gegeben.«

»Was meinst du damit?« fragte ich schluchzend.

»Ein Lozen-Pferd ist ein störrisches Pferd, das nicht gehorcht. Ein Lozen-Pferd ist eines, das nicht begreift, daß ich auf seinen Rücken und nicht auf den Erdboden gehöre.«

Ich wischte mir die Augen und sagte erleichtert: »Vielleicht bist du ein schlechter Reiter auf einem guten Lozen-Pferd.«

Er lächelte zaghaft, der rechte Mundwinkel hob sich leicht. Dann richtete er sich auf und versuchte, in den Stand zu kommen, mußte aber aufgeben. »Ich bin so schwach, mir schwindelt«, stöhnte er.

»Vielleicht solltest du dich noch ausruhen«, riet ich.

»Vielleicht kannst du mir in einer Schale etwas Honig bringen. Vielleicht kannst du mir in einer Schale Honig und frische Beeren bringen, jeden Tag, jeden Abend. Vielleicht ist das ein guter Gedanke!«

»Vielleicht sind dir im Schlaf irgendwelche Käfer in den Schädel gekrochen und haben dir das Hirn zerfressen!«

Er versuchte wieder ein Lächeln, aber es wollte ihm nicht gelingen: »Vielleicht hast du mir das Leben gerettet, Lozen.«

Die Augen standen mir voll Tränen, als ich mich erhob. Ich fühlte mich schwach und wankte langsam hinaus. Ich war kaum vor das Tipi getreten, da fand ich mich von Nadazais Familie umgeben. Seine Großmutter, die mich geholt hatte, fragte leise: »Ist er tot?«

Alles, was ich sagen konnte – denn ich wollte nur noch schlafen –, war: »Morgen gebe ich ihm ein sehr kleines Pony, damit er beim nächsten Mal nicht so tief fällt.«

Sie stürzten ins Tipi, und ich hörte Seufzen, Schluchzen, Lachen.

21

Die unendlichen Mühen, die wir auf uns nahmen - sie waren vergebens, das Glück konnten wir nicht festhalten. Es war anders als die Sterne, die ewig am Himmel standen. Es war vergebens, was wir taten, es war vergebens, hoch hinauf in die Berge zu flüchten. Unser Glück schwand. Ob wir tief in die Bergwälder eindrangen, ob wir schnell wie der Puma über die offenen Bergwiesen jagten, um nicht gesehen zu werden - es war vergebens. Das Glück schwand. Ob wir unsichtbar wurden, uns verbargen wie die Kojoten, ob wir füreinander sorgten - es war vergebens. Das Glück schwand.

Die Soldaten kamen.

Die Soldaten kamen vor Sonnenaufgang, einen Tag nachdem Nadazai wiedergekehrt war.

Soldaten kamen.

Goldgräber.

Rinderleute. Stadtleute.

Mit ihnen zogen Wut und Haß.

Ich schlief noch, als sie die beiden Pfade zum Dorf heraufkamen. Auch die Sonne schlief noch.

Ich wachte auf, als Rauch mir in der Brust brannte. Es war schwarzer Rauch, der aus lodernden Tipis quoll. Ich packte das Gewehr, schoß, zum Pony rennend, einen Soldaten aus dem Sattel. Ringsumher herrschten Angst und Schrecken. Im Laufen schrie ich: »Auf die Pferde! Los, auf die Pferde!« Ich weiß nicht, ob ich gehört wurde. Kinder und Frauen rannten schreiend umher, vergessen war, was sie gelernt hatten: zu fliehen, auf ihren Pferden zu fliehen. Das Schießen, die Brände, Flammen und Rauch ließen sie nicht mehr ans Überleben denken. Sie rannten kopflos umher und wußten nicht, wie sie den Soldaten entkommen sollten. Beim Pony angelangt, sah ich, woher ihre Panik rührte: Die Soldaten waren nicht nur von einer Seite aus eingefallen. Sie hatten das ganze Dorf umzingelt, aus allen Richtungen krachten die Schüsse. Kein Ort, der Deckung gab. Die Soldaten hatten auch die Kiefern, die um unser Dorf standen, in Brand gesetzt. Das Feuer fraß sich windschnell die Stämme hoch und ließ die Kronen in Flammen aufgehen. Mir schien, als loderte die Erde himmelweit. Und hinter der Feuerwand lauerten die Goldgräber, die Rinderleute, die Stadtleute. Gedeckt von den Flammen, schossen sie auf jeden Chihinne, der zu fliehen suchte.

Wir kämpften verzweifelt an jenem Morgen.

Wir waren 2000 Menschen. Viele starben. Viele wurden gefangengenommen. Meine letzten Pferde wurden abgeschossen.

An diesem Tag töteten wir viele Soldaten. Als den Angreifern die Verluste zu schwer wurden, zogen sie sich zurück. Es folgten ihnen die Goldgräber, die Rinderleute, die Stadtleute. Mit sich nahmen sie die gefangenen Chihinne.

Als der Rauch abgezogen war, lastete die Stille schwer auf den Trümmern. Mein Bruder saß gegen einen Felsbrocken gelehnt, nehmen ihm hockte Geronimo, der Bedonkoe. Nur seine laute Stimme war zu hören. Er war voller Zorn: »Sie haben die Brüder und Schwestern verschleppt. Sie werden im Süden als Sklaven an die Haciendas verkauft. Mädchen und Frauen werden in Häuser gesperrt, wo die weißen Männer sich vergnügen. Unsere Brüder werden zu Goldgräbern gemacht, sie müssen in tiefen Löchern in den Bergen arbeiten.«

»Bist du sicher, daß sie nach Süden gebracht werden?« fragte Beduiat.

»Ja. Sie werden versklavt, und du siehst sie nie mehr wieder. Für die jungen Frauen ist es am schlimmsten. Die weißen

Untiere liegen auf ihnen, zerdrücken sie. Deine Schwestern werden sich wünschen, tot zu sein.«

»Woher weißt du all dies?« fragte mein Bruder.

Der Bedonkoe sah ihn an: »Der Whiskey ruft mich, ich folge ihm. Während ich trinke, lausche ich. Ich höre vieles, von dem die Weißen glauben, ich verstünde es nicht. Aber sie irren sich. Während sie neben mir stehen, reden sie darüber, was sie mit mir und den Frauen vorhaben. Und ich höre und verstehe es.«

»Und wo sind diese Löcher?« fragte ich Geronimo.

»In der Nähe einer Stadt, die Chihuahua genannt wird. Die Stadt der tausend Maultiere. Die Männer und Jünglinge verschwinden in den Löchern. Die Mädchen und Frauen werfen sie der Stadt in den Rachen. Dort leben tausend mal tausend Soldatenmütter. Sie gebären an einem Tag Hunderte von Soldatenkindern. Den verschleppten Mädchen können wir nicht helfen. Wer aber auf die Haciendas, wer in die Löcher kommt, den können wir befreien.«

»Was ist, wenn die Menschen des Südens dich belügen, Geronimo?« forschte ich. Er sah mich kalt an und erklärte: »Vielleicht hat mich der Whiskey wirklich in seiner Gewalt, denn er ist mein Trost. Er befreit mich von bösen Träumen, nimmt mir die Bilder von dem, was uns widerfährt. Wenn der Whiskey Besitz von mir ergreift, ja, dann verliere ich mich, eine Zeitlang, aber wenigstens sehe ich meine Familie nicht mehr in Blut und Staub liegen. Noch ist der Whiskey nicht Herr über mich, noch nicht. Ich lausche, ich höre zu. Und ich weiß, es ist die Wahrheit, was ich über die verschleppten Chihinne sage.«

Plötzlich stand Pasha-gar, Beduiats Sohn, neben uns. Ihn hatte man also nicht gefangen. Er war zwölf Ernten alt. Als er sich an der Seite seines Vaters niederließ, konnte ich von seinem Gesicht ablesen, daß er das erste Mal in seinem Leben getötet hatte. Mein Bruder erhob sich. »Wir brechen auf und folgen ihnen nach Süden. Und befreien so viele wie wir können.«

Mein Bruder ging, die Krieger zu sammeln. Als sich alle um ihn geschart hatten, erläuterte er seinen Plan. Viele stimmten ihm zu: Shish-kay-nay, Träger Fuß, Gelber Geist und viele andere. Aber manche Krieger lehnten es ab mitzugehen. Sie waren voll Furcht und erschöpft und wollten nur noch irgendwo eine Zuflucht suchen, vor den Angriffen der Soldaten sicher sein. Sie wollten nur noch vergessen, was geschehen war, und neu beginnen, irgendwo weit fort und in Sicherheit. Sie wollten so tun, als wären Rinderleute, Stadtleute, Goldgräber, Soldaten nie aufgetaucht.

Wer die Wahrheit kannte, wer die Bitterkeit ertragen konnte, brach am folgenden Morgen auf. Wir ritten unsichtbar und in kleinen Gruppen talwärts, vorbei an den schlafenden Soldaten. Nach Süden.

Geronimo führte uns.

Nach Süden, um die Chihinne zu suchen.

Nach Süden, um den verschleppten Nadazai zu suchen.

Nach Süden, um die verschleppte Dilth-cle-heh, die kleine Tochter meines Bruders zu suchen.

Nach Süden, um die Chihinne zu suchen.

22

Wir ritten schweigend, leise, in Schlachtordnung. Auf dem Weg nach Süden sahen wir von fern Soldaten, griffen sie aber nicht an. In kleinen Gruppen sorgten wir nur dafür, nicht gesehen oder gehört zu werden, während wir den Bergen der Tanzenden Lichter zustrebten, um unsere Brüder und Schwestern zu finden. Als erstes wollten wir sie auf den Haciendas suchen und die Befreiten von wenigen Kriegern zurück in die Schwarzen Berge bringen lassen. Die übrigen würden weiter nach Süden vorstoßen. In eine Welt, die uns vollkommen unbekannt war. In eine Welt, in der Tausende von Müttern Soldatenkinder gebaren. Nach Süden, zu den Löchern in den Bergen. Nach

Süden, zu den Wunden in den Bergen. Geronimo sagte uns, daß die Weißen sie Minen nannten.

23

Auf dem Weg in das Land des Südens, in den Nächten, als die Krieger schliefen, sah ich mit eigenen Augen, fühlte ich mit schmerzendem Herzen, was die Soldaten angerichtet hatten. Wie sie sogar jene Chihinne verändert hatten, die nun ihr Leben gaben, um ihre Brüder und Schwestern zu befreien. Bilder des Entsetzens überkamen manche Krieger, die sich dann im Schlaf wanden und herumwarfen. Furcht und Erinnerungen gewannen überhand, als wir uns, ohne ein Feuer anzuzünden, auf den bloßen Erdboden niederlegten. Und ich verstand, warum Geronimo dem Whiskey verfallen war. Die Erinnerung, die Furcht hielt manche von uns gepackt, sie hatte sich in die Leiber, in die Haut, in die Gesichter eingegraben. Schlafen konnten diese Krieger nicht. In ihren Gedanken und Träumen wurden sie von Soldaten gejagt. Als der Mond durch die Wolkendecke schimmerte, hörte und sah ich diese Krieger sich am Boden wälzen, halb schlafend, von Angstträumen geschüttelt. Immer wieder fuhren sie hoch, waren hellwach. Dann rissen sie ihre Gewehre an sich, wirbelten herum und spähten in der Dunkelheit nach dem Grund ihrer Angst: nach angreifenden Soldaten.

In einer jener Nächte lag Träger Fuß neben mir. Er wachte auf, als ein Krieger nach einem hohlen Stöhnen aufsprang. Träger Fuß flüsterte: »Lozen, hab ein Auge auf die, die sich so wälzen. Sie sind die ersten, die sich Whiskey verschaffen. Und vielleicht werden sie sich eines Tages bei den Soldaten verdingen. Als Kundschafter, die den Soldaten helfen, uns zu finden, uns zu töten. Gib acht auf sie.«

Anders als sie, fand ich Schlaf. Aber auch mich suchten die Erinnerungen heim. Ich hatte einen Traum, den ich nie vergessen werde. Es war in der zweiten Nacht, nachdem wir unser niedergebranntes Dorf verlassen hatten. Ich träumte, ich sei ins Dorf zurückgekehrt. Oder in das, was davon übrig war. In meinem Traum war es Nacht, im Dunst schimmerten trübe Mond und Sterne.

Ich schritt durch Trümmer und Asche. Ich mußte noch einmal sehen, was sie uns angetan hatten. Ich wollte, daß sich der Anblick der verkohlten Reste für immer in mein Herz eingrub. Das Bild sollte neben dem meiner Mutter und meines Vaters stehen. Damit ich die Wahrheit immer lebendig in mir trug, gleich wieviel Schmerzen ich noch zu ertragen haben würde, gleich wieweit ich mich von meiner Heimat entfernte. Damit ich kämpfen und die Soldaten daran hindern konnte, unsere Welt, unsere Lebensweise in den Staub ihrer Städte zu treten. Das waren die Gedanken, die mich im Traum beim Gang durch die Trümmer erfüllten.

Aber vor allem wollte ich bei diesem Gang denen, die ihr Leben gelassen hatten, sagen: »Verzeiht mir. Verzeiht mir, daß meine Kraft nicht ausgereicht hat, euch alle zu retten.« Im Traum sprach ich zu den Toten: »Ich wünschte, ich besäße eine Große Kraft, die die Soldaten aufhält. Eine Kraft, die mich wissen läßt, wann die Soldaten kommen. Dann hätte ich euch helfen können.«

Und dort, inmitten der Trümmer meiner Welt, inmitten der Asche unserer Tipis, inmitten der nicht begrabenen Frauen, Kinder und Männer feuerte ich auf die Kojoten, die sich über die Toten hermachten. Ich traf sie nicht, aber sie stoben davon. Inmitten der Toten kniete ich nieder und sagte: »Verzeiht mir.«

Und dann hörte ich in der Dunkelheit, wie es flüsterte. Es war eine Stimme, die warm klang und weise wie der Wind. Sie sagte: »Seit du ein Kind warst, ein kleines Kind warst, hast du dein Volk geliebt.« Ich erhob mich und antwortete dem Flüstern: »Damals verhieß mir Ussen eine Große Kraft, die meinem Volk helfen sollte. Und jetzt sehe ich, wie meine Brüder und Schwestern zum Fraß der Kojoten werden.«

Und es kam flüsternd zurück: »Seit du ein Kind warst, ein kleines Kind warst, hast du dein Volk geliebt.«

Ich drehte mich und schaute umher, ob ich jemanden sah, dem die Stimme gehörte, ausmachen konnte, woher sie kam. Es war nichts zu sehen. Nichts. Und ich rief: »Was nützt meine Liebe, wenn die Chihinne sterben müssen?«

Die Stimme antwortete: »Schau dich noch einmal um.«

Ich tat wie geheißen. Überall, in welche Richtung ich meinen Kopf auch wandte, sprang mir der Tod meiner geliebten Brüder und Schwestern ins Gesicht. Sein Geruch drang mir durch Mund und Nase in die Brust. Und fand ein Heim in meinem Herzen. Ich schrie auf: »Das soll aufhören! Ich will, daß die Soldaten uns so etwas nie mehr antun! Uns in einen Hinterhalt, in eine Falle locken! Uns überfallen, wenn wir ahnungslos sind!«

»Warum, Kriegerin«, fragte die Stimme, »hegst du diesen Wunsch?«

Weinend rief ich: »Weil ich mein Volk liebe!«

»Und weil du dein Volk liebst«, kam es zurück, »wirst du von nun an eine neue Große Kraft besitzen. Wenn du aus diesem Traum aufwachst, aus dem, was du für einen Traum hältst, wird dir diese Kraft dienen. Eine Kraft, die Feind-Sehen heißt. Und dies wird dein neuer Name sein: Feind-Seher. So werde ich dich nennen, wenn wir uns im Tal des Glückes begegnen. Es wird deine Große, deine endgültige Große Kraft sein. Du wirst wissen, ob die Soldaten in der Nähe oder weit fort sind. Du wirst es sehen, als blicktest du von einer Bergspitze. Weil du dein Volk liebst. Du sprichst zeremonielle Worte. Du drehst dich langsam im Kreis, die Arme zur Seite gestreckt, die Handflächen nach oben gekehrt, Himmel und Sternen zugewandt. Sind die Soldaten nah, wird sich deine Hand röten, jene Hand, die auf die anrückenden Soldaten deutete. Sie wird sich röten, sie wird brennen. Je heftiger, um so näher sind die Soldaten. Je weniger, um so weiter fort sind die Soldaten, und die Chihinne können sich sicher fühlen. Mehr kann dir die Kraft nicht zeigen. Es ist die mächtigste der Großen Kräfte. Die Kraft der Liebe.«

Das Flüstern verstummte.

Aber ich war nicht allein. Plötzlich stand Gelber Geist neben mir und sagte: »Nadazai hat seine Familie verloren.«

»Es ist keine Zeit mehr, sie zu begraben«, antwortete ich.

Ich legte meine Hand auf seinen Arm: »Sage mir, und sprich die Wahrheit, Gelber Geist – ist Liebe stärker als Haß?«

Er nahm sich Zeit für seine Antwort. Schließlich sagte er: »Im Tal des Glückes, wo deine Mutter und dein Vater leben, und so viele andere Chihinne, hat die Liebe den Haß besiegt. Dort wird er nie mehr aufstehen. Nie mehr. Das weiß ich.«

»Und in unserer Welt?« fragte ich.

»In unserer Welt, Lozen«, antwortete er, »in unserer Welt – ich weiß es wirklich nicht.«

Dann erwachte ich aus meinem Traum. Oder aus dem, was ich nur für einen Traum hielt. Aber Liebe ist niemals NUR. Sie ist alles. Und heute, da ich all dies berichte, verstehe ich meinen Traum besser.

24

Sobald wir das Lager der Soldaten hinter uns gelassen hatten, am ersten Abend auf dem Ritt nach Süden, stießen die Gefolgsleute Geronimos zu uns. Es waren die Krieger zweier Bergvölker, der Shoshone und der Ned-nai. Sie wohnten weit entfernt von unseren Schwarzen Bergen, aber sie glaubten an Ussen und sprachen dieselbe Sprache wie die Chihinne. Während sie ihr Lager bei uns aufschlugen, betrachtete ich ihre Gesichter. Sie waren wie das Geronimos bemalt. Ein gelber Streifen lief quer über die Nase. Alle diese Krieger hatten neue Gewehre und viele Kugeln. Sie trugen drei, vier Gürtel mit Munition um den Leib. Ihre Stirnbänder waren aus dem Baumwolltuch, das man im Süden webte. Alle waren sie kräftig und gut genährt, selbst nach der Weißen Zeit. Es gab einen Grund dafür, daß der Hunger sie nicht gezeichnet hatte, mit Schatten unter den Augen und scharfen Falten neben der Nase. Wie er uns gezeichnet hatte, wie jeden, der nicht aß. Sie hatten die Weiße Zeit nicht mit uns oder den Letzten ihres Stammes verbracht. In der Weißen Zeit waren sie durch das Land des Südens gestreift, ohne Verantwortung für Stamm und Volk tragen zu müssen. Mein Bruder, wie viele andere, hätte dasselbe tun können, statt bei seinem Stamm zu bleiben und die Pfade zum Dorf zu bewachen. Aber in den Gesichtern meines Bruders, Shish-kay-nays und von Träger Fuß las ich etwas anderes als in denen jener Krieger.

Geronimos Krieger ließen sich treiben. Gewiß, sie führten Krieg gegen die Soldaten. An ihrem Haß auf die Soldaten gab es keinen Zweifel. Geronimos Krieger waren zähe Kämpfer, die mit dem Krieg aufgewachsen waren. Und sie hatten erfahren, was es hieß, gejagt zu werden, ebenso wie wir Chihinne es allzugut wußten. Aber Geronimos Krieger hatten jedes Gefühl verloren. Ich sah es an ihren Gesichtern. Die Bedrohung durch die Soldaten hatte sie verändert. Hatte sie gebrochen. Und als sie feststellten, daß sie gebrochen und nicht tot waren, fügte der Wille zu überleben die Stücke ihrer Seelen wieder zusammen. Aber sie glätteten nicht die scharfen Kanten, die sie vom Krieg davongetragen hatten.

Bald nachdem sich diese Krieger uns angeschlossen hatten, erspähten wir zwei Goldgräber, jedenfalls hielten wir die Männer für Goldgräber. Es waren jedoch keine. Mit dichten Bärten, die langen Gewehre geschultert, zogen sie als Jäger umher, um zu überleben. Die Krieger Geronimos hetzten sie in die Felsen und töteten sie mit ihren Messern. Dann kamen sie zurück und trugen die Gürtel der beiden Jäger. Auf die Gürtel waren Ohren gestickt. Menschliche Ohren, vertrocknet, faltig, von rotbrauner Farbe. Sie hatten Chihinne gehört. Geronimo nahm die Gürtel an sich und sagte zu Beduiat: »Die jagen nicht mehr.« Er warf den Kopf in den Nacken und lachte laut auf. Ich konnte ihn nicht verstehen. Ich ritt an seine Seite, weinend. Bevor ich etwas sagen konnte, sah er mich an und meinte lachend: »Du vergießt zu viel Herzblut für die Toten, Mädchen. Eines Tages wirst du keines mehr übrig haben und dich zu ihnen gesellen. Und wer weint dann um deine Ohren?« Ich starrte ihm ins Gesicht, sah seine Krieger an. In Geronimos Gesicht, in den Gesichtern seiner Krieger, fand ich nichts von den Zügen Beduiats.

25

Das Gesicht meines Bruders begegnete mir in seinem Sohn Pasha-gar und in dem jungen Krieger wieder, der mit uns ritt, in Cha-ja-la. Schon immer war es mir in Träger Fuß und Shish-kaynay begegnet.

Und ich sah Beduiats Gesicht in Gelber Geist.

Bei den anderen, die zu unserer Gruppe gehörten oder in den anderen Trupps ritten, war ich mir nicht sicher. Ihre Gesichter veränderten sich von Tag zu Tag. Manchmal sahen sie wie das meines Bruders aus, dann wieder wie die der Krieger Geronimos. Und mein Gesicht? Ich vermied es, in mein Spiegelbild zu blicken, wenn ich mich über ein seichtes Flußufer beugte, um zu trinken. Ich wollte mein Gesicht nicht sehen. Ich wußte: als Kind hatte ich meinem Bruder ähnlich gesehen. Aber jetzt – ich wußte es nicht. Ich wollte es nicht wissen.

26

Wir brauchten die gefangenen Chihinne nicht zu suchen. Geronimo wußte, wo sie zu finden waren. Er wußte, daß man viele auf die größte Hacienda im Land des Südens verschleppt hatte. Ein Ort, wo sich die Rinderleute, die Stadtleute, die Soldaten trafen. Wir stießen auf die übrigen Krieger etwas oberhalb der Hacienda, in den südlichen Ausläufern der Berge der Tanzenden Lichter. Wir errichteten ein gemeinsames Lager, und Beduiat schlich sich zusammen mit Cha-ja-la den Berg hinunter zur Hacienda, um sie während der Sonnen-Zeit zu beobachten. Sie sahen Chihinne. Sie sahen Soldaten. Und sie sahen Soldatenhunde: massige Hunde, scharfe Hunde, denn die Soldaten schlugen sie. Sie waren scharf und aufgehetzt, denn die Soldaten gaben ihnen zuwenig Futter, damit sie bösartig wurden. Damit sie zu Mördern wurden, zu Mördern an den Chihinne.

Abends berichteten mein Bruder und Cha-ja-la, daß die Hacienda von Soldatenhunden wimmelte.

Beduiat beschloß, die Hacienda in dieser Nacht anzugreifen. Er rief alle Krieger zusammen und legte uns seinen Plan auseinander: »Wir werden heute nacht angreifen. Warten wir zu lange, können uns die Hunde wittern. Sie sind auf Chihinne abgerichtet.«

»Und was ist nun dein Plan?« fragte Geronimo.

»Ich habe Chihinne gesehen. Man hat sie in Lehmhäuser gesperrt. Es gibt nur einen Wachtposten für die ganze Hacienda. Ihn zu überwältigen, wird nicht schwierig sein. Die Südleute glauben, wegen der Hunde bräuchten sie uns nicht zu fürchten. Sie schlafen fest, lassen die Tiere nachts frei herumlaufen und sind überzeugt, daß die Chihinne nicht an ihnen vorbei kommen. Daß die Hunde die Chihinne zerfleischen.«

»Wieviele Hunde sind es?« forschte Geronimo.

»Mindestens 70«, antwortete Beduiat. »Vielleicht noch mehr. Als erstes müssen wir sie zum Schweigen bringen, doch ohne

Gewehre. Die Soldaten brauchen nicht zu wissen, daß wir da sind.«

Cha-ja-la ergriff das Wort. »Wir brauchen einen schnellen Läufer, der zu den Lehmhäusern geht und das Zeichen gibt. Währenddessen müssen sich andere um die Hunde kümmern. Die Gefangenen kennen das Zeichen, die Laute der Vögel und des Windes. Sie werden wissen, wie sie aus den Häusern herauskommen. Aber zuerst brauchen wir einen guten Läufer.«

Geronimo sah mich an. »Sie ist dürr wie trockenes Holz. Unsichtbar. Sie ist selbst ein kleiner Hund und schneller als die meisten Krieger. Sie sollte gehen, man wird sie in der Dunkelheit kaum ausmachen.«

»Nein«, widersprach mein Bruder, »es muß jemand anderes sein.«

»Ich werde gehen«, sagte ich entschlossen. »Die Wache wird mich nicht bemerken.«

»Dann«, lenkte mein Bruder ein, »mußt du auf die Antwort lauschen, auf das Zeichen, das dir sagt, ob sie verstanden haben und auszubrechen versuchen.«

Geronimo ergriff wieder das Wort. »Sorge dafür, Lozen, daß dein Zeichen wie das Heulen des Windes oder der Gesang der Nachtvögel klingt. Wenn nicht, wissen die Soldaten sofort, was geschieht. Wenn sie dich ergreifen, werden sie dich töten. Oder schlimmer noch ...«

Beduiat fiel ihm ins Wort. »Sie weiß es. Sie kennt die Untaten der Weißen.« Dann wandte er sich zu Cha-ja-la: »Du bist unser bester Bogenschütze. Du begleitest Lozen bis zum freien Gelände um die Hacienda und hältst dich in den Felsen versteckt. Und schießt auf jeden Hund, der Lozen wittert.«

Und Träger Fuß riet Cha-ja-la: »Achte darauf, daß du niedrig hältst. Wenn du niedrig zielst und dein Ziel verfehlst, wird sich der Pfeil in den Boden bohren und nicht die Lehmwände treffen. Sonst ist der Aufprall zu hören, der den Soldaten verrät, daß wir hier sind.«

Ich erhob mich, um mich zusammen mit Cha-ja-la auf den Weg zur Hacienda zu machen. Eine dünne Stimme hielt uns zurück. Es war Pasha-gar. »Lozen, warte. Warte, Cha-ja-la.« Auf unsere fragenden Blicke sagte er: »Die Hunde sind schnell, und manche sind schwarz. Also kann man sie in der Dunkelheit nur schlecht sehen. Ich habe lange darüber nachgedacht. Es nützt wenig, daß Cha-ja-la ein guter Schütze ist. Er muß sehen, worauf er schießt.«

»Was willst du uns damit sagen?« unterbrach ihn Geronimo.

»Wenn er einen der schwarzen Hunde verfehlt, der gerade in Lozens Nähe ist«, erklärte der Sohn meines Bruders, »dann bellt der Hund und fällt Lozen an. Die Soldaten hören es und kommen. Ein einziger Hund genügt, vielleicht ein schwarzer Hund, vielleicht ein brauner. Ein dunkles Tier, das in der Nähe der Lehmhäuser verborgen liegt. Der Hund liegt da, an den Boden gepreßt, und bewegt sich nicht, bis Lozen kommt. Und Cha-ja-la sieht ihn nicht. Dann weiß der Hund, was er zu tun hat. Und Lozen ist tot. Das will ich damit sagen, Geronimo.« Pasha-gar sah den Bedonkoe wütend an und wandte ihm dann den Rücken zu.

Cha-ja-la trat an den Jungen heran und legte ihm die Hand auf die Schulter. »Der kleine Chihinne hat recht. Es ist nicht sicher, daß ich alle Hunde treffe, die auf Lozen losgehen. Aber ich muß Gewißheit haben, auch wenn eins der Tiere irgendwo schlafend oder verborgen liegt, sonst ist sie tot.«

»Was schlägst du also vor?« fragte Beduiat.

Bevor der junge Krieger antworten konnte, sagte Pasha-gar: »Ich weiß ein Mittel.«

»Dann sprich«, forderte Beduiat ihn auf.

»Ich weiß ein Mittel«, erklärte Pasha-gar, »alle Hunde an einer Stelle beisammen zu haben. Alle. Ich weiß ein Mittel, sie zu beruhigen und zu beschäftigen, damit Lozen zu den Lehmhäusern kommt. Und unsere Chihinne mitbringt.«

Gelber Geist, der an der Seite Pasha-gars saß, drängte: »Welches Mittel ist das?«

»Cha-ja-la braucht keine Pfeile zu verschießen«, fuhr Pasha-gar fort: »Es gibt einen anderen Weg.«

»Und bis du ihn uns gezeigt hast, sind wir alt und grau«, warf Geronimo ein und zeigte sein Grinsen, das ich nicht mochte.

Pasha-gar beachtete den Bedonkoe nicht und fuhr fort: »Hunde mögen gern Fleisch, Fleisch mit dem Saft von Beeren. Das weiß ich, weil ich selbst Hunde habe. Fleisch mit dem Saft von Beeren schmeckt süß und gleichzeitig nach Blut. Hunde mögen das.«

»Wie die Chihinne«, bestätigte Träger Fuß.

Pasha-gar holte Luft: »Das ist mein Plan«, und Geronimo grinste wieder, wovon sich der Junge aber nicht stören ließ. »Das ist mein Plan: Ich locke den ersten Hund an, den ich entdecke. Und ich habe Fleisch mit Beerensaft für ihn dabei.«

Geronimo fiel ihm ins Wort: »Und jener erste Hund wird dich wittern und wissen, daß du ein Chihinne bist. Und er wird dich fressen und auch das Fleisch mit dem Beerensaft. Und dann wird sein Gebell die Soldaten aufwecken.«

Pasha-gar sah Geronimo ruhig an. »Wenn ich mich mit dem Saft der Yucca-Palme einreibe, riechen die Hunde nicht, daß ich ein Chihinne bin. Der Yucca-Saft riecht süß, und die Hunde werden mich mögen.«

Da wandte sich Shish-kay-nay zu Pasha-gar. »Sie werden bemerken, daß du ein Chihinne bist. Alle Chihinne, alle Stämme Ussens riechen wie die Yucca-Palme. Wir riechen wie die Bäume, die Felsen, die rote Erde. Daran erkennen uns die Soldatenhunde. Riechen sie den Yucca-Saft, riechen sie Chihinne. Und zerreißen dich. Aber vielleicht gibt es noch etwas anderes, mit dem wir die Hunde täuschen können, etwas, was dich nach Soldaten riechen läßt. Die Hunde bellen keine Soldaten an, sie gehorchen ihnen, sie fürchten die Soldaten.«

Träger Fuß nickte. »Greifen die Hunde die Soldaten oder Rinderleute an?«

»Nein«, antwortete Geronimo. »Sie fürchten sie, die dummen Hunde.«

»Sie greifen also weder Soldaten noch Rinderleute an«, fuhr Träger Fuß fort. »Aber Chihinne. Wie unterscheiden die Hunde zwischen Soldaten und Chihinne?«

»Wir sehen anders aus«, sagte Pasha-gar.

Mein Bruder sah ihn liebevoll lächelnd an: »Mit Staub bedeckt oder von der Dunkelheit geschützt, sehen alle Menschen gleich aus. Aber die Hunde wissen auch in der Dunkelheit zwischen Soldaten und Chihinne zu unterscheiden. Sie riechen es. Alle Soldaten riechen gleich. Wie auch alle Chihinne, die nach Ussens Geboten leben, gleich riechen.«

Träger Fuß nahm den Gedanken Beduiats auf: »Es ist ganz einfach: Die Soldaten riechen nach Whiskey. Wenn sie ihn trinken, benetzt er Lippen, Zunge und Zähne. Daran haftet er. Sie vergießen ihn auf Hände und Gesicht, wenn sie betrunken sind, sie vergießen ihn auf Hemd und Hose. Der Geruch hängt tagelang an ihnen, auch wenn sie eine Zeitlang keinen Whiskey trinken. Denn die Soldaten reinigen sich nicht täglich. Die Hunde riechen den Whiskey und erkennen daran, wer ihr Herr und wer ein Chihinne ist. Auch im Dunkeln können sie es am Geruch unterscheiden. Dann wissen sie, wen sie zu fürchten haben und wen sie zerreißen.«

»Wenn Pasha-gar sich mit Whiskey einreibt«, sagte Beduiat, »mit sehr viel von Geronimos Whiskey, dann kann er die Hunde täuschen.«

»Und die Hunde besänftigen«, ergänzte Träger Fuß, »indem er sie mit Beerensaft-Fleisch füttert, und damit von Lozen ablenken.«

»Ist Geronimo damit einverstanden?« fragte Beduiat.

Geronimo erhob sich und ging laut nachdenkend auf und ab: »Der Junge reibt sich mit Whiskey ein, mit meinem Whiskey, nähert sich der Hacienda und füttert einen der Hunde mit Fleisch. Die anderen Hunde, immer hungrig, weil sie nichts zum Fressen bekommen, die anderen Hunde kommen und wollen auch Beerensaft-Fleisch. Der Junge muß also sehr viel Fleisch, am besten in kleine Stücke geschnitten, bei sich haben.

Um sie so lange abzulenken, bis Lozen ihre Aufgabe erfüllt hat. Die Hunde kommen, riechen den Whiskey und schlagen nicht an ... Ja, ich gebe ihm den Whiskey.« Dann lachte Geronimo: »Aber nichts davon in seinen Mund. Sein Vater wird etwas dagegen haben.«

Alle stimmten zu. Cha-ja-la und ich schnitten die Fleischvorräte, die uns die Krieger brachten, in kleine Stücke. Sie wurden anschließend in eine Decke eingeschlagen. Und dann badete der kleine Pasha-gar in Whiskey: Der Bedonkoe nahm eine Flasche mit dem scharfen Gelben Wasser, goß es Pasha-gar über den Kopf und rieb Gesicht, Hals und Schultern damit ein. Den Rest goß er ihm in die hohlen Hände: »Damit reibst du dir Beine und Füße ein, den Rücken, Arme und Brust. Und vergiß dein Hinterteil nicht.«

Und Pasha-gar gehorchte. Er ließ nichts aus. Bis er nur noch nach widerlich scharfem Whiskey roch, bis er selbst der Whiskey war. Inzwischen waren drei andere Krieger auf die Suche nach Beeren gegangen. Es dauerte nicht lange, da kehrten sie zurück, und gemeinsam mit Cha-ja-la zerdrückten wir die Beeren auf den Fleischstücken. Darauf bereiteten Pasha-gar, Cha-ja-la und ich uns darauf vor, das Lager zu verlassen. Mein Bruder kam und erklärte Cha-ja-la, der uns von den Felsen aus im Auge behalten sollte: »Wenn sich die Hunde nicht täuschen lassen, sorgst du dafür, daß Lozen und mein Sohn so schnell wie möglich fliehen können. Es gibt noch andere Wege, unsere Brüder und Schwestern zu befreien. Wir sollten nicht noch mehr Chihinne in die Gefahr bringen, versklavt zu werden.«

Pasha-gar warf sich in die Brust und sagte zu seinem Vater: »Hab keine Sorge, es wird gehen. Denke daran, ich bin ein Freund aller Hunde.«

Das war zwar geprahlt, aber es war auch nicht falsch. Im Dorf, schon lange vor dem letzten Angriff der Soldaten, hatte Pasha-gar die meiste Zeit mit den Dorfhunden verbracht. Sie waren seine Freunde. Er lief mit ihnen, er spielte mit ihnen. Er jagte mit ihnen die Gänse auf ihren Zügen nach Norden und nach Süden. Er schlief bei ihnen, und in der Weißen Zeit hielten sie ihn warm. Als die Warme Zeit angebrochen war, kurz vor dem Angriff der Soldaten, schlief er mit den Hunden, ihre Schnauzen auf seinem Bauch, unter den Kiefern. Pasha-gar liebte seine Hunde. Und ich mußte an das Geheimnis der Großen Kraft denken. »Genug geredet«, sagte ich zu Beduiat. »Pasha-gar wird tun, was besprochen ist. Er besitzt die Große Kraft des Hundes. Ich weiß es. Die Hunde werden ihm nichts antun. Sie werden auch nicht anschlagen.« Und zu Pasha-gar: »Ich werde von den Felsen aus nach dir spähen, der junge Mond wird genug Licht spenden. Sobald du glaubst, daß alle Hunde bei dir sind, hebst du den Arm, es soll unser Zeichen sein. Ich werde kommen, mich aber etwas abseits halten, günstig zum Wind, und zu den Lehmhäusern rennen. Sind unsere Chihinne befreit und wir zu Cha-ja-la zurückgekehrt, lasse ich eine Vogelstimme hören, und du kannst kommen.«

Geronimo kam mit einer weiteren Flasche Whiskey und goß ihren Inhalt über mich. Er nahm mir das Gewehr aus der Hand, legte es nieder und rieb mir Arme und Hände mit dem stinkenden Gelben Wasser ein. Jetzt roch ich wie Pasha-gar. Geronimo nahm das Gewehr wieder auf, reichte es mir und sagte: »Für den Fall, daß einer der Hunde schläft oder zu faul oder zu dumm ist, das köstliche Futter zu fressen. Und Lozen-Fleisch haben will. So lassen sie dich in Ruhe, auch die Dummen.« Er lächelte mich an und ging zu seinem Pferd.

Die Zeit für den Weg zu den Felsen, von wo aus man die ganze Hacienda im Blick hatte, verging rasch. Zwischen uns und den Lehmhäusern lag nur noch ein ödes Stück Land. Und Cha-ja-la und ich beobachteten, wie Pasha-gar zu Werke ging. Er ging langsam auf die Ödfläche zu und ließ einen leisen Pfiff hören. Dann schnalzte er mit der Zunge. So rief er auch im Bergdorf seine Hunde. Und die Soldatenhunde kamen gelaufen.

Mit gesenktem Kopf hielten sie bei Pasha-gar. Sie beschnupperten ihn und winselten leise. Wieder schnalzte der kleine

Chihinne. Das Geräusch senkte die Große Kraft des Hundes in die Tiere. Es bedeutete: »Ich bin euer Freund.« Und die Hunde verstanden. Pasha-gar kauerte nieder und begann, sie zu streicheln. Sie blieben friedlich. Dann griff er in die Decke und verteilte kleine Stücke des Beerensaft-Fleisches. Die Hunde begannen zu fressen, und mehr und mehr von ihnen kamen, um den Jungen zu beschnuppern. Auch sie blieben still, waren seine Freunde. Sie scharten sich um ihn, die meisten fraßen, manche wollten nur gestreichelt werden. Er tätschelte sie, wie ich es mit meinen Pferden tat. Dann hob er den Arm.

Ich erhob mich, hielt mich etwas seitwärts und rannte los, über den dürren Sand und auf die Lehmhäuser zu. Beim ersten angelangt, reckte ich den Kopf hoch zu einer kleinen Öffnung in der Wand und zwitscherte leise wie eine Nachtschwalbe. Und wartete. Als keine Antwort kam, schlich ich zum nächsten Haus, gab wieder unser Zeichen. Nichts war zu hören. Ich begann zu glauben, daß Geronimo und mein Bruder etwas falsch verstanden hatten. Daß hier vielleicht gar keine Chihinne gefangengehalten wurden. Ich wandte mich gerade um, um über das öde Stück Land zu laufen, als ich plötzlich Schritte hörte. Es klang sonderbar. Denn von wem sie auch stammten, es war jemand, der nicht gehört werden wollte. Aber es gelang ihm nicht. Ich drückte mich gegen die Wand in das tiefe Dunkel, flach gegen den kühlen Lehm gepreßt. Den Finger um den Abzug gelegt, richtete ich das Gewehr dorthin, von wo der Jemand kommen mußte.

Dann sah ich sie.

Drei alte Frauen und ein kleines Kind, ein Mädchen.

Chihinne.

Ich ließ den Lauf sinken. Und atmete lange und tief aus. Sie kamen, so leise es ging, zu mir, und ich zog sie an mich. Ich konnte den Sand zu unseren Füßen knistern hören. Den Kopf senkend, sah ich den Urin des Mädchens gegen die Erde und meine Knöchel spritzen.

»Sind noch mehr da drin?« fragte ich.

»Außer uns ist niemand hier«, antwortete eine der Alten.

»Habt ihr mein Zeichen gehört?« fragte ich weiter.

Sie nickte.

»Und warum habt ihr nicht geantwortet? Warum kein leises Pfeifen?« forschte ich.

Tränen füllten ihre Augen. »Wir haben es versucht. Wir haben die Lippen gespitzt und geblasen, aber es wollte nicht kommen.«

»Folgt mir«, sagte ich leise. »Bleibt dicht bei mir, ganz dicht. Damit die Hunde euch nicht riechen.« So schnell es ging, nahmen wir den Weg zurück zu den Felsen. In die Freiheit. Ich gab Pasha-gar ein Zeichen, als wir anlangten. Geduckt kam er zu uns gerannt, die Hunde folgten ihm nicht. Sie machten sich über das Fleisch auf der jetzt ausgebreiteten Decke her. »Auf zu Beduiat«, raunte ich.

Vier Chihinne, die so gut wie tot gewesen waren, kehrten ins Leben zurück.

27

Mein Bruder ließ die vier Befreiten von Geronimo und einigen seiner Krieger ins Bergdorf bringen, das unsere Chihinne neu errichteten, irgendwo hoch oben versteckt in den Schwarzen Bergen. Geronimo war damit einverstanden. Auch Shish-kay-nay wollte sie begleiten. (Er wollte sichergehen, daß sie wirklich zuerst ins Bergdorf zogen und nicht in die Soldatenstädte, des Whiskeys wegen. Mein Bruder hatte zugestimmt.)

Als Geronimo und sein Trupp sich in Bewegung gesetzt hatten, brachen wir auf. Unser Weg sollte uns noch tiefer nach Süden führen. In ein Land, das noch nie jemand von uns gesehen hatte. Geronimo hatte meinem Bruder erklärt, wie wir zu dem Ort gelangen konnten, den wir erreichen wollten. Den Ort, wo riesige Wunden im Fels klafften, wo man Chihinne tief in die Löcher in der Erde zwang. Auf unserem Ritt blieben wir unentdeckt, niemand hörte uns, niemand sah uns. Nach vier Tagen waren wir am Ziel. Von einer Anhöhe aus sahen wir sie vor uns liegen.

Chihuahua, die Stadt der Maultiere.

28

Uns ging es nicht um die Stadt selbst. Die Chihinne, die man dorthin verschleppt hatte, waren verloren. Es wimmelte dort von Weißen, von Soldaten, von Rinderleuten, Stadtleuten und ihren Frauen. Ich hatte noch nie so viele Menschen an einem Ort gesehen. Dort konnten wir uns unmöglich auf die Suche nach den Verschleppten machen, ohne entdeckt zu werden. Und wir konnten niemals hoffen, in einer Schlacht gegen so viele Soldaten zu siegen. Nein, uns ging es um das, was laut Geronimo in der Nähe der Stadt der Maultiere zu finden war. Um die Wunden im Berg. Um die Löcher, die die Menschen des Südens gruben, damit sie an Gold und Silber gelangten. Um die Minen. Von der Anhöhe aus suchten wir alle vier Heiligen Himmelsrichtungen nach den großen Wunden ab. Wir fanden nichts. »Laßt uns nachdenken«, sagte Träger Fuß. »Wenn die Goldgräber im Chihinne-Land nach Gold suchen, wo tun sie das?«

»In den Bergen natürlich«, antwortete Beduiat.

»Und so muß es auch hier sein«, sagte Träger Fuß, »sie graben in den Bergen.«

Beduiat nahm den Gedanken auf: »Sie bringen das Gold in die Stadt der Maultiere. So sagt Geronimo. Also beobachten wir die Umgebung, bis wir den Zug der Maultiere in die Berge und aus den Bergen zur Stadt entdecken. Wir lassen sie an uns vorbei und folgen ihnen zu den Minen. Und kommen sie von den Bergen her, kehren sie auch wieder dorthin zurück. Also warten wir, um ihnen zu folgen. Dann dringen wir in die Minen ein und befreien die gefangenen Chihinne, um sie in Sicherheit zu bringen.«

Wir brauchten nicht lange zu warten. Schon bald nachdem uns mein Bruder seinen Plan geschildert hatte, entdeckten unsere Späher eine Anzahl Maultiere, die auf einem ausgetretenen Pfad nur wenig unter uns vorbeizogen. Und wir brauchten auch nicht auf ihre Rückkehr zu warten. Die Minen mußten am Ende des Pfades sein, sagte Beduiat, vielleicht ganz in der Nähe. »Die Eingänge zu den Goldminen sind sehr groß, sie lassen sich nicht verstecken. Wir können sie nicht verfehlen.« Als die Maultiere außer Sicht waren, stiegen wir mit unseren Ponys hinunter zum Pfad und folgten den Lasttieren hinauf in die Berge. Die Zeit der Schlangen brach an, als wir langsam, angespannt lauschend, in Schlachtordnung losritten.

Der Weg war tatsächlich nicht weit. Bald mündete der Pfad in einen großen Cañon. Wir verließen den Pfad, banden Ponys und Pferde im Gebüsch fest und beobachteten den Cañon, in den silbergraues Mondlicht fiel. Am anderen Ende des Tales führte ein dunkler Schacht in die Erde. Davor flackerte helles Feuer. Vor dem Eingang standen zwei Soldaten mit langen Gewehren. Und tief in der Erde kämpften unsere Brüder ums Überleben.

29

Den Blick auf die Mine gerichtet, erklärte Beduiat: »Wir warten ab, ob man Chihinne herausbringt, damit sie an der Luft schlafen können. Geschieht das nicht an diesem Abend, gehen wir vor Tagesanbruch hinein. Wir müssen an den Wachen vorbei.«

»Und wenn unsere Brüder tief im Inneren der Erde sind?« fragte Cha-ja-la. Seiner Stimme war die Furcht anzuhören.

»Dann«, antwortete mein Bruder, »werden wir eben auch tief in die Erde hinabsteigen.«

30

Es erschienen keine Chihinne vor der Mine. Cha-ja-la hatte die ganze Nacht nach ihnen gespäht. Maultiere hatte er gesehen, von Soldaten bewachte Maultiere. Sie waren zum Cañon hinausgezogen, den Pfad hinunter und in die Stadt. Und die Wache war von neuen Männern abgelöst worden.

Aber es war kein Chihinne zu sehen.

Bevor wir uns abends zum Schlafen niederlegten, hatte mein Bruder uns aufgefordert, lange und gründlich nachzudenken, uns zu versenken und darüber zu sinnen, wie wir die Wachen überwinden konnten, lautlos überwinden konnten. Jeder von uns wußte, daß wir sie nicht mit zwei Schüssen töten konnten. Es würde zwar einfach, aber zu laut sein und die Soldaten in der Mine auf uns aufmerksam machen. Sie würden schließlich in einem Hinterhalt auf uns warten und die Befreiung der Chihinne vereiteln. Auch die Bogenschützen konnten nichts ausrichten. Pfeile waren keine Gewehrkugeln, Pfeile wirkten nicht so schnell. Die Wachen würden nicht sofort sterben wie bei einem Gewehrschuß. Sie würden vielleicht noch kurz leben, jedenfalls lange genug, um die Soldaten in der Mine durch Schreie vor einem Angriff zu warnen. Und wieder würden wir einen Gegenangriff fürchten müssen. Die Wachen vor dem Eingang tranken auch keinen Whiskey – wir konnten also nicht hoffen, daß sie, berauscht, irgendwann einschliefen.

Und so sannen wir lange nach, bevor wir uns niederlegten.

Als der Tag anbrach und die Stunde unseres Angriffs gekommen war, war nichts geplant und nichts entschieden. Kein Vorschlag überzeugte. Bis jemand kam, dessen Klugheit uns schon einmal überrascht hatte: Pasha-gar. »Ich würde sie irgendwie vom Eingang fortlocken«, sagte er. »Für kurze Zeit, das genügt. Es müßte ausreichen, um ungesehen hineinzuhuschen. Dann können die Wachen ruhig zurückkommen, sie würden keinen Verdacht schöpfen. Und kommen andere Soldaten vorbeigeritten, sehen sie, daß alles wie gewohnt ist, und werden weiterziehen. Scheinbar hat sich nichts geändert: Es liegen keine toten Wachen am Boden, und es fehlen keine Wachen. Sonst würden uns die Soldaten in einen Hinterhalt locken, wenn wir mit den Befreiten wieder herauskommen.«

Cha-ja-la spann den Gedanken weiter: »Zwei von uns bleiben im Schacht, aber in der Nähe des Eingangs, versteckt im Dunkeln. Wenn die anderen unsere Brüder gefunden haben, geben sie den Zurückgebliebenen ein Zeichen, daß sie die Wachen überwältigen können. Dann macht es nichts, wenn die Soldaten schreien, denn die Befreiung ist geglückt. Wir schießen nicht, wir müssen sie anders überwältigen. Schüsse würden noch mehr Soldaten herbeiholen. Und es ist weit, bis wir in Sicherheit sind. Niemand soll uns folgen. Ja, wir überwältigen die Wachen, töten sie mit unseren Messern.«

Pasha-gar, der zu wachsen schien, warf sich in die Brust und ergriff wieder das Wort: »Zuerst müssen wir die Wachen fortlocken. Weit genug, damit wir ungesehen in den Schacht kommen.«

Beduiat schien seinen Sohn zu überhören, als er sich erhob und wie zu sich selbst meinte: »Wir müssen sie fortlocken, und sie dürfen keinen Verdacht schöpfen.«

Pasha-gar konnte nicht schweigen, er schien überzuschäumen, weil er sich von der Last der Sorgen befreit glaubte. »Wenn die Wachen Frauen wären, bräuchten sie nur mein Gesicht zu sehen, dann würden sie mir nachjagen, um mich zu heiraten. Ich würde sie auf eine falsche Fährte locken, und ihr hättet genug Zeit, um die Chihinne herauszuholen.«

Träger Fuß verzog zornig das Gesicht: »Der Krieg ist kein Spiel, Dummkopf. Und die Wachen sind keine Frauen. Es sind

Männer, die dir die Kehle durchschneiden und darüber lachen. Du mußt noch viel lernen.«

Auch Beduiat sah den Kleinen an, aber ohne Zorn. Er hatte seinem Sohn genau zugehört und etwas bemerkt, was gar nicht dumm war. »Du redest zuviel«, sagte er, »und darüber sprechen wir zu Hause im Dorf noch einmal. Aber du könntest recht haben.«

»Ich habe so viele gewaltige Gedanken im Kopf«, sprudelte es aus Pasha-gar, »daß ich manchmal glaube, er platzt mir gleich.«

Mein Bruder hörte schon nicht mehr zu, er plante bereits und erklärte: »Die Wachen sind keine Frauen, es sind Männer. Aber auch Männer haben Begierden: Es gibt etwas, hinter dem alle Weißen herjagen. Alle Soldaten. Etwas, für das sie sich gegenseitig umbringen würden.«

»Gold«, nickte Gelber Geist traurig.

»Ja, Gold«, bestätigte Beduiat.

Die Chihinne hielten Gold für etwas Übles. Nicht das gelbe Gestein selbst, das die Weißen Erz nannten. Das Gestein war kein Übel. Es war ein aus der Sonne gebrochenes und herabgefallenes Stück, und von der Sonne konnte nichts Übles kommen. Sie sorgte dafür, daß alles Leben wuchs und gedieh. Aber Gold war etwas Übles durch das, was die Goldgräber taten, um es in ihren Besitz zu bringen. Sie rissen Wunden in das Fleisch der Erde. Vor langer Zeit hatte Ussen den Chihinne verboten, die Erde aufzureißen. Es machte die Erde krank und konnte sie schließlich töten. Wir folgten Ussen, aber die Weißen hatten Ussens Botschaft nicht verstanden.

Träger Fuß erhob sich schwerfällig und ging zu seinem Pony. Mit einer Satteltasche kam er zurück. Er legte sie in unserer Mitte auf den Boden und sagte zu Pasha-gar: »Öffne sie, Großer Kopf, und nimm heraus, was darin ist.« Es gelang ihm nicht ganz, ein Lächeln zu unterdrücken, während er Pasha-gar zusah. Der griff in die Tasche, und staunend breitete er vor uns große Klumpen goldschimmernden Gesteins aus. »Geronimo hat sie mir überlassen, als er ging«, erklärte Träger Fuß, zu Beduiat gewandt. »Seine Gefolgsleute hatten sie den beiden Jägern abgenommen. Er hatte gedacht, ich würde das Erz in der Stadt gegen Kugeln eintauschen, aber ich sagte ihm, ich würde die Stadt meiden. Nun, du kennst Geronimo.«

Und Beduiat ersann einen Plan. »Wir befestigen die Klumpen so auf einem Pony, daß man sie sieht. Wir bringen es in die Nähe der Soldaten, damit ihnen die Steine auffallen. Wir lassen das Pony zurück und achten darauf, nicht gesehen zu werden. Mit einem Geräusch machen wir die Soldaten auf das Pony aufmerksam, und ihre Gier besorgt den Rest.«

Ich ergriff das Wort. »Ich bringe das Pony hinunter. Ich bin kleiner und nicht so leicht zu entdecken. Außerdem verstehe ich mich von allen am besten auf Ponys. Dann könnt ihr auf der anderen Seite des Einganges eindringen, während ich die Soldaten auf das Pony aufmerksam mache. Ich halte mich etwas oberhalb versteckt.«

Träger Fuß setzte hinzu: »Wir schlüpfen hinein, sobald die Soldaten beim Pony sind.«

»Wie können wir wissen, daß beide Wachposten sich für das Pony interessieren?« fragte Cha-ja-la.

»Daran gibt es keinen Zweifel«, antwortete Träger Fuß. »Sie sind mißtrauisch, und keiner würde dulden, daß der andere mit einem Gold-Pony allein ist. Sie werden beide gehen.«

Beduiat nahm seinen Gedanken wieder auf. »Die Wachen glauben, daß das Pony irgendwelchen Goldgräbern oben in den Bergen entlaufen ist. Und sie wollen das Gold-Geschenk für sich allein haben. Sie nehmen es an sich und verstecken es. Ja, sie gehen beide hin. Sie sehen sich um, ob Goldgräber in der Nähe sind. Dann nehmen sie das Pony und verstecken es vor ihren Brüdern, die später zur Mine kommen. Nach dem Wachwechsel werden sie es wieder aufsuchen und sich für reiche Männer halten. Jedenfalls zieht es sie zum Pony, und sie überlegen, wo sie es vor den Augen der anderen verbergen sollen.

Das ist die Gelegenheit. Wir müssen die Zeit nutzen, in die Mine hinunterzusteigen. Ungesehen.«

In die Mine hinunterzusteigen: Dies war für uns etwas vollkommen Unbekanntes. Höhlen kannten wir, tiefe, finstere Höhlen, in die kein Licht mehr drang. Aber diese Höhlen waren von Ussen geschaffen worden und keine Wunden in der Erde. Die Mine aber war eine Wunde, von einem riesigen Messer gezogen. Und an dieser Wunde starb die Erde. Ich begann mich zu fragen, ob wir, wenn wir in sie drangen, nicht zu tödlichen Insekten wurden. Wie jene, die am Blut der Wundränder im Leib der Chihinne saugten. Insekten, die den Tod herbeisaugten. Würden wir vom Tod der Erde leben? Würden wir zum Tod der Erde beitragen, wenn wir in die Wunde stiegen? Ich sprach nicht über meine Zweifel. Gleich, was die Furcht mir sagte, die anderen und ich konnten unsere Brüder in der Mine nicht dem sicheren Tod überlassen. Beduiat spürte meine Sorgen, meine Furcht. Er kam zu mir, legte mir die Hand auf die Schulter und flüsterte: »Ussen versteht, warum wir dort hineingehen. Er weiß, daß wir die Wunden nicht gemacht haben.«

31

Wir gingen genauso vor, wie es geplant war.

Ich führte das Pony langsam und lautlos zu einem von knorrigen Kiefern überragten Gebüsch, das sich, noch in Sichtweite des Einganges zur Mine, gegen die Wand des Cañons drückte. Dort ließ ich das schwer mit Erz beladene Tier allein und kletterte die Bergflanke über der Mine hinauf. Meinen Bruder sah ich mit seinen Kriegern in den Felsen unter mir versteckt liegen. Dann nahm ich einen Stein und schleuderte ihn in das Gebüsch.

Die Köpfe der Soldaten fuhren herum. Sie sahen erst auf das Pony, blickten sich an, sahen darauf wieder zum Pony. Sie mußten etwas Glitzerndes bemerkt haben, denn sie gingen langsam in Richtung der Sträucher. Dann standen sie beim Pony. Sie sahen sich um, immer wieder, schließlich nahmen sie das Tier und führten es in das Gebüsch, wo sie aus meinem Blickfeld verschwanden.

Lautlos, unsichtbar, einer nach dem anderen, huschten wir in die Mine.

Es war finster in der tiefen, tiefen Wunde.

32

Beduiat wollte, daß Träger Fuß und Cha-ja-la, versteckt im Dunkel der Mine, vor dem Ausgang des Schachts warteten und auf unser Zeichen den Soldaten die Gewehrläufe in den Rükken drückten. Die beiden Krieger stimmten zu. Pasha-gar blieb in unserem Lager zurück und bewachte Ponys und Pferde. Zusammen mit fünf anderen Kriegern stiegen Beduiat, Gelber Geist und ich immer tiefer in die unergründliche Finsternis. Die Luft war feucht und kalt. Sie drang in die Kleider und legte sich schwer auf die Brust. Ich konnte kaum noch atmen. Mir schwindelte, ich fühlte mich schwach, ich wußte nicht, wo ich gerade den Fuß hinsetzte. Da stolperte ich, riß beide Arme hoch und faßte mit der Hand in die Felswand zu meiner Linken. Ich fühlte, wie das Blut der Erde über meine Finger rann, fast hätte ich geschrien. Ich zuckte zurück, gewann mein Gleichgewicht wieder und tappte weiter. Vor mir mußte Gelber Geist sein, vor ihm mein Bruder. Es ging immer tiefer in die Erde.

Plötzlich sahen wir helles Flackern vor uns. Im Fackelschein sahen wir Chihinne liegen, gefesselt. Sie waren mit Stricken aneinander gebunden wie ein Zug von Maultieren. Die Hände hatte man ihnen auf den Rücken gebunden, um die Knöchel waren ebenfalls Stricke geschlungen. Es waren sieben, und an sie gebunden hatte man Brüder aus den Bergen, die ich noch nie gesehen hatte. Sie alle waren mit schwarzem Staub beschmiert und nackt. Sie lagen still. Sie waren allein, sie wurden nicht bewacht. Als wir uns ihnen näherten, blickten sie uns ohne jede Regung an. Wir halfen ihnen aufzustehen und banden sie los. Und gemeinsam tasteten wir uns den dunklen Gang zurück, den wir gekommen waren. Dann gaben wir Träger Fuß ein Zeichen. Wie sich herausstellte, war es nicht nötig gewesen, die Wachen zu überwältigen oder zu töten. Als wir bei Träger Fuß und Cha-ja-la anlangten, erklärte der alte Krieger: »Sie sind nicht mehr zurückgekommen. Ich ging hinaus, um nachzusehen, und sah sie mit dem Pony davonreiten. Sie sind inzwischen weit weg.«

33

Die uns unbekannten Männer aus den Bergen verließen uns, als wir im Lager bei Pasha-gar anlangten. Beduiat versorgte sie noch mit Mundvorrat und Wasser, dann waren sie fort.

Kurze Zeit später brachen auch wir auf. Uns begleiteten sieben Chihinne, die dem Tod entronnen waren. Sie saßen hinter uns auf unseren Ponys und Pferden, bis wir auf eine Ponyherde stießen und die Tiere einfingen. Darauf ging es rasch nordwärts. Für die Soldaten, die immer noch unsere Berge durchkämmten, blieben wir unsichtbar. Das neue Bergdorf oben in den Schwarzen Bergen erreichten wir unversehrt. Dort nahm Beduiat den inzwischen von Staub und Blut gesäuberten Nadazai mit in sein Tipi und berichtete ihm vom Schicksal seiner Eltern und seiner Großmutter. Nadazai saß zunächst starr und sagte nur, daß er ihre Leichname sehen wollte. Dann weinte er. Mein Bruder rief mich hinzu. »Es blieb uns keine Zeit, sie zu begraben«, sagte Beduiat sanft.

»Und die anderen Brüder und Schwestern? Die, die hier blieben und das neue Dorf bauten?«

»Sie fürchteten sich davor, zurückzugehen und sie zu holen. Sie hatten sogar Angst, sich um die Überlebenden zu kümmern.«

»Dann bleibt mir nur noch die Erinnerung«, sagte Nadazai mit leiser Stimme.

Und Beduiat antwortete: »Sei dankbar, daß sie nicht mit Blut befleckt ist.« Dann schwiegen sie.

Was hätte sonst gesagt werden können?

34

Auf unserem Weg nach Süden, der die Befreiung der sieben Chihinne brachte, hatte ich über vieles nachzudenken gehabt. Tag und Nacht hatte ich auf der Hut sein müssen. Ich hatte alles um mich herum im Auge zu behalten, immer und immer auf Geräusche zu lauschen, die uns einen Hinterhalt der Soldaten verraten konnten. Auch dann, wenn die Zeit der Schlangen am finstersten war, hatte ich mich zum Schlafen zwingen müssen, damit sich mein Leib wieder mit der Kraft anfüllen konnte, die der Schlaf den Chihinne brachte.

Des Tags und des Nachts vermied ich es, die Welt um mich herum zu verlassen, um davon zu träumen, die Frau von Gelber Geist zu werden. Ich mußte mir versagen, davon zu träumen, daß er für immer bei mir und den Chihinne bliebe. Mehr noch: Ich verzichtete nicht nur auf die Träume von Gelber Geist und der Heirat, sondern versuchte darüber hinaus, großen Abstand zwischen ihm und mir zu wahren. Ich sprach nur dann mit ihm, wenn es sich gar nicht vermeiden ließ. Ich fühlte, wenn ich mit ihm sprechen, wenn ich ihn ansehen würde, daß mich die Liebe wie ein reißendes Wasser davontragen und alle anderen Gedanken zum Verstummen bringen würde, alle Gedanken einer Kriegerin. Wenn dies geschah, wäre ich meinem Bruder und den anderen keine Hilfe mehr gewesen.

Im Bergdorf aber überstrahlte meine Liebe zu Gelber Geist alle anderen Gefühle und Gedanken und füllte mich mit Träumen vom Kommenden.

Schließlich, eines Nachts, wollte ich, daß die Träume wahr wurden. Ich folgte Gelber Geist hinaus in die Dunkelheit und fand mich schließlich an seiner Seite auf einer Bergspitze stehend, unter uns ein Tal. Anscheinend wußte er, warum ich gekommen war.

»Ich kann nicht bleiben, Lozen«, sagte er, bevor ich meinen Traum in Worte fassen konnte.

»Kannst du nicht wenigstens versuchen, zu bleiben und mit uns zu leben?« fragte ich. »Vielleicht wirst du das Leben bei den Chihinne lieben lernen.«

»Ich weiß, Lozen, ich weiß, daß ich das Leben mit dir und den Chihinne lieben würde.«

Ich sah ihn an, wollte ihn berühren. Er ahnte es und trat einen Schritt zurück. »Bleibe«, bat ich, »und wir werden heiraten. Bleibe bei mir, Gelber Geist.«

Er sprach langsam, als er antwortete: »Ich kann nicht bleiben, niemals, Lozen. Ich liebe dich aufrichtig. Und vor allem will ich dich heiraten, um für immer mit dir zusammen zu sein. Aber ich kann nicht. Mein Herz will es, aber ich kann nicht.«

»Auch mein Herz will, daß du bleibst«, antwortete ich.

»Unsere Herzen denken nicht, sie sind töricht, Lozen.«

Ich schüttelte den Kopf. »Ich weiß nichts mehr, ich weiß gar nichts mehr.«

Er wich noch einen Schritt zurück. »Wir dürfen nicht vergessen, was wirklich ist, meine Lozen. Du bist wie die Rote Erde. Du gehörst hierher. Und ich, ich trage eine Krankheit in mir, die euch alle umbringen wird, wenn ich bleibe.«

»Wir alle werden irgendwann sterben!« Ich versuchte, das Weinen zu unterdrücken.

»Ich setze mein Leben dafür ein, daß dies nicht geschieht«, entgegnete er.

Ich konnte die Tränen nicht mehr zurückhalten. »Wohin gehst du?«

»Ich will dir und deinem Stamm helfen, so gut ich kann. Und den anderen Stämmen der Chihinne, jenen aus der Mine oder jenen aus den Bergen. Denn alle Chihinne sind gleich.«

»Du kannst doch bleiben und mit uns kämpfen«, drängte ich.

»Ich will so viele Soldaten wie möglich von hier, aus euren Bergen fortlocken, Lozen«, erklärte er. »Ich hoffe, daß mir viele folgen werden. Und dann werde ich zu den anderen Stämmen gehen und ihnen von der Wahrheit berichten, die ich bei den Chihinne erfahren habe.«

»Was für eine Wahrheit, Gelber Geist?«

»Daß es eine Welt nach der unseren gibt. Daß wir, um dorthin zu gelangen, unsere Brüder und Schwestern lieben müssen. Die Erde lieben müssen. Und wenn ich alles, was in meinen Kräften steht, getan habe, um diesen Traum der Chihinne weiterzugeben, den Traum, der die Wahrheit ist, den Traum von einer besseren Welt, dann hoffe ich, daß Ussen mir vergibt für das, was ich früher getan habe.«

»Und wenn Ussen dir vergibt?«

»Dann werde ich, wenn die Zeit gekommen ist, in das Tal des Glückes reisen.«

»Und wirst du dort auf mich warten?« rief ich verzweifelt.

»Ich liebe dich von ganzem Herzen, Lozen«, antwortete er. »Und ich werde auf dich warten.«

35

Am nächsten Morgen ritt Gelber Geist ins Tal hinunter. Vom Rande des Bergdorfes aus konnten mein Bruder, Nadazai und ich ihn beobachten. Die Soldaten, die nur darauf warteten, daß ihnen Chihinne in die Hände fielen, entdeckten ihn und jagten ihm nach. Schwere, schwarze Wolken waren aufgezogen.

Aus ihnen fiel warmer Regen. Durch die Regenschleier, weit, weit weg, sah ich Gelber Geist über gelbe Wiesen reiten. Dort verschwand er. Er verschwand vor meinen Augen in einem Nebel aus Regen, Wolken und gelben Blüten. Er verschwand mit den Soldaten, die ihm folgten.

Er war fort.

Nichts blieb zurück.

Nur in meinem Herzen, in meinem Leben, in jedem Atemzug, den ich von nun an tat, lebte er fort.

Nichts blieb zurück.

Nur in meinen Tränen, die ich weinte und solange weinen würde, bis wir uns begegneten und berührten, in einer anderen und besseren Welt, lebte er fort.

36

Die Zeit verging.

Sie hielt nicht an, obwohl ich es so wollte. Ich hatte gewollt, daß sie anhielt, solange Gelber Geist bei mir war. Anhielt und ihn daran hinderte, mich zu verlassen.

Die Zeit verging.

Siebzehn Ernten kamen und gingen. Und ich war kein Mädchen, auch keine junge Frau mehr.

Die Zeit verging. Und mein Volk, nach siebzehn Ernten des Versteckens, Fliehens, Kämpfens, Sterbens, wurde einsam. Beduiat, mein Bruder, Häuptling der Chihinne, sah, wie seine Brüder und Schwestern krank wurden vor Einsamkeit. Sich nach einer Zeit zurücksehnten, die lange, lange vergangen war, einer Zeit, die sie kaum noch kannten, einer Zeit, da noch keine Soldaten uns jagten. Mein Bruder liebte sein Volk. Er tat alles, was in seiner Macht stand, damit sich die Chihinne nicht einsam fühlten. Gemeinsam mit Träger Fuß stieg er weit hinunter in die Täler und sprach mit dem Führer der blau gekleideten Soldaten. Er wurde General Howard genannt. Jener Howard erklärte, daß in den Schwarzen Bergen kein Gold mehr zu finden war, daß die Chihinne jetzt in Frieden leben konnten. Er sprach zu Beduiat und Träger Fuß: »Ihr könnt hier in der Nähe der Warmen Quellen leben, es mag eure Heimat sein. Ich werde sie Ojo Caliente-Reservation nennen. Es soll für immer eure Heimat sein. Solange Bäume blühen und Ströme fließen. Dies soll eure Heimat sein.«

Und endlich gab es Frieden.

Rinderleute und Stadtleute lebten nicht weit von uns.

Aber es gab Frieden.

Vier Ernten lang Frieden.

Dann stießen die Goldgräber wieder auf den gelben Stein.

Und in der Ferne, an einem öden Ort, gärte der Haß in den Soldaten, die nicht wollten, daß die Chihinne eine Heimat hatten. Ihre Führer kamen zu Beduiat und erklärten, daß alle Chihinne, die Shoshone und die Ned-nai, die Bedonkoe und das Kiefern-Volk zu einem Ort in der Wüste gebracht werden sollten, der San Carlos hieß.

Dort würde man uns Apache nennen.

Und dort würden wir dahinsterben.

Mein Bruder, der Frieden wollte, führte seinen Stamm nach San Carlos. Dort aber sah er mit eigenen Augen, mit schmerzendem Herzen, wie die Chihinne einer Krankheit erlagen, die man nicht sehen konnte. Und daß Chihinne dahinsiechten, konnte Beduiat nicht zulassen.

Er führte uns wieder fort von San Carlos. Das heißt jene, die mitkommen wollten.

Und wieder wurden wir zu Gejagten.

Wurden einsam.

Und wieder verfolgte uns der Gedanke: Was hätte sein können, wenn uns die Soldaten angeschaut und gesehen hätten, daß auch wir Menschen waren.

37

Wir nannten Soldaten, Goldgräber, Rinderleute und Stadtleute INDAH.

Wir nannten uns selbst INDEH.

Seht euch die Worte an, Kinder: Aus einigem Abstand sehen sie gleich aus.

Wenn ihr Chihinne und Soldaten aus gewissem Abstand betrachtet, sehen sie gleich aus.

Aber INDAH wird mit A geschrieben.

INDEH wird mit E geschrieben.

INDAH bedeutet: Die Lebenden.

INDEH bedeutet: Die Toten.

38

Die Heiße Zeit war fast vorbei, als wir aus San Carlos flohen. Ich ritt an der Seite meines Bruders. Von fern waren Schüsse zu hören, und sie kamen näher. Die Soldaten hatten Angst. Inmitten von Staub und Kakteen, von Felsen, Geröll und versiegenden Rinnsalen, sahen sie Chihinne. Und sie schossen mit ihren Gewehren darauf. Auf nichts. Auf Staub, Kakteen, Felsen, Wasser. Voll Angst folgten sie uns. Ich begriff aber nicht, woher die Soldaten von unserer Flucht wissen konnten. Weshalb es schien, als seien sie immer hinter uns, näher und näherrükkend, wohin wir auch flüchteten. Es war, als wären wir mit unsichtbaren Stricken an sie gefesselt. Und wie wir ritten, flohen, uns verbargen, zu überleben versuchten, schienen wir sie hinter uns herzuziehen. Ich versuchte, die Stricke zu finden, als wir San Carlos verlassen hatten. Ich fand nichts. Sie waren unsichtbar. Und dennoch stark, stark genug, um die Soldaten stets in der Nähe der Chihinne zu halten. Zu nah. Und zum Angriff bereit.

Als wir San Carlos verließen, zählten wir 600 Menschen. Nicht alle waren uns vom Ort des Sterbens gefolgt. Manche blieben und ertranken in Einsamkeit. Sie waren verloren, wurden erdrückt. Sie konnten sich nicht erheben, nicht stehen, nicht reiten, nicht fliehen, nicht kämpfen. Sie waren keine Chihinne mehr. Das Wort Chihinne kam nicht mehr über ihre Lippen, wenn sie von sich selbst sprachen. Sie nannten sich bei dem Namen, den die Soldaten ihnen gegeben hatten: Apache.

Apache.

Chihinne bedeutete Volk der Roten Erde.

Chihinne bedeutete Heimat. Heimat, wo wir geboren waren, lebten, liebten.

Apache bedeutete der Feind.

Die Einsamen nannten sich selbst »die Feinde.« Sie glaubten sich den Soldaten unterlegen, hielten sich für minderwertig, für armselige Würmer.

Mein Bruder hat das Wort Apache niemals ausgesprochen.

Er war niemals ein Wurm.

39

Mein Bruder hatte einen Plan. Er wollte, daß wir nach Süden zogen. Im Land der Chihinne gab es keinen sicheren Ort mehr. Zu überleben war nur möglich, wenn wir uns in das Land des Südens aufmachten und unser Stamm sich in den Bergen der Tanzenden Lichter niederließ. Und dort neue Kraft schöpfte, um schließlich in die Heimat zurückzukehren und die Soldaten zu vertreiben.

Wir hatten das Mexiko genannte Land fast erreicht, als Pasha-gar – nun ein Krieger, der eine Große Kraft besaß –, Nadazai und ich von meinem Bruder zurück nach San Carlos geschickt wurden. Wir sollten dort mit den Einsamen reden. Und mit Geronimo und seinen Leuten. Wir sollten sie überzeugen, mit uns zu kommen, mit uns zu kämpfen. Die Apachen und Geronimos Leute hatten viele Gewehre, versteckt an Orten, die nur sie kannten. Wir fragten jeden einzelnen von ihnen. Sie weigerten sich alle. Wir fragten nach den versteckten Gewehren, um allein, aber besser ausgerüstet, gegen die Soldaten kämpfen zu können. Sie weigerten sich, uns das Versteck zu nennen. Die Apachen wollten nie mehr ein Gewehr anrühren, aber auch nicht die Soldaten erzürnen, indem sie die Waffen an uns weitergaben. Geronimo wollte einfach nicht mitmachen und seine Gewehre nur dann gebrauchen, wann er es für richtig hielt. Er wollte in San Carlos bleiben, bis er sich zum Kämpfen entschloß. Es war nicht die Einsamkeit, die ihn so reden ließ. Die ihn zum Verräter machte.

Es war der Whiskey. Es war der Whiskey, der ihn nur noch an sich selbst denken ließ. Er war nicht mehr der Krieger, der seinem Volk diente.

40

Als wir zu unserem Stamm zurückgekehrt waren, betrachtete ich jene, die sich noch Chihinne nannten. In so vielen Gesichtern stand die Furcht. So viele hatten Angst. Gejagt zu sein, das war eine Angst, ein Schrecken, ein Schmerz tief im Bauch, der sich nicht in Worte fassen läßt. Als Mensch kann man das Gejagtsein nur überstehen, wenn man an Gott glaubt, an Ussen. Zweifelt man, daß es Ussen gibt, und seien es nur leise Zweifel, dann ist man gestorben, bevor die Kugeln der Soldaten einen durchbohren. Ohne Vertrauen in Ussen, ohne den Glauben, daß Ussen lebt und uns liebt, wird ein Mensch, der nicht an Einsamkeit stirbt, zu Wachs in den Händen der Soldaten. Ebenso wie Wachs wird dieser Mensch unter ihren Händen geformt, bis er tut, was von ihm verlangt wird. Die Soldaten machten die Einsamen jammern, sie ließen sie Tag und Nacht in Angst leben. Sie machten sie zu Verrätern an den eigenen Brüdern und Schwestern, zu Kämpfern gegen das eigene Volk, zu Sklaven. Die Einsamen glaubten, auf diese Weise überleben zu können, aber sie wurden zu leblosem Wachs ohne Glauben und Hoffnung. Zu Wachsklumpen, die nichts als Furcht kannten. Die Furcht davor, sich wie Gejagte zu fühlen. Und so wurden die Einsamen zu Helfern der Soldaten. Zu Kundschaftern. Zu Verrätern.

Die Einsamen in San Carlos waren bereits Wachs.

Die Chihinne an der Seite meines Bruders waren es fast, zumindest einige unter ihnen. Sie zweifelten, daß Ussen lebte, uns liebte.

Ich verurteilte sie nicht.

Sie versuchten immerhin, an ihrem Glauben festzuhalten.

Jene, die bei uns waren, hatten Gründe für ihren Zweifel.

Wir waren Indeh.

Die Tiere waren fast überall verschwunden.

Unsere Welt hatte sich verändert. Sie blutete.

Verblutete.

Oder war bereits tot.

Ich verurteilte die letzten Chihinne nicht, weil sie zweifelten.

In der Zeit der Schlangen, wenn ich mich einsam fühlte und Vater und Mutter sah, wie sie leblos dalagen, dann zweifelte auch ich.

Auch ich fragte, wo Ussen war.

Aber brach der Tag an, dann kam die Erinnerung. Ussen liebte uns. Er hatte uns alle Kraft, alle Liebe gegeben, die er besaß. Sie reichte jedoch nicht aus gegen die Soldaten. Und wir starben. Alles, was Ussen uns verheißen konnte, war eine bessere Welt nach dem Tode. Ein Tal des Glückes.

41

Die Soldaten rückten näher. Mein Bruder ließ die meisten Chihinne weiterziehen und blieb mit mir und einigen Kriegern zurück. Er wollte die Soldaten in einen Hinterhalt locken und wählte dazu einen kleinen Cañon, ein schmales Seitental aus, durch das die Verfolger kommen mußten. Träger Fuß, inzwischen ein Greis, sollte mit ein paar Chihinne vor der gegenüberliegenden Talwand versteckt liegen, mein Bruder bezog mit sieben Kriegern auf unserer Seite Posten. Ich gehörte dazu.

Späher stiegen die Berghänge rechts und links der Schlucht hinauf, um Zeichen zu geben, wenn sich die Soldaten näherten. Als alle bereit waren, wandte sich Beduiat an mich: »Kannst du mit Nadazai zum Eingang des Cañons gehen und dich den Soldaten zeigen? Sie auf eure Fährte locken, damit wir sicher sind, daß sie diesen Weg und keinen anderen nehmen? Sie sollen glauben, Chihinne vor sich zu haben, die ihnen schutzlos ausgeliefert sind. Bist du bereit?«

Ich nickte. Und Nadazai und ich ritten den Soldaten entgegen. Als wir sie entdeckten, hatten sie ihre Jagd jedoch eingestellt und ein Lager aufgeschlagen. Nadazai und ich sprangen ab und verbargen uns in den Felsen, um sie zu beobachten. Wir blieben, bis die Sonne sank und den Himmel rot färbte. Als wir in den Cañon und zu meinem Bruder zurückgekehrt waren, berichtete Nadazai. Beduiat beschloß, bis zum Morgen zu warten und dann die Soldaten auf uns aufmerksam zu machen, damit sie uns in die Falle gingen. Ich durchquerte die enge Talsohle, um Träger Fuß auf der anderen Seite den Plan mitzuteilen. Dann lehnte ich mich gegen einen Felsen und versuchte, mich dem Schlummer und den Träumen zu überlassen. Aber es gelang nicht. Und so spähte und wartete ich.

Wartete auf die Schlacht.

42

Als die Sonne wiederkehrte, schickte mein Bruder zwei junge Krieger, die die Soldaten auf sich ziehen sollten. Ich erklomm einen Grat des Cañons und spähte in die Richtung des Soldatenlagers. Spähte aus nach den Staubwolken, die sich erheben würden, wenn die Soldaten und ihre Sklaven, die Einsamen, kamen. Der graue Himmel färbte sich ringsum leuchtend blaugelb. Da sah ich weit unter mir im freien Gelände einen jungen Gabelbock springen. Er war flink und behende, und wie ich ihm beim Spielen zusah – ja, er spielte wirklich –, stiegen Junge-Gabelbock-Gedanken in mir auf.

Wie er sich wohl fühlte?

Dort, auf dem felsigen Kamm kauernd, darauf wartend zu töten, fand ich, daß dieser junge Gabelbock keine Sorgen kennen konnte. Er grübelte nicht, er spürte nur Sonne und Wind und spielte übermütig. Er sprang und bockte, schoß hierhin und dorthin, zeigte keine Furcht. Wirklich, er spielte, ungestüm und glücklich. Denn Glück bedeutet ein Leben ohne Furcht. Und in meinen Junge-Gabelbock-Gedanken fand ich, daß ein solches spielendes Tier keine Gedanken an die Zukunft verschwendete. Keine Gedanken daran, was in der Welt geschah oder was geschehen könnte, wenn die Soldaten und ihre einsamen Helfer in den Cañon drangen. Der kleine Gabelbock wußte nichts von der Zukunft. Er fühlte keine Soldaten herannahen. Wie auch? Wie sollte er dabei noch übermütig spielen?

Ich betrachtete ihn. Das weiße Hinterteil stach vom braunen Fell ab, beim Niederstoßen aus dem Sprung senkte er den Kopf mit den noch kurzen Hörnern. Dann rannte er ein Stück, sprang wieder nach links, sprang nach rechts. Es sah aus, als ob er Bienen oder Schmetterlinge jagte. Einen kurzen Augenblick quälte mich Sehnsucht – wie gern wäre ich an seiner Stelle gewesen. Er wußte nicht, was bald geschehen würde. Der junge Gabelbock wußte nichts vom nahenden Tod der Erde. Er kannte nur sein Spiel, die Jagd auf Bienen und Falter, er schmeckte und roch nur Gras, Wasser und die wärmende Sonne.

Dann war ich wieder Lozen.

Kein spielender Gabelbock.

Und ich hoffte so sehr, daß die Soldaten und Einsamen bald kamen, von Westen kamen, damit ich die Sonne im Rücken hatte. So würden sie von der Sonne, die uns liebte, geblendet.

Wenn ich auf sie schoß.

43

Ich war nicht übermütig, nicht verspielt.

Ich war eine Chihinne.

Lozen. Eine Chihinne.

Vor mir sah ich Staubwolken.

Zuerst eine kleine, noch am Horizont.

Wenig später, dahinter, eine größere.

Die erste Wolke konnte nur eines bedeuten, nur Abstoßendes: die Einsamen, Kundschafter.

Kundschafter für die Soldaten.

Männer, die von den Soldaten Apachen-Scouts genannt wurden.

Männer, die einst Chihinne waren.

Männer, die einst nach den Geboten Ussens lebten.

Männer, die einst von Soldaten gejagt wurden.

Männer, die einst gegen die Soldaten kämpften.

Männer, jetzt einsam, verloren.

Die Einsamkeit hatte sie verändert.

Gebrochen.

Jetzt waren sie Wachs in Soldatenhänden.

Zu Mördern geformt.

Mörder, die für die Soldaten töteten.

Ich hörte Schritte hinter mir. Es war Cha-ja-la. Auch er sah die Staubwolken. »Tontos«, meinte er in der Sprache der Mexikaner und deutete mit seinem Gewehr auf die kleinere Staubwolke. Er brauchte nicht in unserer Sprache zu reden, ich kannte die Bedeutung des Wortes. Tontos, Dummköpfe. Kundschafter, gefährliche Dummköpfe. Ich ließ Cha-ja-la auf seinem Spähposten allein und kletterte hinunter zu Träger Fuß. Wo die Wand des Cañons aufragte, hatte er sich hinter einem großen Felsbrocken verborgen. Das war sein Versteck, von wo aus er auf die Soldaten schießen wollte. Ich beschloß, bei ihm zu bleiben, solange der Kampf dauerte. Er brauchte Schutz, aber er gestand es sich nicht ein. Ohne Pferd war er nicht schnell genug, mußte hinter den anderen Kriegern zurückbleiben. Er zählte 75 oder mehr Ernten, jedenfalls war er so alt, daß er es selbst nicht mehr genau wußte. Und er war in Gefahr, wenn die Soldaten und Kundschafter lange Widerstand leisteten. Laufen, flüchten, sich erneut verstecken, schießen und wieder verschwinden wie wir, das konnte er nicht. Er konnte sich nicht mehr unsichtbar machen. Ich mußte ihm beistehen.

»Sei vorsichtig, Lozen«, sagte er. »Habe Geduld. Erschieße zuerst die Pferde. Dann sitzen die Soldaten in der Falle und können nicht mehr fliehen.«

Unsere beiden Reiter kamen in den Cañon gesprengt und berichteten Beduiat. Dann sah ich die Kundschafter, dicht gefolgt von den Soldaten. Als sie in das Tal einbogen, ritten sie langsamer und sahen sich immer wieder um. Plötzlich hörte ich Steine poltern. Nadazai kam aus seinem Versteck auf uns zugerannt, warf sich auf den Boden und kroch zwischen uns. Ich wandte mich um, damit ich sehen konnte, ob die Soldaten ihn bemerkt hatten, ihn gehört hatten. Wir hatten Glück. Nadazais Gesicht war verzerrt vor Angst. Aus seinen Augen sprach Einsamkeit. »Ich wollte nicht allein sterben«, sagte er. Shish-kaynay, nun ein alter Krieger und immer noch groß und dickleibig, kroch aus seinem Gebüsch zu uns herüber. Er wußte, um was es ging: »Heute werden nur Soldaten und Kundschafter sterben.« Er faßte Nadazai an der Schulter und flüsterte: »Jetzt sei ruhig und gib acht. Denke daran, wer und was du bist.«

Wir warteten, bis alle Soldaten von den Felswänden des Cañons eingeschlossen waren. Und dann sah ich, wie Beduiat und drei andere Krieger hinter dem letzten Soldaten aus ihrem Versteck traten und schossen.

44

Ich sah die Soldaten und Kundschafter fallen, ihre Pferde zusammenbrechen. Ich sah, wie Soldatenstiefel mit kniehohen Schäften, mit Krusten aus Staub und Schlamm, in der Erde wühlten. Ich sah die Soldaten schwitzen, sah die Angst in ihren Gesichtern. Ich sah sie schwitzen, als sie verzweifelt hin und her rannten, nach Deckung suchten. Als sie um ihr Leben rannten. Als sie sich zu den Talwänden zu retten suchten. Als sie auf die Felsen zurannten, hinter denen wir versteckt lagen. Ich sah sie schwitzen. Schweiß und Angst sah ich, als ich sie tötete.

45

Von den Felsen gedeckt, feuerten wir unsere Kugeln ab. Soldaten und Kundschafter, die noch lebten und in unsere Richtung flüchteten, warfen sich herum und stürzten zur gegenüberliegenden Talwand. Dort warteten Beduiats Krieger. Und schossen.

Kein Ausweg, keine Zuflucht, keine Rettung für Soldaten und Einsame. Nur Gewehre. Nur Schwaden weißen Pulverdampfes.

Für die Soldaten sind wir Gespenster. Flink. Unsichtbar. Ihnen bleibt keine Zeit zurückzuschießen. Worauf sollten sie auch schießen?

Die Soldaten erstarren im Laufen.

Sterben, wo sie stehen.

In der Falle.

Sterben.

46

Es ist rasch vorüber. Ich gehe langsam und angespannt, lauschend inmitten der Toten. Eine Leiche nach der anderen drehe ich um, die, die mit dem Gesicht nach unten liegen. Denn ich will sichergehen, daß sie wirklich tot sind und sich nicht, wenn wir uns umwenden, erheben und den Chihinne in den Rücken schießen. Nadazai ist an meiner Seite und betrachtet mein Tun. Er sieht, daß ich die Leichen nicht mit den Händen berühre. Vor langer Zeit hat mich Gelber Geist vor der Soldatenkrankheit gewarnt. Deshalb drehe ich die blutenden Leiber mit dem Gewehrlauf um. Die Sonne wirft gleißendes Licht in den Cañon, es ist seltsam still. Nadazai, ich sehe sein Gesicht, das Gesicht eines Mannes, eines Kriegers. Ich höre, wie er sagt: »Lozen, etwas in mir stirbt, wenn ich töte. Ich fühle, wie es stirbt, und ich kann nicht einmal sagen, was es ist. Oder wie ich es wieder leben lassen kann.«

Was soll ich antworten? Ich weiß keinen Rat. Wie soll ich ihn trösten? Ich schweige, rolle eine Soldatenleiche auf den Rükken. Schließlich sage ich: »Wir müssen töten.«

»Ich weiß«, nickt er. »Ich habe es immer gewußt.« Er verstummt.

Er ist tapfer, mein Freund Nadazai. Mein Vater hatte mir einst gesagt: »Tapfer ist, wer Furcht empfindet. Und vielleicht Einsamkeit. Wer jeden Tag mit Furcht und Einsamkeit kämpft, um er selbst zu sein. Und kein Sklave, kein Einsamer.« Ich sehe Nadazai an. Die Einsamkeit zeichnet sein schönes Gesicht wie ein Geschwür. Es wuchert, wo das »Etwas« im Begriff ist zu sterben.

47

Junge Krieger beginnen, den Leichen Gewehre und Kugeln abzunehmen. Alles andere rühren sie nicht an, sie verstümmeln keinen. Sie nicht. Anders die Frauen der Chihinne. Wären sie bei uns, sie würden die toten Soldaten erneut mit Messern und Speeren töten. Wieder und wieder. Aufspießen, erstechen, aufschlitzen, das Fleisch von den Knochen reißen. Und dann würden die Chihinne-Frauen zu Boden fallen und weinen, schluchzen, schreien. Rache ist nicht süß. Sie bringt keinen Mann, keinen Bruder, keine Mutter, keinen Vater, keine Schwester, kein Kind zurück. Das Stechen und Aufspießen der Toten erleichtert nur für einen kurzen Augenblick. Nur kurze Zeit spült es – wie ein warmer Regen – das Gefühl fort, hilflos zu sein, gejagt zu sein. Hilflos und gejagt. Wenn die Frauen die Leichen zerfetzen, vergessen sie ihr Entsetzen, sie schlagen nur zurück, anders können sie es nicht. Anders können sie nicht aufschreien: »Laßt uns in Frieden! Wir haben euch nie etwas getan!« Sie spießen, bohren, schlitzen, stechen. Sie töten die Soldaten, die sie Tag und Nacht verfolgen. Die Soldaten, die sie in ihren Träumen heimsuchen. Sie spießen und stechen, weinen und schreien. Weinen und stürzen vornüber und wissen, daß ihnen das Töten der Toten nicht hilft, daß es die ermordeten Chihinne nicht wieder aufstehen läßt.

Mein Bruder tritt neben mich und Nadazai. Ich drehe einen Soldaten mit dem Gewehr auf den Rücken. Er lebt noch, atmet schwach. In Brust und Gesicht geschossen, von Schmerz gequält, blutend, sieht er uns über sich. Er sieht mich an, er, der noch jung ist. Und hilflos. Er weiß, wie hilflos er ist. Er bewegt sich nicht, kann sich nicht bewegen. Die Kraft reicht nicht. Er kann mich nur ansehen. Mich. Er bleibt stumm. Hilflos ist er, vom Jäger zum Gejagten geworden. Mein Bruder kniet und sagt: »Es kommen mehr und mehr junge Weiße aus Städten und Minen. Er ist nicht der letzte. Sie lassen uns nicht in Ruhe. Gleich, wie viele wir töten.« Träger Fuß nähert sich uns hinkend. Er hat die traurigen Worte gehört. Er legt Beduiat die runzlige Greisenhand auf die Schulter: »Dieses Mal hast du nicht recht. Die Soldaten haben Angst vor uns, und die Angst verfolgt sie im Schlaf. Sie werden bald verschwinden. Wenn wir so viele töten, daß sie auf ihre Angst hören und fortgehen. Und wir werden überleben, weiterleben.« Ich sehe Nadazai an, kann den Worten von Träger Fuß nicht glauben. Von ganzem Herzen wünsche ich, ihm glauben zu können, aber ich kann es nicht. Die Träume der Kindheit sind vorbei. Ich kenne die Angst der Chihinne, die sie Tag und Nacht gepackt hält. Ich kenne ihre Einsamkeit. In dem jungen Soldaten rast der Schmerz. Es ist ein Todeskampf. Das Hilflose in seinem Blick ist dem Schmerz gewichen. Wir können keine wertvolle Kugel an ihn verschwenden. Ich beuge mich hinunter und stoße ihm mein Messer oberhalb des Magens in die Brust. Ich drehe die Spitze der Klinge zum Herzen und reiße sie, die Schneide nach oben, aus dem Leib. Sein Gesicht welkt wie eine Blüte, als ich über ihm knie. Vorbei der Schmerz. Er stirbt, leidet nicht mehr. Er stirbt lautlos, ohne Weinen. Lautlos. Wie Chihinne.

Wie Chihinne.

48

Wir stießen noch am selben Tag auf die anderen Chihinne und drangen in das Land des Südens vor: Mexiko. In den Bergen der Tanzenden Lichter schlugen wir unser Lager auf.

Ihren Namen bekamen die Berge, weil es sich in der Zeit der Schlangen mit ihnen seltsam verhielt. Näherte man sich ihnen in der Dunkelheit, schien es aus einiger Entfernung, als leuchteten winzige Fetzen von der silbernen Haut des Mondes auf ihnen. Es war ein Funkeln und Blitzen, das immer wieder erlosch und erneut aufflackerte, erlosch und wieder aufflackerte.

Deshalb nannte mein Volk sie vor langer Zeit die Berge der Tanzenden Lichter. Zuerst glaubten die Ahnen, das Funkeln rühre von den Leuchtkäfern her, die in unseren Schwarzen Bergen lebten und auch nach Süden zogen. Das erwies sich als falsch, als die Alten einige Käfer einfingen und feststellten, daß die Tiere aus größerer Entfernung nicht mehr zu sehen waren. Dann hielt man die flackernden Lichter für die Lagerfeuer der Soldaten aus dem Süden. Soldaten, die Tag und Nacht auf uns warteten. Wenn der Wind in die Lagerfeuer fuhr, erloschen sie kurz und flackerten wieder auf. So machten sich vor langer Zeit unsere Krieger auf den Weg, um zu prüfen, ob es wirklich Lagerfeuer waren. Sie vermieden es, gesehen oder gehört oder gerochen zu werden. Lautlos schlichen sie dorthin, wo sie eines der Tanzenden Lichter gesehen hatten. Sie fanden weder Soldaten noch Feuer, sondern nichts als Dunkelheit und Felsen. Es beunruhigte sie, und sie sannen lange darüber nach. Sie entfernten sich von diesen Felsen, um sie aus einigem Abstand erneut zu betrachten, und da war das Flackern wieder. Sie eilten hin. Und fanden nichts. Nichts als Felsen und Dunkelheit. Erneut gingen sie, um zu prüfen, ob ihre Augen nicht getrogen hatten. Und da sahen sie, daß der ganze Berg, vom Fuße bis zur Spitze, mit Tanzenden Lichtern überzogen war. Sie suchten nun andere Lichter auf und fanden auch dort weder Soldaten noch Feuer. Nichts, was das Licht hätte hervorbringen können.

Dann begannen unsere Ahnen zu glauben, das Flackern seien Gespenster, Geister, die zornig und voller Haß waren. Geister von Soldaten und Goldgräbern, die die Welt des Fleisches nicht verlassen wollten, sondern dablieben, um den

Chihinne Furcht einzuflößen. Aber Schaden fügten die Lichter, die Geister, keinem von uns zu. Die Kraft hatte sie verlassen, sie konnten nur leuchten und flackern.

Die Soldaten. Ihre Angriffe flößten uns Angst vor so vielem ein. Denn unsere Heimat hatten wir verlassen müssen. Wir konnten uns nicht mehr sicher und geborgen fühlen, nicht mehr dasitzen und uns versenken, damit uns die Angst verließ.

49

Sobald das Lager aufgeschlagen war, rief Beduiat den Kriegsrat zusammen. Es war bereits dunkel. Ich setzte mich nicht zu den anderen, sondern suchte einen Bach ganz in der Nähe auf, in dem ich mich erfrischte und wusch. Nicht lange, und ich hörte, wie mein Name fiel. Ich trocknete mich in meiner Decke, zog ein frisches Baumwollhemd über und näherte mich dem Kreis der Krieger, die im Schein des Lagerfeuers saßen. Ich wußte, warum man mich gerufen hatte. Ich wußte, was von mir erwartet wurde. Und ich war bereit, nur zu bereit, es zu gewähren. Man rief mich, damit ich tat, was ich für mein Volk immer wieder getan hatte, seit ich von der Traumstimme erfahren hatte, wer ich war: der Feind-Seher. Ich trat in den Kreis, hielt mich abseits des Feuers und sah meinen Bruder an. »Sage uns«, forderte er mich auf, »ob wir sicher vor einem Angriff oder einem Hinterhalt sind. Sind wir hier sicher, können wir schlafen, Lozen?«

Ich neigte den Kopf, schloß die Augen und spürte in mich hinein nach allem, was ich liebte. Ich rief das Bild Beduiats in mir wach. Ich sah, wie er mir im Versteck in den Schwarzen Bergen die alte bemalte Schale zeigte. Ich sah die Zeichen und Bilder, die Chihinne auf die Schale gemalt hatten: zwei Sonnen, die eine mit leuchtenden Strahlen. Ich rief das Bild von Träger Fuß in mir auf, wie er dasaß und sein Gewehr putzte. Ich sah mich an seiner Seite, sah, daß ich ein kleines Mädchen war. Er legte die Hand auf meinen Kopf, und ich spürte, wie Wärme und Liebe auf mich überströmten. Ich wurde ruhig und strahlte ihn an. Ich fühlte mich warm und geborgen. Es war Heimat. Ich sah Mutter und Vater, wie sie vor Einbruch der Dunkelheit, wenn sich die kühle Luft der Nacht mit der noch warmen des Tages mischte, gemeinsam durch das Dorf schritten. Im Tal des Glückes. Die Bilder weckten die Große Kraft in mir, machten mich zum Feind-Seher.

Ich stand aufrecht, spürte die Blicke der Krieger auf mir ruhen. Ich wandte mein Gesicht dem Nachthimmel zu, streckte die Arme nach beiden Seiten aus und drehte die Handflächen nach oben. Langsam drehte ich mich und überließ mich der Großen Kraft. Sie machte mich fliegen, hob mich hoch über den Kreis der Krieger. Alles in der Dunkelheit ringsherum sah und hörte und roch ich. Und verstand es. Der Teil von mir, der noch mit der Erde verbunden war, drehte sich langsam und betete:

Ussen, der die Welt erschaffen
Der die Welt aus Liebe erschaffen
Er ist die Welt
Er läßt den Wind
Seine Stimme erheben
Und die Große Kraft
Sich in uns senken
Die Große Kraft, unserem Stamm zu dienen
Die Große Kraft, das Leben zu erhalten
Die Kraft ist das Leben
Wie Ussen das Leben ist
Ich fand die Kraft
Sie lebt in mir
Meinem Stamm zu dienen
Das Leben zu erhalten
Meinen Chihinne

Ich schwebte höher und höher und sah in die Dunkelheit. In dieser Nacht näherten sich keine Soldaten. Meine Hände röteten sich nicht, sie brannten nicht. Das Zeichen blieb aus. Sonst wären wir gewarnt worden. Die Große Kraft ließ mich hinunterschweben. Und ich berichtete allen, was ich gesehen hatte. Wir waren sicher, eine Zeitlang. Und konnten versuchen, uns dem Schlaf zu überlassen. Wann immer wir seit jener Stimme unser Lager aufschlugen, bestimmte das, was ich sah, die Entscheidungen meines Bruders, unseres Häuptlings: zu bleiben, weiterzureiten oder die Verteidigung vorzubereiten, weil die Soldaten anrückten. Was ich sah, war entscheidend.

Während des Kriegsrates saß ich hinter meinem Bruder. Es war der Platz für die Frau des Kriegers. Doch die Frau Beduiats war vor langer Zeit bei der Geburt ihres Sohnes Istee gestorben. Beduiat sprach: »Es gibt für uns nur einen Weg zu überleben, als Stamm zu überleben. Wir müssen einen Berg finden, der so steil ist, daß nur die Chihinne ihn bezwingen können. Und gibt es dort oben Gras und Bäume und Wasser, können wir uns niederlassen. In Frieden leben, in Freiheit. Bleiben wir aber hier, oder versuchen wir einen neuen Anfang in den Schwarzen Bergen, dann werden uns die Soldaten finden und alle töten. Wenn es nach mir ginge, könnten wir gleich den Kampf aufnehmen: Bringen wir es hinter uns, verjagen wir sie, oder sollen sie uns alle umbringen. Aber das ist nicht der Weg. Wir müssen an unseren Stamm denken, nicht an Rache. Wir müssen eine Heimat finden, weit fort von den Soldaten, damit der Krieg ein Ende hat.«

Der alte Shish-kay-nay ergriff das Wort: »Wir müssen vor allem an die Kinder denken. Sie müssen bald lernen, was ein Heim ist. Was Frieden heißt. Tun sie das nicht, wird das Jagen und Morden sie bald in den Wahnsinn treiben. Es ist nur klug, eine neue Heimat zu suchen. Oben in den Bergen, wie Beduiat sagt.«

»Der Krieg hat uns verändert«, meldete sich Träger Fuß zu Wort. »Es ist wahr, er zerreißt uns. Er macht die Herzen der jungen Männer und Frauen hart und kalt. Ich bange um sie. Ich sehe, was geschieht. Die Jünglinge tun nichts anderes, als sich für den Krieg zu wappnen. Das müssen sie, natürlich, sonst bringen uns die Soldaten alle um. Aber die Jungen wissen nicht mehr, was es heißt zusammenzugehören.«

Shish-kay-nay nahm den Gedanken auf: »Sie lernen nicht mehr zu lieben. Manche glauben nicht mehr an Ussen, sondern nur noch an ihr Gewehr. Ohne Liebe sind wir als Volk dazu verdammt, dahinzusterben. So, wie die Soldaten eines Tages dahinsterben werden, weil sie nicht lieben. Sie hassen nicht nur die Chihinne, sie hassen auch einander. Einst waren wir wie das Wasser eines Stromes. Der Krieg kam und hat alles geändert. Das muß ein Ende haben. Wir Männer, wir lehren unsere Söhne zu töten. Unsere Frauen lehren unsere Töchter, ihre Gefühle zu verstecken, abzutöten. Sie lehren sie, kalt und hart zu werden, um über den Tod ihrer Väter und Mütter und Geschwister hinwegzukommen. Wir brauchen eine Heimat, bald, sehr bald. Wo wir wieder wie das Wasser eines Stromes sein können.«

Andere Krieger sprachen noch in dieser Nacht. Aber ich hörte nicht mehr zu. Ich versank in den Gedanken, die Shish-kay-nay in mir wachgerufen hatte. Er sagte, daß wir wieder zu lieben lernen müßten. Es ließ ein Bild in meinem Herzen entstehen. Ich sah den Sohn, die Tochter, die Kinder, die ich niemals haben würde. Und in dem Teil meines Herzens, der noch weich und warm, der noch nicht zerbrochen war, begann ich zu weinen. Um meinen Sohn, meine Tochter, die ich nie würde lehren können zu lieben. Denen ich niemals meine Liebe schenken konnte.

Meine Liebe schenken konnte.

50

Nach dem Kriegsrat, vor Anbruch des Tages, erhob ich mich. Ich wollte nicht mehr nachdenken. Und so begann ich, unter meinen Brüdern und Schwestern umherzuwandern. Ich ließ mich treiben, langsam, ohne Ziel und Zweck. Meine Füße trugen mich irgendwohin, es war, als sei ich körperlos. Ich ließ mich treiben, treiben. Plötzlich stand ich vor einer jungen Frau mit einem Säugling in den Armen. Ich trat näher heran. Sie waren allein. Sie bemerkte mich nicht, schien in einer anderen Welt zu sein. Und ihr Kind hatte sie mitgenommen. Ich beugte mich zu ihr hinunter und sah sie an. Ich drang nicht zu ihr, sie blieb mir verschlossen. Ich berührte erst sie sanft mit der Hand, dann das Kind. Sie spürten nichts. Aber ich fühlte, und dann wußte ich es. Der Säugling war kalt und reglos. Er würde sich nie mehr bewegen.

Ich richtete mich auf und schritt abseits in die Dunkelheit. Und dort in den Bergen, die nicht unsere Heimat waren, in einem Land weit fort von den Warmen Quellen, die die Chihinne geboren hatten, dort begann ich, die Erde aufzuscharren. Ich richtete ein Grab für den Säugling her. Träger Fuß kam und folgte mir schweigend zu der Frau. Ich kniete vor ihr, sie sah mich nicht. Ihre Augen waren geöffnet und blickten in meine Richtung, aber sie sah mich nicht. Ich versuchte, den Säugling aus ihren Armen zu nehmen. Ihre Augen blieben starr, sie zeigte keine Regung. Ihren Säugling gab sie nicht frei. Ich versuchte es erneut, ein letztes Mal. Träger Fuß ließ sich neben mir nieder. Er wußte von den Welten, die die Menschen aufsuchten, wenn sie die Welt des Fleisches nicht mehr ertragen konnten. Der Alte hatte einen Weg in jene fernen Gegenden gefunden. Er streckte langsam die Arme vor, nahm den Säugling und legte ihn in meine Arme. Ich trug den Säugling zur Grube, die ich geschaufelt hatte, und legte ihn hinein. Ein Halsband, das ich stets trug, gefertigt aus blauen Flußkieseln, legte ich auf das Grab. Als ich dort neben Träger Fuß stand, schweigend wie er, dachte ich an den Sohn, den ich niemals haben würde. Hätte ich ihn so weit fort von seiner Heimat begraben wie diesen Säugling? Wäre es überhaupt mein Sohn gewesen, nicht der einer Gejagten? Wäre er als Sohn einer Gejagten auch auf diese Weise gestorben? Ich wußte keine Antwort. Ich wollte sie nicht wissen.

51

Am Anfang war Stille. Doch Liebe kann nicht stumm bleiben. Durch die Stille strömend und kreisend, streckte Ussen die Hand aus, um zu berühren und zu lieben, um berührt und geliebt zu werden. Die Große Kraft, die Kraft des Lebens, die Kraft der Liebe, wurde aus Ussens Wunsch zu berühren geboren. Sie strömte durch alle Welten und ruhte für einen kurzen Augenblick in der Roten Erde. Und dort hatte sie einen schönen Traum. Die Große Kraft griff aus und berührte. Und aus der Berührung wurde die Weißbemalte Frau.

Sie lebte in den Schwarzen Bergen, die sie liebte. Aber es war immer noch Stille ringsum. Und wie die Liebe, konnte auch die Weißbemalte Frau nicht auf ewig stumm bleiben. In der Stille streckte die Weißbemalte Frau die Hände aus, um zu berühren und berührt zu werden, um nicht allein zu bleiben. Und Ussen sah es. In einem Traum kam er zu ihr und sagte ihr, was zu tun sei. Und sie tat wie geheißen. Sie ging an einen heiligen Ort, genannt Warm Springs, die Warmen Quellen. An einen Ort, ein wenig oberhalb des Wassers zwischen zwei hoch aufragenden Felsen. Sie stieg in das Wasser, das Wasser drang in ihren Leib und vereinigte sich mit ihr. Sie zeugten Too bah ghees chin en, das Kind des Wassers, einen Jungen, den ersten Chihinne. Auch er lauschte in die Stille, wie er durch seine Welt ging, und wünschte zu berühren und berührt zu werden. Ussen hörte ihn und schickte ihm das Mädchen. Sie vereinigten sich, und aus ihnen wurde ein Stamm.

Mein Stamm.
Mein Volk, Kinder, geboren aus der Liebe.
Als Stille herrschte in der Welt.
Vor langer, langer Zeit.
Vor den Soldaten.

52

Am Ende jener Nacht, als ich das Chihinne-Kind der Erde übergab, fand sich die junge Mutter allein. Allein in ihrer anderen Welt. An ihren Leib sandte sie eine Botschaft. Ihre Hand ergriff einen Revolver, und ihr Finger krümmte sich um den Abzug. Eine Kugel riß ihr das Hirn aus dem Schädel. Ihr Fleisch lag tot und blutend am Boden. Aber sie war weit fort. In ihrer anderen Welt. Allein.

53

Als die Sonne wiederkehrte, ritt Beduiat mit mir und elf anderen Kriegern nordwärts. Das hatte einen einfachen Grund: Nachdem wir im Cañon die Soldaten in einen Hinterhalt gelockt hatten, floh die Mehrzahl der Chihinne nach Süden. Aus Furcht, von den Soldaten entdeckt und gefangengenommen zu werden, hatten die Fliehenden aber rund 100 Alte und Kinder, die ihren Zug aufhielten, versteckt. Mein Bruder machte sich nun auf, sie zu suchen und zu den Bergen der Tanzenden Lichter zurückzubringen. Wir fanden sie schnell. Sie waren unentdeckt geblieben. Gemeinsam ritten wir darauf wieder nach Süden, langsam, wegen der Alten. So schlugen wir am ersten Abend unser Lager an einem Flußufer auf. Der Fluß wurde von den Soldaten Palomas genannt.

54

In dieser Nacht fand niemand Schlaf. Erfrischenden Schlaf kannten wir nicht mehr, seit wir unsere Heimat verlassen hatten. Seit unser Zuhause zerstört, gestohlen worden war, hatte niemand von uns richtig geschlafen. Wenn jemand Ruhe fand, in die Traumzeit hinüberzugleiten, dann erfrischte sie nicht. Es war erschöpfender Schlaf. Und der war so gefährlich wie versäumter Schlaf. Nach dem erschöpfenden Schlaf waren die Beine schwer und steif. Nach dem erschöpfenden Schlaf schmerzten die Oberschenkel, waren saft- und kraftlos. Nach dem erschöpfenden Schlaf schmerzten die Füße beim Gehen. Nach dem erschöpfenden Schlaf saß ein dumpfer Schmerz hinter den Augen, der nicht nachlassen wollte. Nach dem erschöpfenden Schlaf waren wir erfüllt von Traurigen Gedanken, die keinen Platz für etwas anderes ließen.

Der erschöpfende Schlaf veränderte meinen Bruder. Den meisten blieb es verborgen, denn Beduiat wußte es zu verstecken. Im Lager am Fluß aber sah ich, daß er alle Hoffnung verloren hatte.

Beduiat hatte keine Guten Erinnerungen mehr. Und so war nur noch Stille in seinem Herzen, seinen Gedanken, seinem Leib.

Mit Guten Erinnerungen konnte ein Krieger härter und ausdauernder kämpfen, er konnte hoffen zu siegen. Ohne gute Erinnerungen ist die Welt dunkel und leer. Und in der Dunkelheit findet der Krieger seinen Weg nicht. Ich zündete ein Feuer für Beduiat an. Er kauerte am Boden und versuchte nicht einmal, etwas Schlaf zu finden. Ich betrachtete ihn, wie er sein Gewehr umfaßte, und wußte, daß er die Schwarzen Berge nicht mehr sehen konnte. Inmitten der Felsen und Bäume hatte er als Kind gespielt; er sah sie nicht mehr. Er sah nicht mehr sein Versteck, wo er die Gefäße unserer Ahnen, bemalt mit Hasen, Sternen und Sonnen, aufbewahrte. Im Schein des Feuers sah ich deutlich, daß mein Bruder jegliche Erinnerung an das verloren hatte, was die Chihinne einst waren – bevor die Soldaten kamen. In seinem Gesicht las ich, daß es für ihn niemals, NIEMALS, eine Zeit ohne Soldaten gegeben hatte. Im Schein des Feuers sah ich, daß für ihn das Leben nicht mehr menschenwürdig war.

Wenn in ihm noch eine winzige Spur guter Erinnerung war, noch ein Fünkchen Hoffnung glühte, dann wurde es am Palomas erstickt. Am Palomas wurde es erstickt, seine Asche verweht. Für immer.

Die Kundschafter, die Einsamen, fanden unser Lager. Wir bemerkten sie erst, als es zu spät war. Sie waren da, bevor ich schweben, aufsteigen und in die Dunkelheit sehen konnte. Sie kamen und füllten die Leere in meinem Bruder mit Bildern sterbender Chihinne.

55

Beduiat hatte Wachposten aufgestellt, abends, am Fluß. Sie wurden von den Kundschaftern, die lautlos und unsichtbar zu uns drangen, als erste getötet. Dann hatten die Einsamen uns umzingelt. Als die Sonne wiederkehrte, griffen sie an. Mir blieb keine Zeit, nachzudenken oder mich zu besinnen. Ich konnte nur schießen, laden, schießen. Zwei Soldatengürtel mit Kugeln hingen mir um den Bauch. Ich schoß, bis keine mehr übrig war. Aber die Kugeln bewirkten nichts. Gut, sie töteten, aber nicht genug. Mein Bruder wurde niedergeschossen. Er fiel vornüber, auf sein Gewehr. Ich rannte zu ihm und zog ihn an den Füßen zu den Felsen, hinter denen Träger Fuß und Pashagar auf die Kundschafter feuerten. Beduiat war zweimal getroffen worden, die erste Kugel ging in die rechte Schulter, die zweite ins rechte Bein. Ich drehte ihn auf den Rücken, Blut füllte seinen Mund, er drohte zu ersticken. Seinen Kopf zur

Seite drehend, ließ ich ihn ausspucken. Er blieb am Leben. Blieb am Leben, während wir bis zur letzten Kugel kämpften. Und warteten, bis die Kundschafter da waren, um uns zu töten.

Aber sie kamen nicht, es war wie ein Wunder. Sie taten das Gegenteil, sie flohen. Einen Tag lang warteten wir am Fluß, rührten uns nicht, gaben keinen Laut von uns. Träger Fuß glaubte, die Kundschafter wollten uns täuschen, sie hätten sich unseren Blicken entzogen und warteten nur darauf, daß wir unser Versteck verließen und ihnen vor die Gewehre liefen. Während wir ausharrten, grub ich mit dem Messer die Kugeln aus den Wunden Beduiats und schlich im Dunkeln davon, um die Blätter der Nopal-Pflanze zu suchen. Mit dem Heilkraut kehrte ich zurück, um gedeckt von den Felsen ein kleines Feuer zu entzünden. Ich knickte die Blätter, hielt sie über die Flammen, bis der Saft austrat, und legte sie auf die Wunden. Der Saft mischte sich mit dem Blut und drang in das Fleisch. Beduiat wurde brennend heiß, nach der halben Nacht kühlte er ab. Er war gerettet.

Die Kundschafter jedoch waren fort und hatten sich auch nirgends versteckt. Am folgenden Abend verließen Pasha-gar und der alte Shish-kay-nay die Felsen, um in der Umgebung nach Mördern zu suchen. Sie fanden nichts. Als sie zurückkehrten, machten wir uns zur Flucht bereit. Wir ließen 90 Leichname zurück, Alte und Kinder. Sie zu begraben, war keine Zeit. Als wir auf den Ponys, die nicht abgeschlachtet oder vertrieben worden waren, davonritten, hörte ich Kläffen und Jaulen. Es waren Kojoten, die gierig über die Chihinne herfielen.

56

Mein Bruder starb dahin. Jedoch nicht durch seine Verletzungen. Die konnte ich mit der Nopal-Pflanze heilen. Er starb an etwas anderem. An etwas, gegen das ich kein Heilmittel kannte, außer mit ihm und den anderen Chihinne in die Heimat zurückzukehren.

Beduiats rechtes Auge war gebrochen. Das linke blickte noch so, wie ich es vor dem Palomas kannte. Ich las Mitgefühl und Sorge um mich und die Chihinne darin. Es glänzte noch warm von den Tränen, mit denen es sich füllte.

Aber das rechte Auge war anders. Es war tot, leer. Und Beduiat war gespalten. Sein rechtes Auge sah nichts und niemanden. Es blickte leer und kalt. Wenn es auf mich gerichtet war, sah Beduiat mich nicht. Sein linkes Auge erkannte mich, sprach mit mir. Es weinte wie die eine Hälfte meines Bruders mit mir um die Chihinne. Diese Hälfte und sein linkes Auge liebten mich und die Chihinne, würden weiterhin um mich und die Chihinne kämpfen. Es schien aber, als habe sein rechtes Auge Besitz von der anderen Körperhälfte ergriffen und sei mit ihr davongegangen, um nie wiederzukehren, in eine andere Welt. Eine Welt, in die ich nicht einzudringen wußte. Eine leere, tote, kalte Welt. Eine Welt, in der mein Bruder alleine trieb, ohne Halt oder Hoffnung auf Entkommen.

57

Mein Leben hat mich gelehrt, daß ein Mensch, wie auch ein Bär oder Wolf oder anderes Tier, nur ein bestimmtes Maß an Schmerz und Enttäuschung ertragen kann. Es hat mich gelehrt, daß ein Mensch, dessen Schmerz dieses Maß übersteigt, sich in eine ferne andere Welt flüchtet.

Mein Bruder war zur Hälfte für immer gegangen. Und auf jenem Ritt nach Mexiko begann ich mich zu fragen, wie lange seine andere Hälfte noch zu mir und den Chihinne halten konnte. Wie lange konnte sie den Schmerz ertragen? Und ich begann mich zu fragen, ob ich ihn eines Tages in der Dunkelheit finden würde, nicht weit vom Lager, das wir errichten würden, mit einer Kugel im Kopf. Wie die junge Frau mit dem toten Säugling auf den Armen.

58

Die Hälfte Beduiats, die in die andere Welt gegangen war, zog und zerrte an mir, sie ängstigte mich. Ich fürchtete, daß sein Pony einmal bocken oder scheuen könnte, vor einem zurückpeitschenden Zweig oder einem Felsbrocken im Weg. Ich fürchtete einen Stoß, der meinen Bruder ganz in die andere Welt werfen könnte. Ich fürchtete, daß ich ihn dadurch ganz verlieren könnte. Ich suchte nach einem Weg, wie Beduiat zu mir zurückfinden konnte. Ich suchte vergeblich.

Und dann kam der Stoß. Es war ein Cañon, dem nicht anzusehen war, daß er die Folgen dieses Stoßes haben könnte. Und es war mir nicht möglich, Beduiat zu retten. Soldaten griffen uns an. Uns im Cañon ganz einzuschließen, gelang ihnen nicht, und wir konnten fliehen. Aber Pasha-gar wurde von ihren Kugeln getötet.

Mein Bruder war fort. Obwohl er mit Cha-ja-la und Träger Fuß und Shish-kay-nay sprach und mit ihnen plante, was zu tun sei, wenn wir die Grenze überquerten – er war fort.

59

Zu den Bergen der Tanzenden Lichter ging es ohne Töten und Sterben. Wir stießen zu den anderen Chihinne, die uns erwarteten, und gemeinsam gelangten wir von den Höhen hinunter zum Fuß der Berge. Sie waren keine Zuflucht mehr, denn die Soldaten kamen näher. Mein Bruder traf keine Entscheidungen mehr, er überließ sie den anderen. Unter diesen war ein Krieger der Mescaleros. Einst lebten die Mescaleros wie die

Chihinne, zogen aber fort von den Warmen Quellen, um in den Wäldern des Ostens zu wohnen. Dieser Krieger überzeugte Beduiat, die Große Wüste zu durchqueren und nach Westen in die Blauen Berge zu ziehen. Dort lebten die Ned-nai, die wie die Mescaleros einst zum Volk der Chihinne gehörten. Vor langer Zeit hatten sie sich von uns getrennt, um sich im Land des Südens niederzulassen. Die Blauen Berge waren anders als die Chihinne-Berge. Sie ragten noch höher auf, und es gab nur einen einzigen Pfad, der hinauf zu den Gipfeln führte. Noch kein Soldat hatte es gewagt, ihn zu benutzen. Juh, Häuptling der Ned-nai, ließ ihn von seinen Kriegern bewachen. Als die Soldaten einmal über den Pfad die Ned-nai-Dörfer angreifen wollten, ließen die Krieger Geröll und riesige Felsbrocken hinunterstürzen. Von den Angreifern überlebte niemand. Es wäre eine gute Zuflucht für uns gewesen, ein Ort, der uns eine neue Heimat hätte werden können. Nur eines sprach dagegen: Wir waren nicht willkommen in den Blauen Bergen. Juh hatte meinen Bruder gewarnt zu kommen. Auch wenn eine Flucht in die Blauen Berge unser Überleben bedeutet hätte.

Es ist schwer zu erklären, aber ich will es versuchen. Wenn ringsumher nur Krieg herrscht, wenn die eigene Familie getötet wird, verändert man sich. Wer überlebt, findet eigene Wege, sein Leben einzurichten. Für Juh und seine Krieger war dieser Weg der Whiskey. Sie entflohen dem Leben der Gejagten und suchten dieselben Städte auf wie Geronimo.

Juh war nicht in seinen Bergen geblieben, sondern hatte alles getan, was in seiner Macht stand, um an die Gewehre zu gelangen, die er eines Tages brauchen würde. Brauchen würde, wenn die Soldaten schließlich den Weg zu den Bergdörfern fänden, wie sie auch die Chihinne-Dörfer fanden. Und bei der Suche nach Gewehren war er dem Whiskey verfallen. Mein Bruder aber konnte nicht zulassen, daß der Whiskey die Chihinne versklavte. Und so konnte keine Freundschaft zwischen Juh und Beduiat entstehen. Als beide noch keine Häuptlinge waren, hatten sie viele Jahre lang gemeinsam gegen die Soldaten gekämpft. Und Juh war tapfer und tat sein Bestes, damit sein Volk gedieh.

Aber er nahm seine Krieger in die Städte Janos und Casas Grandes mit, wo sie Whiskey tranken. Und weil viele seiner Krieger die Welt ringsum nur durch einen Nebel wahrnahmen, mußten sie sterben.

Unsere Lage schien ausweglos. So wußten weder Träger Fuß noch Shish-kay-nay noch ich selbst, wohin wir uns wenden sollten. Also lauschten wir alle dem Mescalero-Krieger. Er erklärte, uns in die Blauen Berge führen zu wollen, damit wir mit Juh Frieden schlossen und ihn um die Erlaubnis baten, in den Bergen ein neues Leben anzufangen. Und so folgten wir ihm. Wir verließen die Berge der Tanzenden Lichter und ritten in die Wüste.

60

Unser Plan, die Wüste zu durchqueren und in die Blauen Berge zu ziehen, schien gut, wenigstens eine Zeitlang. Denn wir trafen auf keine Soldaten und fanden viele Pferde und Rinder. Für ausreichenden Fleischvorrat war gesorgt.

Dann stürzte eine junge Frau vom Pferd. Ich ritt hinüber und sprang ab. An ihrer Seite kauerte der Mescalero. Es war seine Frau. Sie würde bald ein Kind zur Welt bringen. Da wandte sich der Mescalero an meinen Bruder und erklärte: »Ich kämpfe nicht eher wieder an eurer Seite, bis meine Frau zu ihrer Familie in die Reservation gebracht wurde. Ich will, daß mein Kind dort geboren wird.« Seit langem lebte sein Stamm in einer Reservation. Und war unfrei. Mein Bruder gab nach und bat mich, die Frau nach Norden zum Mescalero-Reservat zu führen. Ich gehorchte.

Der Weg dorthin kostete uns viel Zeit. Wir mußten stets auf der Hut sein vor Soldaten und Goldgräbern, vor Stadtleuten und Rinderleuten. Wir konnten keine Wasserlöcher aufsuchen, um unseren Durst zu stillen, denn dort lauerten die Soldaten den Chihinne auf.

Als ich die Frau ihrer Familie übergab, erwartete mich dort völlig überraschend ihr Mann, der Mescalero. Er berichtete, was in meiner Abwesenheit geschehen war. Und wem ich entronnen war.

Es war geschehen an einem Ort, den die Soldaten Tres Castillos nannten.

61

Einen Tag und eine Nacht lang gab ich Ussen die Schuld an Tres Castillos. Ich warf ihm vor, sich von den Chihinne abgewandt zu haben. Uns in der Welt der Soldaten alleingelassen zu haben. Einen Tag und eine Nacht lang, auf meinem Ritt in die Schwarzen Berge, warf ich Ussen vor, meinen Bruder und mein Volk getötet zu haben. Als die Sonne am zweiten Tag wiederkehrte, war ich auf einem Gipfel angelangt und legte mich auf den nackten Fels, um auszuruhen. Dort fand ich die Wahrheit: Ussen hatte sich nicht von den Chihinne abgewandt. Denn er hatte uns die Große Kraft verliehen, zu verhindern, was sich in Tres Castillos ereignete. Er hatte mir die Große Kraft des Feind-Sehens verliehen.

Aber ich war fort gewesen, als die Soldaten meinen Stamm in einen Hinterhalt lockten, am See, wo sie ihr Lager aufschlugen.

Es war nicht Ussen, der sich abgewandt hatte.

Ich war es. Es war meine Schuld.

Wäre ich dort gewesen, hätte ich schweben, aufsteigen und die lauernden Soldaten entdecken können. Meine Hand hätte mir das Zeichen gegeben, mich gewarnt, ich hätte verstanden. Das Böse, das in den Felsen um den See versteckt lag, wäre den

Chihinne nicht verborgen geblieben. Und sie hätten fliehen können. Überleben können.

Aber ich war nicht in Tres Castillos.

62

Wind erhob sich, als ich auf die Schwarzen Berge zuritt. Wind erhob sich, ohne Sorgen und Gedanken und Wissen um das, was unserer Welt widerfuhr. Der Wind erhob sich und füllte Bergspitzen und Cañons und den dunklen blauen Himmel, um sich mit der nahenden Zeit der Schlangen zu vereinigen. Ich sprach zum Wind, zum Wind ohne Sorgen und Gedanken und Wissen um das, was unserer Welt widerfuhr. Ich sprach zum Wind, und der Wind trug meine Worte einem Rudel hungriger Wölfe zu, die lautlos und verzweifelt über die Rote Erde streiften. Und die Wölfe verstanden. Sie heulten mich an, als sie meine Worte hörten. Heulten mich an, damit ich nicht allein war.

Es ist vorbei. Wir sind ausgelöscht.
Es ist vorbei.
Für immer vorbei.

Und heulend antwortete ich den Wölfen, wollte berühren und berührt werden, wollte lieben und geliebt werden. Wollte meinen Bruder wieder an meiner Seite haben.

Es ist vorbei. Wir sind ausgelöscht.
Es ist vorbei.
Für immer vorbei.

63

Später erfuhr ich, wie es sich in Tres Castillos zugetragen hatte. Binnen eines Tages und einer Nacht war es vorbei. Die Chihinne taten, was sie konnten. Als es keinen Ausweg mehr gab, brachte sich Beduiat um. Er stieß sich das Messer ins Herz.

Träger Fuß, der sich von den Felsen, in denen das Böse lauerte, am weitesten entfernt aufhielt, überlebte. Er kämpfte nicht, als der Hinterhalt erkennbar wurde. Er sagte, es gab nichts, was er tun konnte, außer zu sterben. Im Schutz der Dunkelheit floh er. Träger Fuß war ein Greis. Soldaten waren über die Welt hereingebrochen. Und er war ein Greis.

64

Ich habe meine Berge geliebt. Um den Gipfel, der sich über den Warmen Quellen erhebt, streicht ein besonderer Wind. Wenn es warm ist, in der Zeit der Vielen Blätter, ist er kühl und feucht.

In der Zeit des Weißen Spuks, wenn die Erde öd und kalt ist, wenn man nur auf ein paar Tiere und Menschen trifft, in dieser Zeit des Schnees und des Eises, redet der Wind zu den Chihinne. Er verspricht: Die Warme Zeit wird wiederkehren, bald wiederkehren.

Ich habe diesen sanften Wind immer geliebt. Ich habe seinem Versprechen stets geglaubt. Und so kehrte ich zurück zu den Schwarzen Bergen. Zu dem besonderen Wind. Niemand entdeckte mich, als ich auf meinem Pony die um mich wuchernde Welt der Soldaten duchquerte. Und blieb ungesehen. Ich erklomm die Bergspitze, in deren Erde Mutter und Vater ruhten. Dort erwartete mich Träger Fuß. Er saß ruhig da, sein Gewehr putzend. Ich ließ mich neben ihm nieder. Unsere Blicke hoben sich zum Himmel, zu den Gipfeln uns gegenüber. Als die rote Sonne hinter dem Horizont versank, sagte Träger

Fuß: »Sie haben gesiegt. Und wir sind ausgelöscht. Aber es lebt eine Krankheit in ihnen. In jedem von ihnen. Sie wollen allein sein. Sie sind kein Volk, kein Stamm, keine Gemeinschaft. Sie erfüllen sich ihren Wunsch: Sie sind allein. Und einsam, unglücklich. Sie wollen allein sein, und ihre Art zu leben, macht sie krank. Macht sie zornig. Sie sind zornig und haben Angst. Voll Angst werden sie grausam. Und töten alles, was anders ist als sie. Tiere, Bäume, Berge. Chihinne. Wenn wir fort sind, töten sie einander. Denn sie wollen allein sein.« Als Träger Fuß mich ansah, lächelte er traurig und legte seine Hand in meine. Um nicht allein zu sein. Dort oben, in unserer Heimat, aßen wir die Wurzel des Schlafes ohne Erwachen, die Träger Fuß ausgegraben hatte, und wir gingen zusammen fort. Wir kehrten nicht wieder.

Epilog

Es gibt ein Grünes Tal, umgeben von Bergen aus Rotem Stein. In dem Tal leben Menschen und ziehen inmitten der Tiere umher wie das sanft fließende Wasser eines ruhigen Stromes.

Ich kann sie sehen.
Beduiat
Gelber Geist
Nadazai
Träger Fuß
Pasha-gar
Shish-kay-nay
Cha-ja-la
Dilth-cleh-heh
Istee
Und Vater und Mutter. Und viele andere Chihinne.

Manche sitzen oder stehen da und malen weiße Sterne und blaue Hasen auf den Roten Fels. Es gibt ein Grünes Tal, umgeben von Bergen aus Rotem Stein. Umgeben von Ussen und der Kraft der Liebe, die aus den Menschen strömt. Die Strahlen der Sonne wärmen und heilen. Es leben noch andere Stämme dort. Sie kommen aus anderen Berggegenden und dem Flachen Land und sprechen eine andere Sprache als die Chihinne. Es gibt ein Grünes Tal, umgeben von Bergen aus Rotem Stein. Von dort bin ich zu euch zurückgekehrt. Um euch von mir zu erzählen, und von den Chihinne. Ich heiße Lozen. Und jetzt, da ich alles über mich berichtet habe, frage ich mich, ob ihr mir glaubt. Ob ihr mir glaubt, daß es ein Grünes Tal gibt, umgeben von Bergen aus Rotem Stein. Ein Tal des Glückes.

Wo Liebe stärker ist als Haß.

Eine Welt ohne Soldaten.

Ich frage mich, ob ihr an ihn glaubt, an den Traum der Chihinne.

Nachwort zur deutschen Ausgabe

Manchmal geschieht es lautlos, wenn etwas ausstirbt. Unhörbar für das menschliche Ohr. Viele empfinden nicht einmal den Verlust. Keine Trauer, kein Bedauern. Sie bleiben gefühllos. Doch Bäume und Tiere wissen, was vor sich geht. Die Berge, das Wasser, die Pflanzen, sie spüren den Verlust. Sie spüren die Erde zittern, geschüttelt vom Schluchzen über den Verlust, über das Verlorengegangene, das Unwiederbringliche. Lange, lange Zeit waren es nur Bäume und Tiere, Wasser und Pflanzen, Berge und Täler, die wußten, daß das Ende für meinen Stamm naht. Für die Chihinne ist es wie Aussterben. Bald wird es niemanden mehr geben, in dessen Adern Lozens Blut fließt. Aber die wenigen, die übrigbleiben, werden nicht verzweifeln. Weil mehr als Blut dazu gehört, ein Chihinne zu sein. Blut ist nicht wichtig. Der Traum der Chihinne, er machte diese junge Frau zu Lozen. Er machte die Chihinne zu dem, was sie waren. Und so leben wir weiter. Ohne Verzweiflung. Denn es gibt die Weissagung der Chihinne, die allem, was uns widerfahren ist, Sinn verleiht. Eine Weissagung, die fast 40 000 Jahre alt ist. Unser Traum. Unsere Wahrheit. Es ist davon die Rede, daß sich die Erde bald verdunkelt vom sich ausbreitenden Haß. Es wird nur noch wenige Chihinne geben, die hinauf in die Berge flüchten und Zeuge werden, wie sich der Haß gegen sich selbst richtet und sich selbst verzehrt. Und alles wird anders. Eintracht wird sein.

In der Bergwelt Neu-Mexikos warten die letzten der Chihinne. Sie erinnern sich all dessen, wofür Lozen kämpfte und starb. Sie wissen um die Geheimnisse der Vergangenheit. Sie warten auf jene, die nicht hassen und die zu uns kommen werden, um wieder zu träumen und darauf zu warten, daß der Haß in der ganzen Welt abstirbt.

In Nordamerika leben noch Apachen in den Reservationen San Carlos und Fort Apache in Arizona. Man findet Apachen in den Mescalero- und Jicarilla-Reservationen Neu-Mexikos. Sie leben, wie die meisten Amerikaner und Europäer, wie alle Menschen, in dem Bestreben, in der modernen Welt zu überleben, Sinn und Ziel in einer Welt stetigen Wandels zu finden. Aber ein Chihinne ist nicht durch Reservate gebunden. Wer wie die Chihinne lebt, wartet darauf, daß sich die Weissagung erfüllt. Die moderne Gesellschaft mag uns als lebenden Mythos oder Ausgeburt kindlicher Phantasie betrachten. Sie mag uns für Außenseiter halten, die an längst Ausgelöschtes glauben. Aber wer so denkt, täuscht sich. Es kommt die Zeit, da die Menschheit sich entweder auf ihr Indianersein besinnen muß oder ausgelöscht wird. Es kommt die Zeit, da die Erde, geschunden und mißachtet, in der Weite des Sternenraums lautlos dahinstirbt und verschwindet. Lozen bietet der Menschheit etwas zum Geschenk - den Weg zu Frieden und Eintracht. Den Weg aus dem vernichtenden Haß, der die Welt zerfrißt. Den Weg der Chihinne.

Aussterben vollzieht sich manchmal lautlos. Unhörbar für unsere Ohren. Die Bäume, sie spüren es. Man kann sie nicht täuschen. Die Berge, das Wasser, die Tiere, die Blumen, sie alle wissen und werden nie vergessen, was einst war und wieder sein sollte. Wir Menschen, wir müssen uns wieder unserer Wurzeln erinnern. Bevor es zu spät ist.

James BraveWolf, 4. Mai 1992